国家社会科学基金项目：
生态文明视阈中藏族生态习惯法文化的传承与当代变迁研究
（批准号：13BFX018）

藏族生态习惯法文化的
传承与当代变迁

Continuity and Contemporary Changes
of the Tibetan Ecological Customary Law Culture

常丽霞　／著

社会科学文献出版社
SOCIAL SCIENCES ACADEMIC PRESS (CHINA)

序

当今人类正在经历气候变暖、资源匮乏、生态恶化等全球性生态危机。传统上生态问题多为自然科学主要是生态学的研究对象。而今，全球化的生态环境问题已经广泛显示出其背后的经济模式、政治决策、社会冲突、高新科技乃至环境伦理等多重根源。如此纷繁复杂的生态危机根源，从根本上讲，是文化所造成的。于是，人类共同面临的生态危机，促使社会科学的学者聚焦于生态环境问题的破解。伦理学、经济学、社会学、法学以及人类学等学科的学者均广泛而深入地参与到环境话语中，从伦理观、政策法律、宗教传统、生计方式等不同面向开始研究人类对于生态环境的影响。生态环境问题由此纳入社会科学的研究范畴。如果说，生态学视野中的生态问题，主要是生物有机体与自然生态环境之间的关系问题；那么，社会科学关于生态问题的探索，则主要集中于人类思维及行为模式对生态环境的影响及作用。

生态环境进入社会科学的研究视野，远在全球性生态环境问题出现之前。比如，法国的孟德斯鸠在其《论法的精神》（1748）中，精辟阐述了法律与自然生态环境以及民族的谋生方式的密切关系："法律应该和国家的自然状态有关系，应当顾及气候的寒冷、酷热或温和，土壤的质量、地理位置、疆域大小，以及农夫、猎人或牧人等民众的生活方式等等。"这是法学家较早关于自然生态环境与法律之间关系的描述。20世纪初，关于社会关系与生态环境之间相互作用的研究逐渐出现在人类学家描述特定族群生活方式、政治制度、社会结构的民族志材料中。至1955年，美国文化人类学家斯图尔德（Steward）发展出"文化生态学"方法论，认为人类对于自然环境的认知、开发、利用都是以文化为工具的。他提出，以生计为中心的文化的多样性，其实质是人类适应多样化的自然环境的结果。

面对生态环境问题，人类学选择文化理论作为其最有力的工具；而这一认识论工具与习惯法学家整理特定民族长期适应其赖以生存的自然环境而积累形成的固有规则的学术取向不谋而合。在思索人类如何认识生态环境以及人类怎样与生态环境互动的问题时，法学和人类学在事实与规范之间寻找到两个学科的内在相似性，并藉由文化理论得以勾连。正如美国文化人类学家吉尔茨（Geertz）所指出的，法学和民族志都是具有地方性意义的技艺，因为它们的运作凭靠的乃是地方性知识（local knowledge）（1983）。而吉尔茨的"地方性知识"理论，不仅为同为实用性学科的法学和人类学找到了对话的平台，而且为法学及人类学从社会功能的视角、以社会行为为切入点，思考生态环境问题的应对进路，开放出可能的学术空间。

中国语境下，特定时空生态环境问题所呈现的非同质性，显然无法在理性建构并普遍适用的、作为"大传统"的国家制定法框架内获致圆满的解决。而作为"小传统"的习惯法文化，是特定民族在特定的时空范围内，在与自身生存于其中的特定的自然生态系统进行文化适应的过程中不断积累的生存智慧与生态技能。其所具有的典型的地方性知识的特征，凸显出其应对特定时空生态环境问题的独特价值与功能。当前，中国学者已经有了普遍的文化自觉意识，在"世界秩序转型和重构"、生态安全关乎国家利益和民族安全的重要时刻，立足中国文化，致力于促进作为中国固有法文化的民族习惯法的价值释放，为当代环境话语做出贡献。

常丽霞博士正是潜心于该领域的众多学者之一。她在进入兰州大学西北少数民族研究中心展开人类学、民族学的研修之前，已然具有了良好的法学素养。深入藏地的田野调查启发了她作为西部学者的文化自觉，人类学的文化理论拓展了她的学术视野。她的研究选题从"法律文化"到"生态法文化"，最终确定为"生态习惯法文化"，见证了她在法学、人类学两个学科之间的辛勤探索。之后，依托在生态习惯法领域的学术积累，她申请到国家社会科学基金项目，并投入了更为专注的学术热情。该项目顺利结项，研究成果即将付梓，她希望我为其书稿作序，我欣然应诺。

作为接受过法学、人类学严格训练的学者，她将缜密严谨的规范分析与扎实深入的田野调查综合运用到对于藏族生态习惯法文化的传承与当代变迁的研究当中，从民间秩序中透视习惯法的价值功能，通过个案描述习惯法的运作，以过程展示规则的重构，并交织着对习惯法文化从自观以及他观的立场展开的、文化主客位的互补解读。这是一部兼顾了人类学文化研究以及法学规则分析的著作，书中既有历史文献的考证爬梳，又有当代鲜活个案的生动演绎，展示出生态习惯法在秩序建构、纠纷解决、多元共治中对于国家生态法治的补缺与协同、冲突与调适。在揭示藏族生态习惯法文化传承与当代变迁的内在理路的同时，对其未来发展提供了一个建设性的方向。这同时是一部统筹了静态描述与动态考察的著作，全书缜密的结构安排与严谨的逻辑论证，呈现给我们的不只是历史上的藏族生态习惯法，更重要的是，习惯法作为"人之行动而非人之设计"的内生秩序规则，在当代不断生成与成长的文化过程。

我们正处于全球化进程当中，世界秩序正在重构，我们无疑应当积极借鉴西方文化资源，然则，我们更应当俯首于深厚的中国文化传统之中汲取知识营养。中国的法治建构，中国的生态环境问题之应对，只能面向中国的社会文化土壤，在法律、社会与文化之间探求路径。本书从法人类学的视角展开的学术努力，必将启发并见证更多学者，勇于跨越学科壁垒，汇聚不同学科的智慧，贡献于中国生态环境法治的建构，贡献于地方性知识的保护与重构，贡献于中国生态环境问题的应对。

是为序。

崔明德

庚子仲夏

于烟台大学

目 录

导　论

一　问题的提出与研究意义

（一）问题的提出：什么是生态习惯法文化的贡献

"现代性来临之后，自然不断地被当作人类目标的被动工具。结果，以技术为后盾，大规模改造自然成为远胜往昔的事实。"[①] 现当代生态环境问题是现代性进程中政治、经济、社会等因素交织互动的结果，其基本特征是人与自然生态的关系失衡或曰不和谐。

在国家现代化发展进程中，国家和社会正在经历急剧的变革。民族地区扎根于固有的社会和生态系统中的生活体系被卷入国家这个无比巨大的政治体系中，表现为经济、政治、文化、社会、生态复杂而急剧的现代性变迁进程。

法律在功能上深深倚赖于文化系统的其他部分（如政治、经济、宗教等）[②]，"五位一体"总体布局下，民族地区的生态环境法治建构问题，深深嵌在民族地区乃至国家的现代性进程之中、嵌在生态文明建设进程之中。

中国生态环境制定法的生成体现出显著的"外发型"逻辑路径依赖，从而难以融入我国本土的法文化语境，削弱了生态环境制定法的实效性。[③] 沿循这一问题脉络，检视民族地区生态环境法治的现实图景，可以看到生态环境制定法的"外发型"特征尤为显著。西藏与四川、云南、甘肃、青海四省

---

① 〔英〕安东尼·吉登斯：《民族-国家与暴力》，胡宗泽、赵力涛译，生活·读书·新知三联书店，1998，第363页。
② 林端：《儒家伦理与法律文化》，中国政法大学出版社，2002，第40页。
③ 郭武：《环境习惯法现代价值研究》，新学林出版股份有限公司，2016，第3页。

涉藏州县生态环境法治建构进程中，生态环境制定法呈现出表达与实践明显背离的窘境。

一方面，生态环境法的制度供给显著增加。"自上而下"推进的法治建构依照西方现代法律的概念、程序和方法，通过各种随处可见的法制宣传和普及活动逐渐成为一种占主导的意识形态，并逐渐形成整个中国社会对于法律的认同。自 20 世纪 80 年代以来，我国生态环境领域的立法呈现出空前的繁荣。

近年来，政府主导在西藏与四省涉藏州县出台并实施了土地承包、退耕还林、退牧还草、草原奖补等重点生态保护政策。2015 年，被称为"史上最严"的《中华人民共和国环境保护法》（以下简称《环境保护法》）全面修订后正式实施，一批单行法进行了修订，一系列配套的行政法规、部门规章频频出台。与此相对应，西藏与四省涉藏州县各地均先后在各个相关的领域以制定、修订等地方立法的形式进行了响应。

另一方面，区域生态环境法治呈现实效性不足的窘境。在西藏与四省涉藏州县，与生态环境政策竞相出台及立法空前繁荣相对照，一系列保护生态、防治环境问题的政策与法律却未能呈现出令人悦服的实效性。草地退化严重、湿地面积锐减、水源涵养能力普遍降低、植被覆盖度下降、生物多样性减少等一系列严重的生态环境问题并没有因此而得到显著的解决。现行生态环境制定法对于该地域"整体恶化"的生态环境现实呈现出令人遗憾的实效性。

为什么设计精良的环境法律法规会遭遇实践的"水土不服"？是什么原因导致了生态环境制定法的实效性梗阻？

与制定法的命运形成对照，藏族的生态习惯法却在民间秩序中演绎出不同的图景：生态环境保存良好的地方，往往是历史上所崇拜祭祀的神山、神湖；草山纠纷的调解场域中，科层权威、宗教权威、民间权威等多元权威融汇交织……在多元化的法律文化格局中，藏族习惯法文化成为建构生态环境法治不可忽略的本土法文化背景。传统的藏族习惯法文化作为中华文明和中华法文化重要而独特的表现形式之一，其所蕴含的中华法文化精髓和普遍价值将会极大地补强现代生态环境制定法显著的"外生性"特征导致的缺漏，并协同其与本土法文化实现对接。①

因而，在法律文化的传承与发展的意义上，建构民族地区生态法治，应当充分挖掘民族习惯法文化重要而独特的当代价值与现实功能。这一论题的实质是：在民族地区生态法治建构进程中，什么是生态习惯法文化的贡献？②而这一核心问题将逻辑展开为紧密相关的"问题束"：生态习惯法文化的内容体系是什么？这一传统知识体系具有怎样的当代价值与现实功能？其未来走向如何？

正是基于对民族地区生态环境问题的深重忧虑以及对于建构民族地区生态环境法治路径的探索，本书尝试立足于藏族生态习惯法文化的历史与现实，综合相关学科现有的理论和方法，将生态习惯法文化置于特定民族地区整体的社会文化背景下，综合考察其知识体系的内容、传承与变迁的脉络，以探寻其未来走向以及对当代生态环境法治的贡献。

（二）藏族生态习惯法文化研究的理论与实践价值

1. 理论价值

第一，本书兼顾文化研究与规则分析，强调对生态习惯法文化的静态描述与动态运作相结合，从历史与现实两个视角探寻藏族生态习惯法的历史经验和文化记忆，进而思索其未来走向，相关的学术观点以及研究结论无疑将促进藏族生态习惯法文化理论研究的深入化和体系化。

第二，本书从研究视角、研究进路以及研究方法等方面均进行了跨学科研究的探索，成果能够丰富并深化习惯法、民族法律文化、法人类学等相关学科的理论研究。

---

① 郭武：《环境习惯法现代价值研究》，新学林出版股份有限公司，2016，第3页。
② 苏力在《法治及其本土资源》一书的自序中，发出了著名的"苏力之问"——"什么是你的贡献"，并尝试建构中国法治的"本土资源论"（参见邓正来《中国法学向何处去——建构"中国法律理想图景"时代的论纲》，商务印书馆，2011，第220页），主张中国的法学要研究中国的现实问题，中国的法治应当关注中国的本土资源。关于中国法学和中国法治的苏力式的反思与挑战，曾激励无数学人躬身自省，辗转反思。基于笔者作为一个法学人对于中国现实的关注以及对生态习惯法作为本土资源的价值及功能的思考，本书借用这一问题范式，以探索藏族生态习惯法在当代生态法治建构中的贡献。参见苏力《法治及其本土资源·序》，中国政法大学出版社，1996，第V页。

第三，本书综合运用了法学、民族学、人类学、史学等相关学科的研究方法，从而在方法论上具有显著的理论创新价值。

2. 实践价值

第一，促进藏族生态习惯法与生态环境制定法的良性互动，强化生态环境制定法的实效性。

本书立足于生态环境法治领域的"当下中国"问题意识①，以破解生态环境制定法实效性不足的困境为目标，探寻藏族生态习惯法文化作为本土法文化资源对当代生态环境法治建构的贡献，"经世致用"的应用价值突出。

第二，为民族地区建构生态环境法治及生态文明建设汲取本土法文化资源提供重要的地方性经验。

本书旨在探寻藏族生态习惯法文化对当代区域生态环境法治的贡献，研究结论对于建构民族地区生态环境法治具有重要的借鉴与启示意义。

第三，为西藏与四省涉藏州县政府生态规划和决策提供翔实的法律民族志材料，有效促进区域生态安全、社会稳定。

一方面，民族地区在资源利用与管理方面发生的冲突与纠纷成为威胁民族地区生态安全、社会稳定的重要因素；另一方面，民族地区正在推进实施的各项生态工程和经济发展政策对藏族生态习惯法文化产生深刻影响。本成果能够为相关政策的规划、决策以及绩效考核提供真实、丰富的资料，对于民族地区生态法治实践和生态文明建设具有重要的实践意义。

二 文献梳理与研究动态

（一）国外相关文献梳理及研究动态

1. 国外法人类学研究述评

全面发展于 20 世纪初的西方法人类学将法律秩序和文化体系相联系，

---

① 邓正来：《中国法学向何处去——建构"中国法律理想图景"时代的论纲》，商务印书馆，2011，第 283 页。

从非西方法律传统中法律与文化的紧密联系认识到法的地方性特征和法的共同属性，从而极大地拓展了法的研究视野。

自 20 世纪 80 年代以来，西方法人类学的研究大体可以概括为两种研究范式，即"以规则为中心的范式"（rule-centered paradigm）与"过程的范式"（processual paradigm），前者强调秩序源于强制施行的规则，而后者对于什么是构成"法律"现象的内容采取了比较宽泛的视角，并将冲突当作社会生活的本土特征来看待。[①] 经由纳德（Laura Nader）、卡马拉夫（John Comaroff）、罗伯茨（Simon Roberts）等法人类学家的努力，法人类学的研究转向对与争端（disputing）相关联的行为以及纠纷解决的文化背景的意义建构的描述和分析。在法人类学家所研究的法律文化这一范畴内，法律秩序与文化体系紧密结合，二者是一个相互界定的互动过程，由此，历史的视角被引入法律文化的研究。

值得关注的是，日本专门从事法律人类学研究的千叶正士，其著作《法律多元——从日本法律文化迈向一般理论》对中国法人类学研究产生过较大的影响。

今天的法人类学家一方面要将法律制度及其实践与广阔的历史过程相联系，另一方面，也注重将法律置于意义与信仰的背景中做出文化的阐释。

2. 国外生态人类学述评

人类学家一直致力于研究民族及其文化，而在试图理清各族群及其文化的多样性和差异性问题时，西方人类学家曾经联系到生物学、生态学、历史学、进化论、传播学等论点来解释人类的行为。西方人类学将环境用于解释人类文化的起源与差异主要存在如下三种理论。一是环境决定论，即物质环境在人类事务中发挥着"原动力"的作用。代表性的学说有 19 世纪希波克拉底（Hippocrates）的体液论，20 世纪初 W. H. 霍姆斯关于"物质文化和技术受环境影响最大"的认识以及 W. H. 霍奇的非物质文化的环境解释论。二是环境可能论。20 世纪 20~30 年代，人类学界环境解释的总趋势由决定论

---

① 赵旭东：《法律与文化》，北京大学出版社，2011，第 3 页。

转向可能论，其主要观点认为环境对解释文化特质的起源是无力的，环境的重要作用在于解释一些文化特征为什么没有出现，而不是说明它们为什么一定会产生。环境可能论的代表性学者主要有 F. 博厄斯、A. L. 克鲁伯以及考古学家 B. 梅格斯。三是生态学观点，认为环境与文化不是分离的，而是包含着"辩证的相互作用或谓反馈或互为因果性"，生态学观点的主要思想表现为两个方面：其一是环境和文化皆非"既定的"，而是互相界定的；其二是环境在人类事务中的作用是积极的，而不仅仅是限制或选择。[1] J. 斯图尔德的《文化生态学》奠定了生态学观点的地位，之后，瓦达和拉帕波特从方法论方面对斯图尔德的理论进行了发展，将生态以及适应观点引入人类学研究，使人类学由于吸收生态学的理论和方法而获得了更为广阔的研究视野，人类学中种群生态学和系统生态学由此肇始，并催生了生态人类学。20 世纪 30 年代斯图尔德为了解种群与其环境之间的关系对西南印第安人的文化生态学的研究，1953 年 G. 威利对于秘鲁沿海维鲁谷地聚落形态的研究，1953 年 J. 伯塞尔关于澳大利亚年平均降雨量与土著人口数量之间关系的研究等都是人类学种群生态学经典的研究成果。而 C. 吉尔茨[2] 的《农业退化》（*Agricultural Involution*）是人类学系统生态学运用系统理论进行研究的里程碑，20 世纪 60~70 年代，R. 李和 R. 拉帕波特在运用系统理论的要领和方法方面发展了吉尔茨的理论研究，拉帕波特的《献给祖先的猪》（*Pigs for the Ancestors，Ritual in the Ecology of a New Guinea People*）关于策姆巴加 – 马林（新几内亚）农耕者与其参与的生态系统中的能量关系的研究即是代表性的著作之一。西方人类学中运用生态学观点和方法的研究方兴未艾，并且已成为目前人类学解释最流行的方法之一。尽管生态人类学的研究提供了对

---

① 〔美〕唐纳德·L. 哈迪斯蒂：《生态人类学》，郭凡、邹和译，文物出版社，2002，第 1~8 页。

② 美国人类学家 Clifford Geertz，国内学者对其名字翻译并不统一，有吉尔茨（参见王铭铭《民间权威、生活史与群体动力》，载王铭铭、〔英〕王斯福主编《乡土社会的秩序、公正与权威》，中国政法大学出版社，1997，第 281 页）、吉尔兹（参见梁治平编《法律的文化解释》，生活·读书·新知三联书店，1994，第 73 页）等。本书翻译为吉尔茨。

人与自然环境关系的有力解释，然而，种群学中关于地域群的界定问题、系统生态学中对于干扰系统和导致进化变迁的"破坏"作用的忽视，这些理论与方法的不足都使生态人类学招致批评，生态人类学仍然存在局限并需要发展，这是显而易见的。

3. 国外学者关于中国民族习惯法的研究述评[①]

近代以来，国外学者关于中国民族习惯法和民间法的研究大多基于中国传统民族文化的视角，即，将民族习惯法及民间法视为中国少数民族文化的重要组成部分予以记录与考察。现有成果的研究范围，时间上从近代至当代，地域上则主要集中在西南、台湾、东北、海南岛等地区。

（1）国外学者关于 1949 年以前中国民族习惯法的研究

美国人类学家葛维汉（David Crockett Graham）关于西南少数民族习俗、宗教文化进行了较早的系统研究。[②] 葛维汉 1911 年以传教士和学者身份来华工作、生活长达 38 年，曾数十次到藏、彝、苗、羌族地区，对西南少数民族的习俗和宗教文化进行了调查和研究，完成了《羌族的习俗与宗教》（*The Culture and Religion of Qiang*，1958）、《四川的宗教》（*Religion in Szechuan Province, China*，1928）、《川苗的故事与歌谣》（*Songs and Stories of The Ch'uan Miao*，1954）、《中国西南的民间宗教》（*Folk Religion in Southwest China*，1961）等专著。

1949 年以前，由于地缘靠近，且为配合侵占中国以及殖民统治和军事统治的需要，日本学者关于中国少数民族习俗的调查成果较多。[③] 日本于 20 世纪初，尤其是 30 年代以后，曾派一批学者在中国台湾、华北、东北和内蒙古等地进行风俗习惯和习惯法方面的调查。如内田智雄、仁井田升在华

---

① 参见王飞、吴大华《国外研究中国少数民族习惯法综述》，《贵州民族大学学报（哲学社会科学版）》2014 年第 1 期。

② 耿静：《从惠特曼学院馆藏资料看葛维汉的人类学研究》，《中华文化论坛》2004 年第 3 期。

③ 参见徐晓光《日本法人类学及民族法学研究的历史与现状》，《中南民族大学学报（人文社会科学版）》2006 年第 3 期。

北，岛田正郎在内蒙古，福武直在华北、江苏，都收集了大量社会与法的资料，并在此基础上发表了一批社会及家族制度方面的调查成果。其中被誉为日本法社会学之父的末弘严太郎的《中国农村惯行调查》（共 6 卷，岩波书店 1952~1958 年出版）对战后法社会学的发展产生重大影响。日本占领中国台湾、东北、海南岛期间，对上述地区的习惯法开展了较为系统的实地调查工作。

此外，1949 年以前，以鸟居龙藏为代表的日本人类学学者对中国民族地区进行了大量的调查与研究，其成果亦涉及对民族习惯法文化的调查。如鸟居龙藏自 1895 年受东京人类学会的派遣，调查足迹涉及中国东北、台湾、西南、内蒙古等地区，留下了许多珍贵文献及文物，具有很高的学术价值和史料价值。日本学者调研、撰写了包括回、满、蒙、维吾尔、鄂伦春、鄂温克、赫哲、朝鲜、达斡尔、壮、纳西、苗等在内的各少数民族志，调查研究范围涉及中国台湾、东北、西藏、新疆、西南、海南岛等地区[①]。

（2）国外学者关于 1949 年以后中国民族习惯法的研究

改革开放之前，由于受到实地调研的限制，国外学者的相关研究主要依赖于历史文献资料的整理与挖掘。伴随中国的改革开放，中外学术交流日益频繁。

苏姗·D.布卢姆（Susan D. Blum）在《中心与边缘：近十年中国少数民族研究综述》（Margins and Centers：A Decade of Publishing on China's Ethnic Minorities）一文中，从人类学的角度，简要回顾了最早散见于 20 世纪 20~40 年代西方学者著述的民族志中关于中国少数民族文化的研究以及不同历史时期西方学者关于中国少数民族的研究成果，文中较为全面而详尽地对 20 世纪 80 年代以来研究中国少数民族文化的论著进行了述评[②]。这些西方学

---

① 崔莲：《中国少数民族研究在日本》，《西南民族大学学报（人文社会科学版）》2003 年第 8 期。

② Susan D. Blum, "Margins and Centers：A Decade of Publishing on China's Ethnic Minorities," *The Journal of Asian Studies 4*, 2002：1287–1310.

者关于中国少数民族的人类学论著，对中国各少数民族的习俗文化均有调查与描述。

20 世纪 80 年代以后，日本学者对中国民族法的研究也取得了一些令人瞩目的成果。内容涵盖了总体研究、南方民族研究、北方民族研究以及汉族地区研究等领域。[①] 杰克·海斯在考察了中国西部荒地之后指出，早在 1949 年以前就存在系统、持续地管理西部荒地资源的包括地方性的甚至是国家性的规则。现有的资料则表明，在中国具有广泛的习惯法。在分配有关树木和荒地的权利时考虑到习惯法的地方，所有制的类型及其激励机制显示出其异乎寻常的灵活性，在非正式的实践中和新法律的修订或对地方土地管理的建议中，仍然能够见到这些习惯法。[②]

总体上，国外学者关于中国民族习惯法、民间法的研究，主要是从人类学的视角进行研究，或者依据历史文献资料，或者开展田野调查。从研究成果的时间范围分析，1949 年以前，国外学者关于中国少数民族的研究，以地理位置靠近中国的日本和俄罗斯成果较多[③]。而这一历史时期，日本对中国少数民族的研究和调查，与当时日本帝国主义对中国部分地区的殖民统治有着密不可分的关系。1949 年以后，尤其是改革开放后，更多国外学者进入我国民族地区开展田野调查，从而促进了该领域的研究。就研究成果而言，一方面，来自国外学者不同视野下的调查与研究，无疑具有重要的历史文献价值；另一方面，国外学者基于人类学视角展开的调查与研究，其研究视角、研究方法以及研究结论对中国法人类学以及民族法学的研究均具有重要的理论参考价值。

---

① 参见徐晓光《日本法人类学及民族法学研究的历史与现状》，《中南民族大学学报（人文社会科学版）》2006 年第 3 期。

② 〔加拿大〕杰克·帕特里克·海斯：《有关荒地的法律基础与管理依据——中国西北部地区环境与习惯法讨论》，张韬译，《山东大学学报（哲学社会科学版）》2006 年第 4 期。

③ 崔莲：《中国少数民族研究在日本》，《西南民族大学学报（人文社会科学版）》2003 年第 8 期。

（二）国内相关文献梳理及研究动态

对国内相关文献^①的爬梳与考察^②，将从生态环境习惯法研究成果的检索统计概况、研究内容、研究进路、研究特征、不足及展望等方面展开。

1. 生态环境习惯法研究成果的检索统计概况

首先，考察近年来生态环境习惯法的学术关注度总体趋势。运用中国知网知识搜索工具，分别以"环境习惯法""生态习惯法"为关键词，对相关研究成果进行搜索，结果显示如图0-1所示：

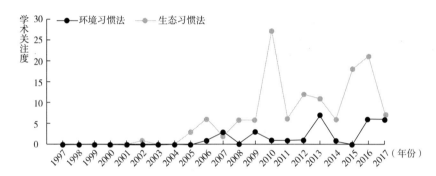

图0-1 "环境习惯法"和"生态习惯法"的学术关注度趋势（1997~2017）
（数据来源：CNKI 学术趋势）

---

① 国内现有的文献，主要表现为学术论文（含期刊论文、学位论文和学术会议论文）和学术著作。本书将结合中国知网的 CNKI 学术搜索库所提供的学术论文的统计情况以及中国国家图书馆的联机公共目录查询系统提供的中文图书统计结果，进行考察。需要说明的是，其一，鉴于我国学术界关于"习惯法"与"民间法"的使用尚缺乏明确、统一的概念界分，为保障对该领域学术成果的全面检索，分别对"习惯法"和"民间法"进行了检索，以避免可能造成的检索疏漏；其二，中国知网的学术论文包含期刊论文、学位论文和学术会议论文，由于学术论文以期刊论文为主体，且最具代表性和学术前沿性，故本书关于学术论文的检索与统计主要以期刊论文为考察对象；其三，关于检索项，综合考察"主题""篇名""摘要"等检索项，即能全面而准确地反映相关领域学术研究成果的总量情况，故而，在运用中国知网进行期刊论文的检索过程中，对其他检索项未做考察。

② 国内相关文献的考察以 CNKI 学术搜索库为主要数据来源，考察的时间范围以中国知网系统收录数据的起始时间（1994 年）为考察的时间起点，以检索时间 2018 年 5 月 20 日为考察的时间终点，即考察的时间范围为 1994~2008 年。参见常丽霞、田文达《当代少数民族生态环境习惯法研究述评》，《烟台大学学报（哲学社会科学版）》2018 年第 6 期。

　　就学术关注度而言，自 2005 年开始，学术界关于生态环境习惯法的关注总体呈现上升趋势。"环境习惯法"和"生态习惯法"在 2010 年、2013 年、2016 年分别出现学术关注的高峰。上述学术关注度的趋势无疑与我国生态文明建设的时代背景和政策进程密切相关。2005 年 12 月，国务院发布《关于落实科学发展观加强环境保护的决定》，明确提出"倡导生态文明，强化环境法治"，"弘扬环境文化"。2012 年 11 月，党的十八大报告将生态文明确定为国家发展战略，提出经济、政治、文化、社会、生态文明建设"五位一体"的总体布局。2015 年 4 月，《中共中央、国务院关于加快推进生态文明建设的意见》明确指出"生态文明建设是中国特色社会主义事业的重要内容"，强调要充分认识加快推进生态文明建设的极端重要性和紧迫性。2015 年 9 月，中共中央、国务院印发《生态文明体制改革总体方案》，旨在加快建立系统完整的生态文明制度体系，加快推进生态文明建设，增强生态文明体制改革的系统性、整体性、协同性。由此可以看出，生态环境习惯法领域的学术关注度趋势呈现出的正是学术研究对于国家生态文明建设整体发展战略进程的积极回应。

　　就术语而言，更多的学者倾向于使用"环境习惯法"，相比之下，"生态习惯法"这一术语使用得较少。生态环境习惯法研究实质上是法学和民族学、人类学的交叉学科，而法学界长期以来倾向于从部门法的意义上使用"环境法"，较少使用"生态法"；而该领域的研究成果，以法学研究成果为主体，导致研究成果中"环境习惯法"使用得更为普遍。

　　其次，考察生态环境习惯法研究的成果数量。分别考察学术论文和著作。一方面，考察相关的期刊论文成果。鉴于学术界关于生态环境习惯法的概念使用并不统一，相近的概念有生态习惯法、环境习惯法、生态环境习惯法、环境资源习惯法、自然保护习惯法等，为保障搜索结果的全面性，运用 CNKI 学术搜索工具，分别以"习惯法"并含"生态"、"习惯法"并含"环境"、"习惯法"并含"自然"、"习惯法"并含"资源"，"民间法"并含"生态"、"民间法"并含"环境"、"民间法"并含"自然"、"民间法"并含"资源"为搜索条件，以"篇名""摘要""主题"为检索项，检索中国期刊全文数据库，检索结果见表 0-1。检索的时间段截至 2018 年 5 月 20 日。鉴于检索结果中与生态环境习惯法无关的检索记录（比如尽管篇名中包含所搜索的关键词，然而，是从其他学科、其他语义进行的研究）与生态环境习惯法无关，故在统计中予以排除。

表 0-1 生态环境习惯法期刊论文发表情况统计（截至 2018 年 5 月 20 日）

第一关键词	习惯法				民间法				习惯法民间法合计
第二关键词	生态	环境	自然	资源	生态	环境	自然	资源	
篇名数量	36	67	2	17	3	3	0	0	117
主题数量	128	162	86	55	7	8	0	0	338
摘要数量	144	136	81	87	7	8	0	1	352

该表中"习惯法民间法合计"为习惯法（民间法）并含生态、环境、自然、资源的各项统计值之和，排除重复统计之后的结果，即排除检索"习惯法并含生态环境""习惯法并含自然资源""民间法并含生态环境""民间法并含自然资源"产生的重复统计。

另一方面，考察相关的著作成果。运用中国国家图书馆的联机公共目录查询系统，分别以"习惯法"并含"环境"、"习惯法"并含"生态"、"民间法"并含"环境"、"民间法"并含"生态"为关键词进行检索，共有 3 本关于生态环境习惯法的中文论著。

2. 生态环境习惯法现有成果研究内容之综合考察

对生态环境习惯法现有成果（含学术论文和学术著作），从分民族研究和分主题研究两个层面考察其内容。

其一，从分民族研究的层面看，现有的研究成果对 24 个少数民族的生态环境习惯法进行了考察和研究，具体情况参见表 0-2。[①]

---

① 为与习惯法按民族研究的成果情况形成对照，本书关于中国少数民族的区域划分，依据牛绿花对当代少数民族习惯法研究进行考察时，所参考的宋蜀华先生《中国民族概论》的体例，即把少数民族按区域划分成东北、内蒙古地区，西北地区，西南地区，中东南地区四大块。参见牛绿花《回眸 30 年：当代中国少数民族习惯法研究综述》，《云南大学学报（法学版）》2012 年第 2 期。

表0-2　分民族研究少数民族生态环境习惯法的期刊论文统计

东北、内蒙古地区

民族	蒙古族	赫哲族	满族	回族	达斡尔族	朝鲜族	鄂伦春族	鄂温克族	俄罗斯族	合计
数目	20	1	0	0	0	0	0	0	0	21

西北地区

民族	维吾尔族	哈萨克族	撒拉族	土族	东乡族	保安族	裕固族	柯尔克孜族	塔吉克族	乌孜别克族	塔塔尔族	俄罗斯族	合计
数目	3	1	0	0	0	0	0	0	0	0	0	0	4

西南地区

民族	藏族	彝族	哈尼族	傈僳族	羌族	佤族	傣族	普米族	纳西族	景颇族	阿昌族	独龙族	基诺族	门巴族	珞巴族	白族	布朗族	拉祜族	怒族	德昂族	合计
数目	39	7	5	3	3	2	1	1	1	0	0	0	0	0	0	0	0	0	0	0	62

中东南地区

民族	苗族	侗族	黎族	土家族	瑶族	壮族	仡佬族	布依族	水族	畲族	京族	毛南族	高山族	仫佬族	合计
数目	24	20	5	4	4	3	3	2	2	2	1	0	0	0	70

其二，从分主题研究的层面考察，现有成果的研究主题主要包括以下九个方面。

第一，生态环境习惯法基本理论研究。

这一主题研究的内容主要包括生态环境习惯法的概念界定、特征、渊源、生成、演进及作用机制。

国内主流观点认为，环境习惯法与生态习惯法实质上属于同一概念。比如，李明华、陈真亮认为，生态习惯法（ecological customary law）也可称为环境习惯法，意指在民间自发生成的，以生态保护为指向的，人们在生活中根据事实和经验，依据某种社会权威和组织确立的，具有某种程度上、有可能的强制力的行为规范。并指出，生态习惯法作为一种弥足珍贵的法律文化传统，它天然地具有地域性、民族性、群体性、多样性、特殊性、伦理性、自觉性等传统特点。[①]田信桥认为，生态习惯法（ecological customary law）也可称为环境习惯法，意指在民间自发生成的，以生态保护为指向的，人们在生活中根据事实和经验并依据某种社会权威和组织确立的，某种程度上有可能具有强制力的行为规范。[②]

郭武则运用类型化的方法，指出环境习惯法是具有规定性规范属性的环境习惯。而在"习惯法—制定法"分析框架中，环境习惯法表现为一种真实而有力的"内部规则"，并成为修正和完善环境制定法的永恒性规则渊源。[③]

关于生态环境习惯法的再生机制，郭武认为，回归自然秩序和谐的法文化传统、重回法律精神的信仰和还原法律的价值理性是民族环境习惯法重生的三个基点。[④]

张军辉认为，少数民族环境习惯法在少数民族地区环境保护中发挥着不

① 李明华、陈真亮：《生态习惯法现代化的价值基础及合理进路》，《浙江学刊》2009 年第 1 期。
② 田信桥等：《环境习惯法研究》，法律出版社，2016，第 5 页。
③ 郭武：《文化、信仰和理性：民族环境习惯法重生的三个基点》，《甘肃政法学院学报》2010 年第 3 期。
④ 郭武：《文化、信仰和理性：民族环境习惯法重生的三个基点》，《甘肃政法学院学报》2010 年第 3 期。

可忽视的作用。他在界定民族环境习惯法的基础上指出，少数民族习惯法的生成，有俗成和议定两种形式。在少数民族地区，实施习惯法、管理村寨事务的，既可以是一个可以随时组织起来的机构，也可以是某些人或某个人。[①]

第二，生态环境习惯法价值、功能研究。

该项主题的期刊论文成果数量最多，显示了现有成果观照现实的研究取向。生态环境习惯法是少数民族在与特定民族生境长期调适的过程中，积累的生态智慧，从而决定了某一民族生态环境习惯法的价值、功能必然与特定生态环境相调适与契合。正因如此，学术界普遍的研究路径是选取某一地区或某一民族展开关于生态环境习惯法当代价值或现实功能的考察。

郭武在其专著《环境习惯法现代价值研究》中论述了环境习惯法的生成与演变，并以西部民族地区为样本，论述了环境习惯法的现实表达以及环境习惯法现代价值的证成与实现条件[②]。刘雁翎认为，生态习惯法具有"生态保护的主体性价值"和"生态保护的行为性价值"[③]。马晓琴和杨德亮以青海涉藏州县的生态习惯法为例，通过对青海藏族的生态现状和传统生态知识进行分析检索，反思具有普适性的现代化和现行环保措施，论证了本土人群和地方性知识在生态治理中的意义。[④]韦志明在考察了苗族的"榔规"制、壮族的"都老制"与都老制裁、侗族的"款约"与款首裁决、藏族环境习惯法之后，指出，民族习惯法对生态环境保护的可能贡献表现为：更好地发挥本土人群的主体作用、有效进行社会控制、引发环境有益行为、弥补国家环境法的不足。[⑤]封贵平指出，侗族习惯法通过生活禁忌（生物崇拜）、款约和乡（村）规民约规定等形式对生态环境发挥着积极的调整保护作用，其中，禁

---

① 张军辉：《论少数民族环境习惯法的作用机制》，《中国政法大学学报》2012 年第 4 期。
② 郭武：《环境习惯法现代价值研究——以西部民族地区为主要"场景"的展开》，中国社会科学出版社，2016。
③ 刘雁翎：《西南少数民族环境习惯法的生态文明价值》，《贵州民族研究》2015 年第 5 期。
④ 马晓琴、杨德亮：《地方性知识与区域生态环境保护——以青海藏区习惯法为例》，《青海社会科学》2006 年第 2 期。
⑤ 韦志明：《民族习惯法对西部生态环境保护的可能贡献》，《内蒙古社会科学（汉文版）》2007 年第 6 期。

忌与崇拜的生态保护规范，凝结了侗族同胞敬畏自然、顺应自然的生态保护理念；款约的生态保护强制性规范，保障了侗族地区生态系统的稳定性和持久性；乡（村）规民约中与时俱进的生态保护规范，对侗族地区生态保护起到了承上启下的作用。① 余浩然运用发展人类学的理论，以建始县白云村土家族习惯法为例，指出土家族习惯法的生态价值主要表现在习惯法对生态位的把握、对生态规律的应用以及对社会风尚的提倡等方面。② 秦国文专文考察了少数民族生态伦理观对于生态检察的价值，认为少数民族生态伦理观的价值主要表现为秩序价值、平等价值、集体价值、风险价值，少数民族的生态伦理观对于生态检察的借鉴意义主要表现为：生态检察执法理念的转型、生态检察的公众参与、生态检察的协商治理等。③

第三，生态环境习惯法与国家法的关系研究。

国内学者关于该主题的研究成果，是立足于生态环境习惯法如何贡献于国家生态法治这一研究目的而展开的。因而，关于二者关系的研究，往往延伸出当代法治实践中如何解决二者冲突关系的研究。就现有成果来考察，该主题的研究总量上相对密集，然而内容上比较宏观。关于二者冲突关系的解决，研究结论也较宽泛。

田信桥、吴昌东认为，作为现代法治理念的基本要求，环境习惯法只能补充国家法的不足，而不能取代国家法发挥作用，这是二者互动的前提条件。二者实现良性互动主要包括两方面：其一是国家法通过对自身制度及其运行进行适当调整，以吸纳环境习惯法中的合理部分；其二是环境习惯法通过自身的改造，以实现与现代社会和国家法相协调。④

---

① 封贵平：《侗族习惯法对侗族地区生态环境的影响与启示——以贵州黔东南为例》，《贵州社会科学》2013 年第 9 期。
② 余浩然：《习惯法生态价值的发展人类学研究——以建始县白云村土家族习惯法为例，《原生态民族文化学刊》2017 年第 4 期。
③ 秦国文：《少数民族生态伦理观对于生态检察的借鉴》，《湖北师范大学学报（哲学社会科学版）》2017 年第 6 期。
④ 田信桥、吴昌东：《环境习惯法与国家法互动机制探析》，《长春理工大学学报（社会科学版）》2010 年第 2 期。

亦有学者从生态环境习惯法与部门法的关系的视角进行了研究。如杜琪从破坏森林资源犯罪的视角，专题研究了少数民族环境保护习惯法与刑法之间的冲突及协调关系，指出由于效力基础不同、价值取向存在差异、实施方式与制定程序不同等原因，二者之间在违法性认识、惩罚手段方面存在冲突，协调二者冲突的路径主要表现为：坚持普适性法律优先的原则，贯彻执行刑法适当考虑少数民族的文化、生活习惯及民族感情，确认保护与法制建设精神要求相一致的习惯法，促使习惯法制度化、成文化、规范化[1]。

第四，环境资源纠纷解决习惯法研究。

关于该主题的研究成果，既有基于文献资料的静态描述，亦有基于调解场域考察的动态解读，学者们紧密结合民族地区资源纠纷解决的司法现状，阐释了习惯法在资源纠纷解决实践中重要的现实功能，成果比较丰富。

郭武论述了环境习惯法在环境纠纷解决中的功能，认为环境习惯法解决纠纷的功能主要体现为"止争"，而非"定纷"。环境习惯法难以作为"准据法"被适用，实践中更多是作为司法适用的小前提。在环境纠纷解决的诉讼替代方案 ADR 机制中，环境习惯法不仅作为有效的选择性裁判依据得到适用，还作为纠纷解决的具体事实依据而被广泛适用[2]。唐潇、石静、余文考察了贵州苗族地区的环境纠纷解决习惯法，指出榔头或理老作为议榔的组织者，熟悉习惯法，精明事理，在发生纠纷时负责进行"讲理"（即调解），作者概括了苗族习惯法对构建中国环境纠纷解决机制的启示[3]。

第五，环境要素保护习惯法研究。

部分学者以具体环境要素保护的习惯法为研究对象，以专题进行了考察和研究。

---

[1] 杜琪：《少数民族环境保护习惯法与刑法的冲突及协调——以破坏森林资源犯罪为视角》，《贵州民族研究》2013 第 3 期。

[2] 郭武：《论环境习惯法在环境纠纷解决中的功能》，《海峡法学》2015 年第 2 期。

[3] 唐潇、石静、余文：《浅谈贵州苗族习惯法对我国环境纠纷解决机制构建的启示》，《福建教育学院学报》2011 年第 3 期。

①关于土地资源保护与管理习惯法的研究。

廖喜生调查和分析了西南石灰岩地区少数民族的土地崇拜，考察了该地区少数民族保护水土、土壤以及节约土地的习惯法，指出土地保护习惯法对于加强土地资源保护，提高土地集约节约利用水平具有重要理论与现实意义①。

②关于森林资源保护习惯法的研究。

胡卫东的《黔东南苗族山林保护习惯法研究》，考察了黔东南苗族山林保护习惯法的表现形式，即树崇拜规范、村规民约、其他不成文习惯法等，并对黔东南苗族山林纠纷的原因、类型以及解决机制进行了论述。作者认为山林保护习惯法与国家法之间互相补充和配合，偶有冲突，并提出了对二者冲突的解决办法②。田信桥在其专著《环境习惯法研究》中，设专章对林业习惯法、清代寺庙林管理习惯、西天目山地区僧侣护林制度以及四川省通江县林业习惯法进行了调研，考察了相关林业习惯法的内容和社会价值③。余贵忠指出，少数民族的习惯法对于森林保护具有重要的现实作用，如苗族的"榔规"是森林的守护神，"侗款"是侗族环境保护和侗寨社会稳定的基石，神话在梵净山的环境保护中效力特别，少数民族生活习俗能有效维护环境资源的可持续发展，芭沙人、树合一的原始环保理念具有典型意义。④何前斌、袁翔珠、阳燕平、陈伯良专题研究了南方少数民族保护森林资源的习惯法，收集整理了植树造林、禁止乱砍滥伐、森林防火、禁止偷盗林木等方面的习惯法规范⑤。罗康隆以《侗族传统社会习惯法对森林资源的保护》为题，详尽地描述了贵州清水江下游侗族"侗款"习惯法对于森林资源的保护。⑥刘雁

① 廖喜生：《论西南石灰岩地区少数民族保护土地资源习惯法》，《贵州民族研究》2016年第9期。

② 胡卫东：《黔东南苗族山林保护习惯法研究》，西南交通大学出版社，2012。

③ 田信桥等：《环境习惯法研究》，法律出版社，2016，第117~177页。

④ 余贵忠：《少数民族习惯法在森林环境保护中的作用——以贵州苗族侗族风俗习惯为例》，《贵州大学学报（社会科学版）》2006年第5期。

⑤ 何前斌、袁翔珠、阳燕平、陈伯良：《南方少数民族保护森林资源习惯法初探》，《法制与经济》2009年第8期。

⑥ 罗康隆：《侗族传统社会习惯法对森林资源的保护》，《原生态民族文化学刊》2010年第1期。

翎考察了载于清水江文书中的苗族、侗族环境生态习惯法，指出其以森林生态环境保护，尤以林木资源的"保存和保持"为主要内容，蕴涵着清水江流域生态环境与林业循环经济的长期"协调发展"的核心价值。[1]

③关于水资源保护习惯法的研究。

阳燕平、袁翔珠、陈伯良、何前斌在《论西南山地少数民族保护水资源习惯法》一文中，描述了包括对水资源的自然崇拜、保护水源、合理使用和管理水资源等内容的水资源保护习惯法，并指出，发掘并吸收少数民族水资源保护习惯法所蕴涵的价值，对于保护西南山地的生态环境具有重要的意义。[2] 郑晓云认为云南少数民族中存在丰富的水文化，内容涵盖水的观念、使用与保护水的习俗、制度、规范、宗教等，其对于当代解决水危机、营造良好的水环境具有重要的价值。[3]

第六，区域性生态环境系统保护习惯法研究。

部分学者对典型的区域性生态环境系统保护习惯法给予了应有的学术关注，形成了该区域生态环境习惯法的专题研究成果。

袁翔珠在其专著中，以中国西南亚热带岩溶地区的生态环境作为特殊的研究语境，系统而全面地考察了该地区保护森林、土地、水、野生动植物资源以及人口控制的习惯法。[4] 王思策、刘昊、刘航基于石漠化治理这一主题，考察了贵州兴仁淹过路村的布依族习惯法对于石漠化治理的积极作用。内容涵盖土地利用管理、林木保护、水井管理等方面的习惯法。该论文没有单纯区分某一具体的自然资源因素，而是针对调研地区典型的生态环境问题，即石漠化，进行了考察。[5]

---

① 刘雁翎：《清水江文书中的苗族、侗族环境生态习惯法》，《贵州民族研究》2017年第5期。

② 阳燕平、袁翔珠、陈伯良、何前斌：《论西南山地少数民族保护水资源习惯法》，《生态经济》2010年第5期。

③ 郑晓云：《云南少数民族的水文化与当代水环境保护》，《云南社会科学》2016年第6期。

④ 袁翔珠：《石缝中的生态法文明：中国西南亚热带岩溶地区少数民族生态保护习惯研究》，中国法制出版社，2010。

⑤ 王思策、刘昊、刘航：《论石漠化治理中引入少数民族习惯法的意义与策略——以贵州兴仁淹过路布依习惯法为例》，《凯里学院学报》2014年第2期。

第七，少数民族生态环境习惯法比较研究。

国内关于生态环境习惯法的比较研究相对欠缺。中国知网检索结果显示，该领域的比较研究学术期刊论文仅有 1 篇，占习惯法比较研究（10 篇）的 1/10。

刘雁翎认为，藏族环境习惯法产生于游牧文化，而侗族环境习惯法却以农耕文化为基础，因此，分别代表了我国游牧民族和农耕民族的环境习惯法。作者旨在通过对二者的比较研究，为国家环境法治建设和生态文明建设提供可资借鉴的本土资源。①

第八，少数民族环境权研究。②

该主题的现有成果，总体上是从现代环境权理论出发，探讨少数民族环境权的发展与完善路径。现有成果相对较少，论述较为宏观、宽泛，且与少数民族习惯法的结合不够紧密。如赵翔专题研究了贵州少数民族的环境权及其保护，指出完善贵州少数民族环境权法规范的进路，应当以自治条例、单行条例为契机，充分吸收当地习惯法和民族生态文化的精华，把环境权写入本民族自治地方的自治条例或者单行条例。发扬蕴藏于语言、宗教、伦理、习惯法等形式之中的传统生态智慧，以丰富现有环境权与环境法理论。③

第九，对少数民族生态环境习惯法研究的述评。

近年来，尽管国内学者对生态环境习惯法日趋关注，且成果较丰，然而，鲜有学者对生态环境习惯法的研究进行阶段性的总结和评述。方印、燕海飞、刘琼专题考察了近十年来的期刊文献资料，梳理了现有成果的研究内容以及实质贡献，剖析了该领域研究的不足，并以此为基础，提出了作者的展望。④

① 刘雁翎：《藏族与侗族环境习惯法比较研究》，《中共贵州省委党校学报》2012 年第 6 期。
② 亦有部分学者从现代环境权以及环境正义的视角，阐述了少数民族环境权及其保护途径，因其与少数民族生态环境习惯法无涉，因而，在此不做具体评述。参见焦盛荣《略论民族环境权》，《甘肃联合大学学报（社会科学版）》2008 年第 2 期。
③ 赵翔：《规范与现实：贵州少数民族环境权保护》，《贵州民族研究》2013 年第 2 期。
④ 方印、燕海飞、刘琼：《少数民族环境习惯法研究综评——基于近十年来期刊文献的观察与思考》，《贵州民族研究》2017 年第 10 期。

3. 生态环境习惯法现有成果研究进路之综合考察

作为交叉学科，法学、人类学、社会学从不同的学科角度出发，展开对生态环境习惯法的研究。其中，以法学研究成果占主体。总体上，该领域衍生出两种研究进路。

一方面，是法学者运用法学、人类学、民族学、社会学的知识所做的民族生态环境习惯法研究，尤以法人类学、法社会学者在该领域的研究最为密集。研究成果主要集中于三个领域：其一，是关于民族生态环境习惯法的基本理论研究，内容涵盖了概念、内涵、特征、渊源、生成及作用机制等；其二，是关于民族生态环境习惯法的历史传承、文化渊源的论述及其现实表现形态的引述、记录或解释；其三是关于生态保护习惯法的当代价值、功能以及贡献的研究，主要以国家法制统一为前提，在国家法与习惯法的关系框架下，探讨二者之间的实然与应然关系以及民族生态环境习惯法对当代生态法治实践和生态文明建设的积极贡献。

另一方面，民族学和人类学遵循本学科理论与方法进行的、涵盖生态环境习惯法文化的生态人类学研究。该领域的学者视生态环境习惯法为民族传统文化的重要组成部分，运用民族学、人类学的理论和方法，凭借其独特而精微的研究视角、翔实且深入的田野调查以及综合性的社会文化分析，致力于对民族文化与自然环境相互关系的阐释，促进了少数民族生态环境习惯法文化的学术研究，凸显出民族学、人类学对民族生态文化问题的学术关怀。①

---

① 以云南大学尹绍亭、吉首大学杨庭硕以及兰州大学少数民族研究中心的宗喀·漾正冈布等学者关于生态人类学、民族生态学的相关研究成果为代表，当前已有一批学者致力于人类学、民族学的生态文化研究，对生态环境习惯法文化均有涉及。代表性学术成果主要有（按照出版/发表的时间先后）——尹绍亭：《人与森林——生态人类学视野中的刀耕火种》，云南教育出版社，2000；南文渊：《高原藏族生态文化》，甘肃民族出版社，2002；刘源：《文化生存与生态保护——以长江源头唐乡为例》，中央民族大学出版社，2004；尹绍亭、〔日〕秋道智弥：《人类学生态环境史研究》，中国社会科学出版社，2006；杨庭硕：《生态人类学导论》，民族出版社，2007；罗康隆：《文化适应与文化制衡——基于人类文化生态的思考》，民族出版社，2007；宗喀·漾正冈布：《卓尼生态文化》，甘肃民族出版社，2007；张宗峦：《论藏区民族风俗对生态环境的保护》，《中国政法大学学报》2012年第4期；切排、陈海燕：《藏族传统生态观的体系架构》，《吉首大学学报（社会科学版）》2014年第3期；淡乐蓉：《藏族神山圣湖崇拜的法人类学考察》，《青藏高原论坛》2016年第4期等。

总体上，国内人类学、民族学关于生态环境习惯法文化的研究主要是从民族生态文化的视角展开，因而，关于生态环境习惯法的秩序功能、对当代生态法治的贡献等方面欠缺深入的研究与论证，需要与法学开展更多跨学科的交流与合作。

4. 生态环境习惯法研究的特征、不足与展望

综合上述学术研究成果，国内关于生态环境习惯法的研究在内容、方法、结论等方面呈现出鲜明的特征，亦存在明显的不足。

（1）研究内容的不足

首先，考察分民族研究的成果。以篇名为检索项搜索期刊论文，研究生态环境习惯法的成果中，涉及 24 个少数民族，而习惯法（民间法）领域，研究范围涉及 39 个少数民族，占比为 61.5%。近年来，分具体民族进行的生态环境习惯法研究，所涉及的少数民族的范围有所拓展。然而，仍然有近一半少数民族的生态环境习惯法在学者的研究视野之外，凸显出该领域分民族研究的民族范围相对集中和狭隘。而且，该领域成果一直存在"南多北少""南热北冷"的局面，即相比于成果较为丰富的南方少数民族研究（即使是对南方少数民族的研究，现有成果也集中于若干民族），关于北方少数民族的成果相对欠缺。究其根源，从历史上看，在民族习惯法文化研究成果相对密集的 20 世纪上半叶，人类学、社会学关于南方相关少数民族的调研成果较为集中，研究基础良好，且民间习惯法的调查资料相对丰富，便于后期的拓深、拓宽以及跨学科研究。①

基于上述分析，生态环境习惯法研究应当进一步拓宽具体民族的研究范围，不应该置部分少数民族于研究的"冷宫"之中，而应当增进关于北方少数民族以及南方一些鲜有学者问津的少数民族的考察与探索，从而全面、系统地汲取不同民族生境下各少数民族各美其美、美美与共的生态智慧，贡献于新时代下美丽中国的生态文明建设。

---

① 牛绿花：《回眸 30 年：当代中国少数民族习惯法研究综述》，《云南大学学报（法学版）》2012 年第 2 期。该文对习惯法研究南多北少的现象进行了原因分析，笔者认为，生态环境习惯法研究领域出现的南多北少现象，其原因基本一致。

其次，考察分主题研究的成果。如前文所述，关于当代生态环境习惯法的研究成果，其内容上涵盖了基本理论、价值功能、与国家法的关系、资源纠纷解决、环境要素保护习惯法、区域性生态系统保护习惯法、比较研究、少数民族环境权以及生态环境习惯法研究的综述等方面，显示出从事生态环境习惯法研究的学者对于当前生态法治理论与实践以及生态文明建设的高度关注。

从研究内容这一层面进行考察，现有成果仍存在以下不足。

其一，现有成果关于基本理论的研究相对欠缺。不少学者在进行实证调查分析之前，缺乏对于环境习惯法明确的概念界定，进而导致实证调查资料失却基本内涵的理论支撑，显得外延宽泛而不准确。而现有成果关于生态环境习惯法的渊源、作用机制等基本理论问题亦缺乏深入的研究，从而凸显出理论研究的薄弱。正如谢晖所言，我国习惯法、民间法研究自身存在的问题之一是这一研究领域的理论提升。和法人类学紧密相关的习惯法、民间法研究，应在事实和学理两端提升其学术品位。通过叙事的逻辑构造、学理提升以及纯粹的学理建构，使习惯法与民间法获得更进一步的理论说明。①

其二，现有成果较多集中于对生态环境习惯法的静态描述，多以静态的历史视角记录、整理民族生态环境习惯法，而欠缺以发展的视角，对当前生态法治实践进程中，生态环境习惯法动态现实运作的考察与分析，导致对生态法治构建的实效性不足。

其三，现有成果集中于对某一主题的综述性考察或者就某一具体少数民族的生态环境习惯法进行的调研，欠缺我国不同少数民族之间的比较研究以及中外比较研究。进而导致无论是在中外之间以及我国不同少数民族之间汲取本土生态法治资源的理论与实践方面，均缺乏参照与借鉴。

其四，欠缺该领域研究成果的综述与评价。尽管国内学者在该领域分不同的民族和主题开展了持续的研究，然而，唯有对现有成果持续进行全面考

---

① 谢晖：《不能忽视民间法的理论提升》，《检察日报》2014年9月23日，第3版。

察、阶段性总结以及学术检视与反思，方能促进该领域的研究。

（2）研究方法的不足

生态环境习惯法作为交叉学科的研究，无疑需要充分运用跨学科的研究方法，结合法学、人类学、社会学、历史学以及生态学、环境科学等不同学科的研究方法。即在注重传统法学研究的文献分析法、规范分析法之外，还须强调对社会学和人类学相关研究方法的综合运用。生态环境习惯法的现有成果，主要采取了田野调查法、文献分析法、个案分析法、规范分析法等不同学科的研究方法，亦有学者采取比较分析法对不同少数民族的生态环境习惯法进行了比较研究，上述研究方法的运用，凸显出该领域跨学科研究的特点。

综合来看，现有成果在研究方法方面仍然存在明显的不足。一是欠缺以整体论、系统论的角度，将生态环境习惯法置于一个民族或社区具体的社会文化场域中考察生态、经济、社会、法律文化之间复杂的互动制衡关系的研究。二是现有成果或侧重史料的收集与引述，或强调实证调查，缺乏对历史文献与田野调查充分有机的结合，使得关于生态环境习惯法的成果无法兼顾共时性和历时性的考察与分析，使得结合历史与现实的习惯法研究尤显薄弱；研究成果不能提供完整、翔实的习惯法资料，难以形成生态环境习惯法作为传统文化传承与当代变迁的完整脉络，研究结论难以为当代生态法治提供充分而准确的智库支持。三是运用法学理论与方法的研究成果相对欠缺。生态环境习惯法研究的宗旨在于为当代生态法治建构提供理论支持，因而，在生态法治的视角下，强化法治理论与方法在生态环境习惯法领域的运用，以充分发挥其经世资政的功能，是法律作为实践性学科的最终归宿。四是欠缺对民族生态环境习惯法进行比较研究的成果。一则欠缺对我国不同少数民族生态环境习惯法进行比较考察的成果，导致当代生态法治建构进程中，不同民族地区在汲取、挖掘本土生态法治资源时，难以互相参照、借鉴；同时，也导致在全国范围内，不能综合各少数民族的地方性经验样本，对本土生态法治资源的理论与实践进行全面、系统的概括与凝练。二则，现有成果中，缺乏生态环境习惯法文化的中外比较研究。如何有效汲取本土生态法治资源，促进国家制定法与本土传统生态法文化二者之间的调适与良性互动，减少制定法对地方性生态文化的干扰，促进生态和谐，是各个国家生态法治构建进程中共同面对的重大现实问题。增进该领域的比较研究，无疑将助益于我国生态法治的理论与实践。

（3）研究结论的不足

国内学者基于中国意识，立足当代中国民族地区日趋严重的生态环境问题，为充分挖掘本土法文化资源以贡献于生态法治构建，进行了艰辛的探索与努力。关于生态环境习惯法领域的诸多基本理论问题和生态法治本土资源问题，尽管仍然存在学术争议，却已形成了一定的研究结论。但不可否认，当前关于生态环境习惯法理论与实践的研究均较薄弱，远未构建出成熟、科学的研究范式和理论体系，使得该领域的研究结论难以对我国民族地区的生态法治建构和生态文明建设提供令人信服的、成熟合理的智库支持。比如，生态环境习惯法的生成、演进及作用机制，生态环境习惯法与国家生态法治的关系，生态环境习惯法对于生态法治建构的贡献等重大理论与实践问题，仍需学者们持续、深入地探索。

（三）本书要解决的问题

基于上述对国内外研究文献的回顾与分析，本书以探寻藏族生态习惯法义化对当代区域生态法治的贡献为研究宗旨，考察传统生态习惯法文化的传承与当代变迁，旨在破解生态环境制定法实效性不足的困境，为建构西藏与四省涉藏州县生态环境法治提供思路。

申言之，本书主要解决以下三个方面的问题：其一，以法人类学的视角描述藏族生态习惯法文化，即解决生态习惯法文化"静态描述"的问题；其二，以发展的视角，论述藏族生态习惯法文化作为一个不断更新、成长的体系于当代发生的传承与变迁，即解决"传承与当代变迁"的问题；其三，法人类学视角下的生态习惯法文化，必须与当前的国家制定法建立有效的沟通与协调。藏族生态习惯法文化唯有与国家制定法和司法过程发生现实的关联，方显其在当代的研究价值。本书将探索藏族生态习惯法文化在当代生态法治构建中的可能贡献，即解决"贡献于当代法治"的问题，以破解制定法实效性不足的困境。

三　研究进路与框架

（一）研究进路

就本书的研究思路而言，总体上将遵循"提出问题——理论阐释——实证分析——归纳总结"这一逻辑进路。

本书以国家法制统一为前提性的约束条件，以构建西藏与四省涉藏州县生态法治、探寻固有的法文化资源——藏族生态习惯法文化——对于当代生态法治的可能贡献为研究宗旨，基于法律文化多元的现实格局，梳理、考察藏族传统生态习惯法文化体系的传承与当代变迁，探寻其未来走向。

作为对"藏族生态习惯法文化如何贡献于当代生态法治"这一问题的回答，本书将逻辑展开为三个问题的论证，即藏族生态习惯法文化体系的内容是什么，其在当代怎样传承与变迁，其未来走向如何（或曰：其如何贡献于藏族当代生态法治）。由此，本书总体的论证框架遵循三个层次（一是藏族生态习惯法文化的体系；二是藏族生态习惯法文化的传承与变迁；三是藏族生态习惯法文化对当代生态法治的贡献），沿循两个维度（历时性和共时性）。

1. 藏族生态习惯法文化体系之静态描述

通过历史文献以及田野调查，梳理、归纳 20 世纪 50 年代以前藏族传统生态习惯法文化的体系内容。即生态伦理观、自然崇拜与自然禁忌、自然资源的管理与利用制度、风俗中蕴藏的生态习惯法文化以及资源纠纷的解决方式。

2. 藏族生态习惯法文化传承与当代变迁之动态考察

从历时性和共时性两个逻辑方向予以考察。

（1）历时性维度。以 20 世纪 50 年代以前藏族传统生态习惯法文化体系作为参照体系，纵向梳理其自改革开放以来，于传承中发生的当代变迁。

（2）共时性维度。以当代涉藏地区整体社会文化为背景，遵循两种研究取向：一是向内的取向，即考察生态习惯法文化的内容体系——生态伦理观、自然崇拜与自然禁忌、自然资源的管理与利用制度、风俗中蕴藏的生态习惯法文化以及资源纠纷的解决方式等发生的传承与变迁；二是向外的取向，即考察生态习惯法文化传承与当代变迁的外部环境文化因素，比如政治、经济、宗教等。改革开放以来，国家主导在西藏与四省涉藏州县实施的各项政治、经济、宗教的政策与法律制度对生态习惯法文化的内容、运作及其未来走向都产生了重要的影响，发挥了重要作用，成为影响生态习惯法文化传承与变迁的最重要的外部环境因素。本书对外的研究取向将主要考察国家法的作用和影响以及生态习惯法文化与国家法二者之间调适和互动的关系。

鉴于各种文化因素之间调适的复杂与多变，对于内部和外部取向的考察并非独立进行，而是互为背景、互为过程，交错往复。

3.藏族生态习惯法文化贡献于当代生态法治之阐释

在国家法制统一的基本前提下，立足西藏与四省涉藏州县法律文化多元的现实格局，从贡献于当代生态法治实践的视角，探讨生态习惯法与国家法关系的实然性与应然性，考察生态习惯法文化在当代所具有的重要的现实功能，探寻其未来发展走向。

（二）研究范围

1. 研究的空间范围

从法人类学的视角看，生态法文化，其概念涵盖了关于生态法的观念形态、价值体系以及与之密切相关的人类行为模式。无论静态考察抑或发展视角的生态法文化研究中，与民族所处的特定生态环境相适应的生计方式无疑具有尤为重要的意义。

法国法学家孟德斯鸠、德国历史学派的代表人物萨维尼以及英国法学家亨利·梅因等，都对影响法律起源、成长的社会、文化因素进行过阐释。作为较早、较全面地论述法律成长的自然与社会背景的学者，孟德斯鸠指出："气候条件在很大程度上决定了这个民族的法律、习俗和风俗……法律应该和国家的自然状态有关系，应当顾及气候的寒冷、酷热或温和，土壤的质量、地理位置、疆域大小，以及农夫、猎人或牧人等民众的生活方式等等。"①

孟德斯鸠关于法律与自然生态环境以及民族谋生方式的密切关系的阐述，为考察藏族生态习惯法文化提供了重要的启发和线索。生计方式作为特定民族与其所处的生态环境长期相适应的生产生活方式以及相关的物质文化，孕育并发展于特定的自然生态环境。藏族在长期的生产生活过程中，对于自身赖以生存的生态环境具有独特的认识，并在长期的生产生活实践中逐渐认识、掌握了生态环境的自然规律，形成了与生态环境高度适应的农耕、游牧以及半农半牧等特色鲜明的生计方式，并积累、凝结为农区、牧区、半农半牧区各具特色的习惯法文化。

由于地理环境、历史条件和长期的封建统治等因素，甘、青、川以及藏北地区（位于昆仑山脉、唐古拉山脉和冈底斯－念青唐古拉山脉之间，其面积约占西藏自治区面积的三分之二）在20世纪50年代以前一直停留在封建领主统治下的部落社会阶段。②藏族习惯法文化主要是指藏族传统部落习惯法文化。循此，笔者在甘肃、青海、四川、藏北的藏族聚居区，区分典型的藏农区、藏牧区以及半农半牧区选取田野点，开展生态习惯法文化的田野调查。

2. 研究的时间范围

本书研究藏族生态习惯法文化的传承与当代变迁，考察的时间范围界定为改革开放以来的历史阶段。

同时，本书将以20世纪50年代以前藏族传统生态习惯法文化体系作为

---

① 〔法〕孟德斯鸠：《论法的精神》，许明龙译，商务印书馆，2009，第373页。
② 陈庆英主编《藏族部落制度研究》，中国藏学出版社，2002，第3、503、504页。

考察藏族生态习惯法文化传承与当代变迁的参照体系。1949 年以前，整个中国在经济、政治、文化各方面都经历西方文明冲击的历史时期里，西藏与四省涉藏州县由于地域偏远，交通及语言沟通不便等方面的原因，受现代政治和经济的冲击与影响相对较小，其传统生态习惯法文化保存得相对完整，基本保持了传统生态习惯法文化体系的原貌。

此外，为追溯藏族生态习惯法文化的起源及文化渊源，本书在检索、收集历史文献时，将考察的时间范围做了必要的延伸，将研究视角上溯至古代。

（三）论述框架

本书从法人类学的视角，充分结合历史文献和田野调查，在对藏族传统生态习惯法文化体系进行静态描述的基础上，梳理考察藏族生态习惯法文化的传承与当代变迁。通过真实鲜活的案例分析，阐释生态法治领域生态习惯法与国家法互动关系的实然性与应然性，概括总结藏族生态习惯法文化的当代价值功能，并尝试对其"贡献于当代生态法治"的问题做出回答。

本书主体分九章展开论证。第一章论述生态习惯法文化研究的前提理论问题，包括比较视野中法的释义、法人类学视野中的生态习惯法文化等核心范畴的阐释与界定。第二、三、四章分上、中、下三部分阐述了藏族生态习惯法文化的环境基础、精神基础；梳理了藏族传统部落的生态习惯法文化体系，即传统生态伦理观、自然崇拜与自然禁忌、自然资源的管理与利用习惯法、风俗中蕴含的生态习惯法文化以及自然资源纠纷的解决方式。第五章从传承的主体、内容、方式以及传承场等方面论述藏族生态习惯法文化的传承体系。第六、七、八章考察西藏与四省涉藏州县生态法治建构进程中，藏族生态伦理观、自然崇拜与自然禁忌、自然资源的管理与利用习惯法、风俗中蕴藏的生态习惯法文化以及自然资源纠纷解决习惯法在当代发生的传承与变迁。第九章基于维护国家法制统一的基本前提，在当代民族地区法律文化多元的现实格局下，论证生态习惯法与国家法之间互动关系的实然性和应然性；归纳概括生态习惯法的当代价值与功能，并对其现实困境予以检视，以探讨其对于当代区域生态法治的贡献以及未来的发展走向。

四　材料与方法

（一）研究材料

本书对于藏族生态习惯法文化传承与当代变迁的考察与诠释以田野调查资料、政策文献、史志类文献以及现有的研究文献为主要资料来源。

1. 田野调查笔记、视频、录音资料及调查问卷

笔者在田野点多次深入开展了田野调查，具体采用现场观察、个别访谈、开调查会以及问卷调查等方法，获得了大量翔实的调研笔记、录音、视频以及有效回收的问卷资料，汇总为宝贵的第一手研究资料。

2. 藏族传统法律文献

包括制定法文献和习惯法文献两部分，如《西藏古代法典选编》、《中国少数民族传统法律文献汇编》（第一册）、《渊源流近——藏族部落习惯法法规及案例辑录》等。

3. 地方史志

章学诚指出，志，乃一地之百科全书。相关志书关于藏族社会、历史的记载对于研究藏族生态习惯法文化具有重要的史料价值。

本书研究中用到的地方史志类材料主要有三类。其一，西藏自治区志、四川省志、青海省志、甘肃省志以及相关的藏族自治州志和县志，其中与本书关联最为紧密的是其中的民族志、宗教志、农业志、畜牧志等。如著名地理专家、教育家张其昀先生所编《甘肃省夏河县志》的民国手抄本，由台北成文出版社印行，志书分十卷，对于夏河的地形、气候、生物、民族、畜牧业、矿产、商业、交通、宗教、历史等方面都有详尽的记述，是了解民国时期夏河县乃至拉卜楞地区社会、宗教、经济、自然生态等方面珍贵的史籍文献。其二，涉及藏族的史料文摘类。如甘肃省图书馆将从馆藏1949年以前的旧报刊中摘录的有关甘肃、宁夏、青海、新疆四省（区）的历史资料进行

集结并归类后分册出版了《西北民族宗教史料文摘》。以甘肃分册为例，其中共选摘资料 170 篇，分为总论、民族分布、民族研究、政治设施、社会结构、宗教信仰、经济、生活习俗、文化教育、人物共 10 类，约 50 万言，是研究拉卜楞地区民族、宗教、习俗、文化的珍贵资料。其三，由地方各级政协选辑的文史资料，如《西藏政协文史资料》《甘南文史资料》《夏河文史资料》等。

4. 政府政策、工作报告资料

改革开放以来，国家在西藏与四省涉藏州县实施了一系列重要的发展经济和保护生态的政策，其中的政策文件、工作报告中涉及的政策及其实施绩效的统计数据亦成为本书分析论证的资料来源。

5. 私家游记

清末以来，一批出使任职、考察旅行的学者翔实地记录了其在藏族生活地区的所见、所闻、所思，在经济、政治、文化、民俗、自然生态等方面留下了丰富而生动的纪行文字，成为珍贵的文史资料。由甘肃人民出版社选辑、汇录的"西北行记丛萃"两辑各 10 册选录 19 世纪以来西行记中的著名之作，其中很多涉及拉卜楞地区的作品，如顾颉刚先生的《西北考察日记》、马鹤天先生的《甘青藏边区考察记》，其中关于拉卜楞地区社会、经济、民族、宗教、自然生态等方面真实而生动的记录，对本书的研究十分有益。

6. 档案、碑记

作为纪实性史料，档案以及碑记亦是本书研究的重要材料。笔者曾辗转求索于各档案馆，并且获得有关传统藏族部落时期的草原管理制度等手抄本档案资料，费时费力颇多，所获很少，但相当珍贵。又如，由甘肃人民出版社于 2001 年出版的吴景山编著的《甘南藏族自治州金石录》中包含关于甘肃省甘南藏族自治州（以下简称甘南州）农区生态习惯法文化的碑记，亦是本书重要的研究资料。甘南州地方政府气象局保存完备的、自气象局成立以来关于自然气候以及自然灾害的资料档案有益于本书对藏族生态习惯法文化孕育于其中的气候、自然灾害等自然环境条件的把握。

7. 已有的研究文献

本书基于跨学科研究目标的需要，主要参阅了法史学、法人类学、民族法学、法社会学、文化人类学、生态人类学等领域的论文、著作等研究成果。

（二）研究方法

本书将综合运用法人类学、社会学、法学、民族学、历史学等各相关学科的理论与方法。其中，法人类学的田野调查法（现场观察、个别访谈、座谈会、问卷调查等）、个案分析法，法学的规则分析法、实证分析法、价值分析法，社会学的功能分析法，历史学的文献研究法将是主要研究方法。

基于研究目标的需要，本书在对上述研究方法的具体运用中，为弥补藏族生态习惯法文化的历史文献资料相对欠缺的不足，采取了历史文献与田野调查相结合、宏观（藏族农、牧区）与微观（部落、农牧民）相结合的方法。而对于微观的社区，如具体的措哇（ཚོ་བ）、日古尔（རུ་སྐོར）①，则注重社区与个案相结合。

五　创新、特色与不足

（一）创新与特色

1. 研究内容的创新与特色

（1）文化研究兼顾规范分析的创新进路

国内习惯法研究呈现出或强调文化研究，或注重规范分析的总体趋势。本书创新性地兼顾了文化研究与规范分析：一方面，将藏族生态习惯法文化放置于藏族整体的社会文化场域之中，以整体论的视野，考察法律文化、生态与社会之间的互动制衡关系，以尽可能克服格尔兹所称"语言混乱"（confusion of tongues），实现对藏族生态习惯法的意义呈现与文化解释；另一

---

①　藏语音译，措哇，即部落；日古尔，即措哇下辖的基层血缘组织。

方面，注重从规范分析的视角，探索藏族生态习惯法与国家法的互动以及生态习惯法对当代区域生态法治的贡献与不足。

（2）历史传统和当代变迁动静结合的独特视角

当前关于藏族生态习惯法文化的研究，或者广泛收集传统的习惯法规则，或者探讨生态习惯法在当代民间秩序中的价值与功能，这些静态的描述都将导致对这一传统法文化体系的片面解读，而无法达成全面、整体的考察。本书在对藏族生态习惯法文化体系的历史形态进行静态描述的基础上，以发展的、动态的视角，考察了其在当代所发生的传承与变迁，研究思路具有显著的创新性。

（3）对藏族生态习惯法文化内容体系的理论概括

作为考察其传承与当代变迁的理论前提和重要参照，本书在深入展开田野调查、广泛爬梳历史文献的基础上，突破当前现有成果普遍沿用的、以分类汇总环境要素保护习惯法规范论述生态环境习惯法内容体系的研究范式[①]，全面总结了藏族生态习惯法文化的内容体系，并从理论上予以凝练与概括，即，涵盖传统生态伦理观、自然崇拜与自然禁忌、自然资源的管理与利用习惯法、风俗中蕴藏的生态习惯法文化以及资源纠纷的解决方式等方面。学术思想及研究范式均具有创新性。

（4）对国家法与藏族生态习惯法互动关系的创新性剖析

现有的关于国家法与习惯法二者关系的研究，多从互动与冲突这一视角展开，研究结论也呈现简单的趋同化。本书立足西藏与四省涉藏州县的法治现状，沿循社会功能的研究进路，基于国家法与藏族生态习惯法的互动关系对特定行为模式调整的八种具体关系类型进行阐释与归纳，并凝练、选取翔实的案例进行剖析、论证。独特的研究视角和缜密的论证思路，具

---

① 关于生态环境习惯法的内容体系，现有研究成果普遍采用按环境要素保护习惯法规范进行分类、汇总的研究范式，比如保护土地资源的习惯、保护水资源的习惯、保护野生动物的习惯等。这种研究范式更适宜于对生态环境习惯法内容体系的静态描述，然而，由于习惯法文化与宗教文化、道德规范融汇交织，因而会疏漏关于生态伦理观的考察，亦较难实现发展的、动态的考察。

有理论与方法的创新性。

（5）统筹整合生态习惯法文化的传承与变迁的创新性逻辑思路

藏族生态习惯法作为文化传统，其"传承"与"变迁"并非相互割裂的两个方面。因而，本书在章节安排中，设专章描述藏族生态习惯法文化的"传承体系"。同时，对其"当代变迁"的论证，均坚持传承保持中变迁发展的基本观点，以符合藏族生态习惯法文化在当代社会转型期"于保持中变革"的现实，研究结论富有实效性。

（6）"贡献于当代生态法治"的研究目标突显实效性特色

本书属应用型研究，导论部分即明确了研究目标：探索藏族生态习惯法文化如何"贡献于当代生态法治"。全书研究思路的推演以及研究方法的运用，都服务于这一研究目标的实现，应用性特色突出。

2. 研究方法的创新与特色

（1）注重将生态习惯法放置于民族地区整体社会文化背景之中予以考察，借鉴和引入法人类学的研究范式，以扎实深入的田野调查弥补历史文献欠缺的不足，以形成接近真实和达致理解的学术进路。

（2）坚持问题导向，统筹宏观透视与微观解读，兼顾理论证成与实证分析，综合运用了法学、人类学、民族学、史学等多学科的理论与方法，从历史与现实两个方面对藏族生态习惯法文化进行梳理与考察，研究方法具有显著的创新性。

（3）鲜活、生动的典型个案研究，克服了传统法学的规则分析法可能带来的局限性，有效避免现代法与习惯法两套知识系统沟通的紧张，以案说法，诠释藏族生态习惯法的现实运作，呈现国家法与习惯法二者的互动关系。

（4）同时运用中文与藏文表述有关藏族生态习惯法体系的专门术语，尽可能减少语言翻译可能造成的误解与歧义，以避免当前少数民族习惯法研究中因为简单的"音译"或"意译"可能造成的歧义，术语表达具有方法论的创新意义。

（二）不足之检视

首先，笔者曾多次赴甘肃和青海藏族聚居区，综合运用现场观察、深入访谈、座谈会、问卷调查等多种调查方法，深入、扎实地开展田野调查。然而，囿于时间与精力，亦受地域遥远的限制，关于西藏、四川藏族聚居区的田野调查，则以访问式问卷调查为主，适当结合了现场观察与个别访谈，田野调查相对薄弱。

其次，关于"藏族生态习惯法文化的未来走向"这一令学术界颇为困扰且始终欠缺令人信服的结论的问题，囿于笔者的理论水平，本书最后一章试图从法人类学的视角，给出开放性的回答。这样的研究结论在一定意义上稍嫌宽泛，有待后期进一步优化。

2018 年 3 月 11 日，第十三届全国人民代表大会第一次会议上，宪法修正案表决通过，"生态文明"被写入宪法。民族地区的生态文明建设及其生态善治具有更为重要的时代意义和深刻的内涵。笔者将以一个西部学者的文化自觉，持续探索扎根中国文化土壤的、符合民族地区实际的生态文明法治本土资源，以贡献于中国特色社会主义生态法治的建构。

第一章 生态习惯法文化研究的前提理论问题

对"生态习惯法文化"这一概念进行界定和阐释，无疑是生态习惯法文化研究展开的必要前提。生态习惯法文化是非常复杂的文化现象，须以对法律、法律文化以及习惯法的阐释为基础，方能获致对其相对全面的理解。

一 比较视野中法的释义

正如哈特所指出的，关于人类社会的问题，极少像"什么是法律"这个问题一样，持续不断地被追问，同时也不断地由严肃的思想家以多元的、奇怪的，甚至是似是而非的方式做出解答。而这些解答竟是那些主要在专业上致力于教授或是实践法律（在某些情形下以法官的身份来执行法律）之法律人，长期以来不断思索法律的结果①。中世纪的思想家曾经就法律的"本质"展开过激烈的论辩，及至近现代，不同的学者从不同的语境下做出关于法律的理解，所有这些关于法律真理的理解，既具有启发性，又令人困惑。

关于"什么是法律"，不同学科的学者各自从不同的学科视角出发，基于理论基础、价值目标与基本理念的差异进行了思考和理解。

（一）语言文字学视野中的"法"

"法在语言之中成长……法以前在民族的共同意识中生存。"②语言是民族历史文化的产物，具有民族特定历史文化的鲜明性格。通过追溯并考证字

---

① 〔英〕哈特：《法律的概念》，许家馨、李冠宜译，法律出版社，2011，第2页。
② 〔德〕萨维尼：《历史法学派的基本思想（1814~1840）》，郑永流译，法律出版社，2009，第6~7页。

形、字义的演变以及字、词与民族特性的有机关联来把握其所表达的特定的文化现象，是解读文化现象的可行进路。

通过考察语言文字学上作为字、词的"法"的字形、字义的演变，能够从民族共同意识和文化传统的意义上，对理解作为社会现象的"法"提供符合特定民族历史文化的解释。

1. 汉文字中的"法律"

汉语的"法律"一词中，古汉字"法"与"律"均有各自独特的意蕴，与现代意义上的"法律"内涵颇为不同，而作为合成词的"法律"则是近代由日本输入的。

汉字"法"的古体为"灋"，《说文解字·廌部》："灋，刑也，平之如水，从水；廌，所以触不直者去之，从去。"廌是传说中的一种神兽，又称獬豸。"据《论衡》，獬豸为独角的羊，皋陶治狱，其罪疑者令羊触之，有罪者则触，无罪则不触，天生一角圣兽助狱为验。"①蔡枢衡先生认为"平之如水"乃"后世浅人所妄增"。据他考证，灋字古音废，钟鼎文灋借为废，故而"废"字的含义渐成"法"字的含义。《周礼·天官大宰》注："废，犹遏也。"《尔雅·释言》："遏，止也"，"废，止也"。《战国策·齐策》注："止，禁也。"《国语·郑语》注："废，禁也。"法是以有禁止之义。"法禁"一词即可为证。又，法、逼双声，逼变为法。《释名·释典艺》："法，逼也。人莫不欲从其志，逼正使有所限也。"其中也含有禁的意思。《左传·襄公二年》注："逼，夺其权势。"《尔雅·释言》："逼，迫也。"这里强调的是强制服从，乃命令之义。可见，"法"字的含义一方面是禁止，另一方面是命令。那么，以什么手段保证这类令行禁止的规则呢？古音法、伐相近，法借为伐。伐者攻也，击也。法就有了刑罚的意思。《管子·心术》："杀戮禁诛谓之法。"《盐铁论·诏圣》："法者，刑罚也，所以禁强暴也。"说的都是这一层意思。②从文字学的视角，汉字"法"的含义为"禁止与命令"，强

---

① 瞿同祖：《中国法律与中国社会》，中华书局，2003，第 272 页。
② 蔡枢衡：《中国刑法史》，广西人民出版社，1983，第 5、6、41 页。

调法的功能；同时亦包涵实现令行禁止这一社会功能的手段：刑罚。

古代汉文文献中，"刑"和"律"可以与"法"互用。《尔雅·释诂》："刑，法也。"《说文》："法，刑也。"《唐律疏议·名例》："法，亦律也。"从历时性的视角看，我们今天所称古代法，在三代是刑，在春秋战国是法，在秦汉之后则主要是律。刑、法、律三者的核心乃是刑。刑的观念相当发达，这是直至清律例，中国古代法的一般特征。而自汉代始，儒家致力于以礼入法，始于魏、晋，成于北魏、北齐，隋、唐采用后遂成为中国法律的正统。法律之儒家化，使得中国古代法律几乎全为儒家的伦理思想和礼教所支配，家族主义和阶级概念始终是中国古代法律的基本精神和主要特征。[1]

2. 藏文"法律"之语源

本书的研究对象是藏族习惯法文化，因而，考证藏文中"法律"的语源及其演变便成为理解藏文中"法律"之内涵的必要前提。藏文的"法律"为ཁྲིམས།，据巴卧·祖拉陈哇所著《贤者喜宴》，松赞干布时期的《三十六法》即使用ངོ或ཞལ来表示"法律"。ངོ本意指"面部""表面"，ངོ་བཉྫམས་པ意指"平均、平等、平齐、不偏不倚"。万玛才旦[2]认为ངོ་བཉྫམས་པ缩写为ཁྲིམས།，即"法律"。由此，从藏文之渊源及其演变而言，法律之本意为"平均、平等、平齐"。徐晓光认为藏文的法律，其本意为"平齐""平均"，指不分远近公平对待的法规而言[3]。

3. 罗马法中的"法"

将视角转向西方的"法"。从渊源看，罗马法就其表达"法"的文字来看，拉丁文中与之对应相译的是两个词：Jus 和 Lex。Jus 包含两层基本含义：一是法；二是权利。此外，Jus 还有正义、公平等富有道德意味的含义，因而具有抽象的性质。而 Lex 的原意是指罗马王政时期国王制定的法律和共和国时期各立法机构通过的法律。其含义具体而确定，可以指任何一项立法。

①　瞿同祖：《中国法律与中国社会》，中华书局，2003，第 373~374 页。
②　万玛才旦，甘肃民族师范学院藏语系法学老师，研究方向为藏族法制史。
③　徐晓光：《藏族法制史研究》，法律出版社，2001，第 17 页。

这两个词在含义方面所具有的词义乃至观念上的二元对立（即抽象的正义、权利与具体的立法规则之差异），在印欧语系的希腊、罗马、日耳曼等语族中具有相当普遍的意义①。

从语言文字学的意义上，不同的民族文化中酝酿生长的"法"，无法脱离特定民族的整体历史文化背景，正如萨维尼所指出的，"法如同语言一般，存活于民族的意识之中"②。中国传统法文化中的"法"、藏文化中的法律与西方历史文化传统中的"法"所蕴含的正义、自由、权利等内涵大相径庭，这正是中、西文化的深刻差异所导致的，表现为特定民族的价值体系、行为模式的殊异。由此，理解特定民族文化的"法"，须将其视为一种社会文化现象，置于特定民族历史进程中，在传统与现实的追寻与发现中考察法律的性格。

（二）法人类学家关于法的理解

1. 法人类学：文化人类学的分支

西方法学家关于法律的理解始终包涵着一整套基于西方社会文化历史传统的观念形态、价值判断和行为模式，因而，是以西方法律价值观为中心的概念和逻辑体系。与西方经典法学家关于法的本质的理解不同，人类学基于其学科的理论基础与价值目标，强调非西方法律的表达，而排斥以西方法律的概念和逻辑去厘定异文化中法律的有无。

19世纪，早期的西方殖民统治促使西方殖民者关注并了解所属殖民地的非西方世界的传统的风俗习惯，法人类学由此肇始。二战前，许多人类学家通过搜集大量初民社会的法律资料和个案研究，描绘出特定人群或者初民社会的非西方法律的习俗与法律传统。

---

① 梁治平:《法辨——中国法的过去现在与未来》，中国政法大学出版社，2002，第63页。
② 〔德〕萨维尼:《历史法学派的基本思想（1814~1840）》，郑永流译，法律出版社，2009，第6页。

正如被法哲学家所经常引证的，英国的梅因（H. Maine）于 1861 年出版的《古代法》（*Ancient Law*）关于初民社会法律制度的研究成为法人类学的早期经典著作。而摩尔根（L. H. Morgan）既是美国进化论者，又是法学家出身，他于 1877 年著述的《古代社会》（*Ancient Society*），以及恩格斯受其影响于 1884 年出版的《家庭、私有财产制与国家之起源》，马林诺斯基（B. Malinowski）在 1926 年发表的《蛮荒社会的犯罪与风俗》（*Crime and Custom in Savage Society*）等都是法人类学早期的作品。

而法人类学具备人类学的独立分支学科的地位，差不多是在 1940 年到 1953 年之间形成的。霍贝尔（Adamson E. Hoebel）有关原始人法律的教科书《原始人的法》（*The Law of Primitive Man*）的出版标志着这一学科的真正确立。①

西方法理学家主要从法律与"由威胁所支持的命令"、与"道德义务"、与"规则"的联系和区别等面向去理解法律的定义和本质。与这样的研究范式迥然不同，法人类学从肇始之初，就试图抛开西方法律的概念和逻辑去思索法律。二战后，格卢克曼（Max Gluckman）、波汉南（Paul Bohannan）以及帕斯比西（Leo Pospisil）等人的经典研究引领了法人类学的发展。法人类学通过对审判和政治事件的过程的描述，归纳出具有权威效力、切实可行的法律规则。20 世纪 70 年代后，以纳德（Laura Nader）和她的弟子为代表，法人类学的研究取向从描述和分析维持社会秩序的受规则制约的制度转向对与争端相关联的行为的描述和分析。

关于法人类学的研究范式，卡马拉夫（John Comaroff）与罗伯茨（Simon Roberts）出版的《规则与过程：在一种非洲文化下的争端的逻辑》（*Rules and Processes：The Logic of Dispute in an African Context*）一书中指出，自 20 世纪 80 年代以来，法人类学的研究大体可以归结为两种研究范式。其一为"以规则为中心的范式"（rule-centered paradigm），这与拉德克利夫 – 布朗（Radclifff-Brown）所认为的社会秩序源于强制施行的规则的观点紧密相

① 赵旭东：《法律与文化》，北京大学出版社，2011，第 1 页。

连；这类研究的特点是关注作为社会控制的法律以及强制性的制裁，并将法律的秩序看成一种履行社会规则的手段。其二为"过程的范式"（processual paradigm），该范式的历史渊源是马林诺斯基所明确倡导的秩序来自有着自我利益的个体的不断选择的观点。这类研究将冲突看成出现在整体的社会文化背景下的现象，是社会生活的本土特征。从而导致研究者从对纠纷解决的"判决取向的解释"转向了一种分析，这种分析并不把"本土的规则"当成带有决定性的法律，而是当成"谈判的客体"（the object of negotiation），当成一种便于管理的资源。

卡马拉夫与罗伯茨以茨瓦纳（Tswana）社会的纠纷解决问题为对象潜心研究，强调"纠纷的文化逻辑"（the cultural logic of dispute），即将法律的研究放置在一种以意义为中心的整体的社会文化背景下，提出应当把茨瓦纳社会的纠纷看成包含有茨瓦纳文化和社会组织的意识形态宇宙观的微观的与转喻式的表述，因而纠纷的形式和内容是牢固地扎根于那种宇宙的构成当中[1]。

20 世纪 80 年代中后期，正如亲属制度、经济人类学以及宗教人类学等人类学分支学科由于与社会人类学的综合性的理论相脱节而受到学术界的批评，有些人类学家认为将纠纷解决的过程或者规则的体系分离出来予以独立的研究会使法人类学的研究领域过于狭窄，而未来法人类学的发展不仅要落在解释社会行动与文化意识形态上，而且在一定程度上还要把握作为特殊的历史和经济状况的产物的那一部分关系和广泛的社会过程。[2]

2. 法人类学视野中的法律

法人类学家绍特（Schott）和涂恩瓦（Thurnwald）都指出，法律是一种动态的文化现象，且必须透过对法律所在的社会文化整体脉络的掌握来做解释。举例来说，血仇、神判、要物契约等的意义，都与其社会情况与文化思

---

① Comaroff，John & Simon Roberts，*Rules and Processes: The Logic of Dispute in an African Context*，Chicago：University of Chicago Press，1981，p. 240.

② 赵旭东：《法律与文化》，北京大学出版社，2011，第 2~5 页。

维模式紧密相连。"法律是受到思考方式与心灵状态以及祖先们的规则习惯所限定的。我们必须根本上认定：整个文化是法律的背景。"① 绍特归纳了关于"法律"的三种取向的定义。

（1）"唯法主义者的定义"。主要是法人类学的法学家派所倾向的认识，他们主张用西方法学观念来解释初民法律，即由西方人的法律观念与状况出发，加以或多或少的修饰后，置诸其他民族及其法律之上。法学家派认为法律的概念特点着重在：透过一个政治的、军事的、教会或其他的权威，意即严格意义下的法律机关，如法院、警察，对违反规则的行为采取（负面的）制裁。这也表示，凡没有这种机关以及没有采取"有组织的法律制裁"的社会，就是没有法律的社会。然而，究竟何为"法律制裁"，不同的法人类学家有不同的认识，比如拉德克利夫－布朗受美国社会学的法学代表人物庞德（R. Pound）的影响，认为"法律的领域因而被限定在有组织的法律制裁（organized legal saction）之范畴。社会中人对个人所加的责任，如非法律制裁，便被视为风俗与常规（custom and convention），而非法律；在这个意义上，一些初民社会是没有法律的，尽管他们的风俗亦靠制裁来支持运作"。然而，另一位法人类学家帕斯比西（L. Pospisil）从功能（如社会控制）来理解法律制裁，他立足于其在新几内亚对卡布古－巴布亚族（Kapauku-Papua）的研究，强调"法律制裁重要验证来自其有效的社会控制。一些心理上的制裁，虽非身体上的性质，但却比后者来得具控制力"。法学家出身的帕斯比西关于法的著名见解是，法具有四种基本属性：权威（authority）、普遍适用的意图（intention of universal application）、当事人双方间的权利义务关系（obligation）、制裁（sanction or punishment），他以这四种属性来界定法的范围并以之为标准区分法律现象与非法律现象。②

（2）"功能的定义"。强调法律的社会功能的研究路径，即不在先验上

---

① 林端：《儒家伦理与法律文化》，中国政法大学出版社，2002，第22页。

② 本段，拉德克利夫－布朗和帕斯比西的观点均转引自林端《儒家伦理与法律文化》，中国政法大学出版社，2002，第32页。

认定何种社会规则或规范是"法律",而从社会规则、规范与其他生活部门(如亲属秩序、经济、宗教等)的功能关系来理解法律。如绍特认为:"把其他民族的法律状况摆在他们自己的范畴里的做法,并不能令我们摆脱'翻译'成我们(指西方人)自己的语言的必要性的问题。这也正是我们采取下列做法的原因:确定初民社会中法律的社会功能,以及法律在社会中对其他部门的功能依赖。"[1] 绍特尝试将法律的社会功能区分为两大类:一是初级功能,即任何社会不可或缺的秩序功能与控制功能,这意味着法律在初民社会中具有它独特的价值范畴;二是次级功能,包括教育的、治疗的、宗教的、巫术的、经济的、政治的,甚至是娱乐的等多方面的功能。法律的次级功能意味着法律在功能上深深倚赖文化系统的其他部分,如政治、经济、宗教等。

(3)不对"法律"下定义。一些法人类学家,尤其是非法学家派,认为对"法律"下定义是件多余且会导致错误结论的事。他们放弃以西方法律观念套初民社会法律的西方自民中心主义(ethnocentrism)的做法,强调任何社会为了维持日常生活的基本过程能够进行,必须藉特定的秩序与规则来排解纠纷。因而,法人类学的研究应当强调社会秩序是如何维持的,是透过什么方式来排解纠纷的,而不是以西方的法律观念、概念以及程序等作为分析框架探究:初民社会有法律吗?他们的法律制度与西方相符合的程度如何?非法学家派关注的是初民社会的秩序维持与冲突调解,以一个对"法律"接近的预先理解,探问一个社会里的成员们彼此合作或对抗的实际情形。[2]

尽管法人类学家对于何谓"法律"有不同的认识,然而,总体上,法人类学认为,法律是个动态的文化现象,无法自外于其文化和传统,不同的文化可能产生不同的法律文化;法具有地方性和民俗特征,任何社会都具有多元性的法律秩序。

法人类学家通过研究大量非西方社会的固有法,特别是所谓"初民社

---

① 转引自林端《儒家伦理与法律文化》,中国政法大学出版社,2002,第40页。
② 林端:《儒家伦理与法律文化》,中国政法大学出版社,2002,第31页。

会"的固有法，将法的内涵提升、概括为一个全新的、普适于一切社会的法律现象的界定，从而使法成为普遍的概念并具有了跨文化比较的价值。①

本书对于藏族生态习惯法文化变迁的研究以法人类学关于法的理解为理论依据，采取法律的社会功能的研究路径，即一方面，考察作为维持社会行为的秩序的法律、通过制裁实现社会控制功能的法律；另一方面，考察法律与文化系统的其他部分（宗教、经济、政治等）之间的错综复杂的关联。

二　法人类学视野中的生态习惯法文化

（一）基本概念之界定

1. 法律文化

"法律文化"作为一个新的文化概念，相对于其他子文化概念（如政治文化、宗教文化等）的出现，是稍晚时代的事情。这一概念在世界范围内大约出现于 20 世纪 60 年代。② 在美国，这一概念始于 1969 年③，在苏联，始于1962 年④；在日本，始于 20 世纪 60 年代⑤。在中国，将法律文化作为一个新概念和问题进行研究，始于 20 世纪 80 年代中期。⑥

正如学界关于"文化"不能进行统一而完备的界定一样，关于"法律文化"，目前学界亦缺乏统一的定义。

传统西方法理学基于西方法律概念、原则体系，认为法律文化主要是指西方社会特有的法律观念、法律意识及相应的价值体系。

法人类学领域以文化的观点研究法律的学者则主要基于这样一种前提理论共识：法律是文化的重要组成部分，其孕育、产生及发展与文化的各组成

---

① 张冠梓：《论法的成长——来自中国南方山地法律民族志的诠释》，社会科学文献出版社，2000，第 28 页。
② 刘作翔：《从文化概念到法律文化概念——"法律文化"一个新文化概念的取得及其合法性》，《法律科学》1998 年第 2 期。
③ 〔美〕Susan Finder：《美国的法律文化观点》，郭宝平译，《中外法学》1989 年第 1 期。
④ 〔美〕范思深：《苏联的法律文化观点》，郭宝平译，《中外法学》1989 年第 2 期。
⑤ 何勤华：《日本法律文化研究的历史与现状》，《中外法学》1989 年第 5 期。
⑥ 师蒂：《神话与法制——西南民族法文化研究》，云南教育出版社，1992，第 3 页。

部分均有着密切关系。尽管采用基本一致的理论基础——法律是一种动态文化现象——不同的法人类学家关于法律文化的概念界定在具体的视角和内涵界定方面仍然存在一定的歧义。

有学者从法律成长的文化因素的视角对法律文化予以界定：法文化是与法的产生、发展密切相关的社会文化环境，是对法的孕育、产生起直接作用的诸种文化因素，如宗教、道德、政治、经济、习惯、风俗等。

亦有学者从广义和狭义的差别性视角，指出广义的法文化应该能够囊括所有的法律现象：法律观念、法律意识、法律行为，法律的机构和设施，法律制度和作为符号体系的法典、判例，以及不成文的惯例和习惯法等。狭义的法律文化则主要指法（包括法律、法律机构和设施等）的观念形态和价值体系（包括知识、信念、判断、态度等），与此有密切关系的人类行为模式也应包括在内。而法律文化研究则包括这些现象的发生、发展、演变以及它们或隐或显的各种形态①。

关于法律文化的实体内容界定，国内外法学界存在较大的分歧，典型的狭义说认为"法文化即法观念、法意识"，广义说与典型的狭义说二者分歧的焦点在于有无必要将以法律制度为核心的"制度性文化"作为法律文化的内容。②针对这种学术分歧，张文显认为："把法律文化与法律意识划等号，除了词语上的区别，没有实质意义。而且老实说，在这种等值意义上，还不如使用法律意识概念，更符合中国人的习惯。……我认为，无论对法律文化作广义的理解，还是作狭义的理解，法律文化对法律意识都是一种包容关系。"③

刘作翔对法律文化进行过较为系统的研究，并详尽地论述了"作为对象化的法律文化"④和"作为方法论意义的法律文化"⑤。他在针对"广义的法律

①　梁治平：《法辨——中国法的过去现在与未来》，中国政法大学出版社，2002，第 13 页。
②　刘作翔：《作为对象化的法律文化——法律文化的释义之一》，《法商研究》1998 年第4 期。
③　张文显：《法律文化释义》，《法学研究》1992 年第 5 期。
④　刘作翔：《作为对象化的法律文化——法律文化的释义之一》，《法商研究》1998 年第4 期。
⑤　刘作翔：《作为方法论意义的法律文化——关于"法律文化"的一个释义》，《法学》1998 年第 6 期。

文化使法文化'成为无所不治的灵丹妙药'"的批评时指出：

> 被谓之为"广义法律文化观"的法律文化概念，并不是法律诸要素的"文化大杂烩"，它也并不将精力放在对该概念所内含的各种要素的具体分析上，而是欲从一个全新的角度，把人类社会中与法律有关的各种现象、活动、要素联结起来，作为人类文化大系统的一个重要子系统，作为一种整体性的文化类型，来着重探讨该系统内部各要素之间的相互关系及与外部系统的关系。比如，世界各国法律制度产生、形成、发展的原因是什么？它们之间为什么形成如此之大的差异？这些差异表现在哪些方面？除了差异之外，有无共同点？法律观念是如何影响法律制度的产生、变化和发展？反之，法律制度又是如何影响和改变人们的观念？法律观念在法律变迁过程中具有哪些作用？法律在社会中是如何发挥作用的？法律制度的实施需要具备什么样的社会条件？等等。所有这些都是法律文化需要研究的问题。[1]

本书从双重意义上理解和考察法律文化：一方面，作为方法论的法律文化，即以法律文化作为一种立场与方法[2]，用文化的解释方法来研究法律；另一方面，作为对象化的法律文化，即作为"法律的文化解释"的对象的"法律文化"，即"法律文化"概念是对"法律"这一文化要素的概括。其实体内容主要包括法的观念形态、价值体系以及与其密切相关的行为模式。

2. 习惯法

关于习惯法概念之界定，根本性的分歧在于不同的学者对于"法"有不同的认识。申言之，是法律中心主义（即法律必指国家法律）与法律多元主义（与法律中心主义相对应，从秩序功能的角度界定社会生活中"活的法"，

---

① 刘作翔：《作为对象化的法律文化——法律文化的释义之一》，《法商研究》1998 年第 4 期。
② 梁治平编《法律的文化解释》，生活·读书·新知三联书店，1994，第 4 页。

强调国家法只是诸法中的一种）之间的分歧。

法律中心主义将"法律"与国家相联系，坚持法只出于国家。中国法学界长期所奉行的法的一元论观点即认为法是由国家制定或认可，并由国家强制力保证实施的行为规范的总和。这是中国法理学著作中关于"法"概念的主流性观点。从这种法律一元论出发，"国家法之外无法"。因而，在法律中心主义者视野中，习惯需要经专门而权威的国家法认可，方可被称为习惯法。如《中国大百科全书·法学》界定习惯法为"国家认可和由国家强制力保证实施的习惯……国家产生以前的原始习惯并不具有法的性质"[①]。孙国华、沈宗灵等学者在其主编的法理学教材中都持同一观点，即习惯法是经国家认可并赋予国家强制力的完全意义上的法[②]。

而法律多元主义者则坚持，"国家法在任何社会里都不是唯一的和全部的法律，无论其作用多么重要，它们只能是整个法律秩序的一个部分，在国家法之外、之下，还有各种各样其他类型的法律，它们不但填补国家法遗留的空隙，甚至构成国家法的基础"[③]。"当一些习惯、惯例和通行的做法在相当一部分地区已经确定，被人们所公认并被视为具有法律约束力，像建立在成文的立法规则之上一样时，它们就理所当然可称为习惯法。"[④] 法人类学正是从法律多元的意义上认识法律。此外，习惯法天生具有的流变性决定了将其成文法化可能导致丧失其应有的活力。

基于法律多元、秩序多元的视角，梁治平关于习惯法的定义被广泛引用：

习惯法乃是乡民在长期的生活与劳作过程中逐渐形成，它被用来分

---

① 《中国大百科全书》总编辑委员会编《中国大百科全书·法学》，中国大百科全书出版社，1984，第87页。
② 孙国华：《法学基础理论》，中国人民大学出版社，1987，第33页。沈宗灵：《法理学》，北京大学出版社，2001，第273页。
③ 梁治平：《清代习惯法：社会与国家》，中国政法大学出版社，1996，第35页。
④ 〔英〕戴维·M.沃克：《牛津法律大辞典》，北京社会与科技发展研究所组织翻译，光明日报出版社，1988，第236页。

配乡民之间的权利、义务，调整和解决他们之间的利益冲突，并且主要在一套关系网络中被予以实施。就其性质而言，习惯法乃是不同于国家法的另一种知识传统[1]。

高其才也从对法做广义理解的角度，认为："习惯法是独立于国家制定法之外，依据某种社会权威和社会组织，具有一定的强制性的行为规范的总和。"[2]

本书从法人类学的法律多元主义视角出发，以法律的社会功能的研究进路，理解并考察习惯法。

3. 生态习惯法文化

作为一个前提性问题，实有必要对"生态法"的相似概念做一辨析。与"生态法"相近的学科称谓主要有"环境法""环境资源法""环境与资源保护法""公害法""污染控制法"。

总体上，不同的学科称谓源自世界各国应对生态环境问题的不同发展道路。比如，日本是从控制公害的立法中发展起来的，因而，"公害法"是日本的学科称谓。而欧洲主要是从控制污染的立法中发展而来，因而，多称"污染控制法"。美国则由于在环境管理和污染防治的相关领域中涉及很多公法与私法的问题，并在20世纪初、中期制定了一系列与生态环境问题相关联的行政法规，因而使用"环境法"的称谓。

生态法作为我国法学领域最年轻的分支学科之一，在学科称谓、调整对象、研究范式、体系结构等法学研究的基本问题上一直处于探索和争鸣中。我国在1997年进行法学学科调整时设立环境与资源保护法学学科，由于该学科是新兴学科，且关于学科体系的构建存在较多差异，因而，国内编写的教科书称谓不一，有环境保护法、环境与资源保护法、环境资源法、生态法等称谓。目前，学界基本形成两种学科称谓：生态法与环境法。

---

① 梁治平：《清代习惯法：社会与国家》，中国政法大学出版社，1996，第1页。

② 高其才：《中国习惯法论》，中国法制出版社，2008，第3页。

伴随人类对于生态环境的系统性以及人类与自然生态环境相互依存关系的认识不断深入，世界各国发展所面临的生态资源危机与环境污染等问题共同构成人类所面临的生态安全问题。同时，世界各国在环境污染控制法律体系逐步建立之际，深刻地认识到生态失衡、资源匮乏等生态资源问题对于人类发展的威胁，转而寻求人类与自然相依共存的生态平衡与和谐之路。

正是基于这样的认识，近年来，世界各国对最初的环境法等概念进行了更新，生态法概念开始出现。"生态法"是20世纪70年代末以来在前苏联和俄罗斯法学界广泛使用的一个术语。到20世纪90年代俄罗斯出版了不少以"生态法"命名的著作、教材或论文，成立了诸如"俄罗斯联邦法院生态法和土地法研究室"等专门研究生态法的研究单位，以及诸如"俄罗斯联邦国家杜马生态法律委员会"等政府机构。法国环境部实际叫"法国生态和可持续发展部"，多称法国生态部。不少国家制定的环境资源基本法也与生态有关，例如墨西哥于1988年制定了《生态平衡和环境保护普通法》。① 国内法学界已经对生态法有了一定程度的研究，并且产生了较为丰硕的研究成果，孙国华、蔡守秋等学者已经提出了将环境资源法学改为生态法学的建议。

生态法是对环境与资源保护法革命性的发展，二者在内容上多有重合，但生态法强调以生态规律为核心形成统一的生态法律原则，其研究范围涉及环境法、自然资源法、国土法以及其他法律部门中的生态规范，在内容上更关注生态规律与法律规范的有机结合，能够改变中国以往法学研究中割裂环境保护法和自然资源保护法的缺陷，并在哲学理论、伦理学基础、经济增长方式、消费方式、立法目的、财产权制度、权利主体、诉讼制度等方面赋予环境与资源保护法新的内涵。

"生态法"与"环境法"这两种称谓之差异，导致了习惯法领域相对应地出现"生态习惯法"与"环境习惯法"的不同称谓。回到本书的研究语

---

① 蔡守秋、吴贤静：《从环境法到生态法：修改〈环境保护法〉的新视角——综合生态系统方法的考虑》，武汉大学环境法研究所网，2009年10月23日，http：//www. riel. whu. edu. cn/article. asp？ id=29748。

境。高原藏族具有极其丰富的与自然生态相关的民族习惯法文化，内容涵盖了人与自然和谐相依的生态伦理观、自然崇拜、自然禁忌、各种与自然生态保护相关的习俗以及资源纠纷的解决机制等。20 世纪 50 年代以前，藏族世代传承的传统文化是一个相对封闭、自足的体系，其对自然生态环境的利用与管理模式有效地维系了高原的生态平衡与和谐。在这一历史时期，青藏高原基本上不存在工业文明所带来的环境污染问题。正因如此，藏族习惯法中与自然生态相关的习惯性规范其本质在于维系人与自然生态系统的和谐共存。因而，就藏族习惯法的发展脉络而言，称"生态习惯法"远较"环境习惯法"更接近这一套地方性知识体系的实质内涵。

值得说明的是，藏族习惯法的基本特征之一便是"民刑不分"，即自古没有明确的部门法之分。生态习惯法仅仅是为民族地区生态法治研究的需要而在学术上所做的界定，在现实秩序中，生态习惯法无疑是藏族习惯法知识传统中的有机组成部分。

本书基于"保护藏族与自然生态相关的习惯法文化资源"与"探寻生态习惯法文化对当代生态法治的可能贡献"的研究目的，认为生态习惯法是共同体在长期的生产生活实践中逐渐形成的，与特定自然生态环境相适应并有效维系人与自然之间的生态和谐关系，为共同体所确信且独立于国家法之外的地方性知识。它规定人与自然的关系中、与生态系统有关的人与人之间的关系中共同体成员的权利与义务，并依据某种社会权威有效实施，具有强制性。以前文所述的秩序功能进路的习惯法概念为基础，简而言之，生态习惯法是共同体在长期的实践过程中所形成的、与特定民族生境相适应并能有效维系人与自然之间生态和谐关系的习惯法。

综合上述关于法律文化与生态习惯法内涵的探讨，本书认为，作为对象化的生态习惯法文化，即作为"法律的文化解释"的对象的"生态习惯法文化"，其实体内容主要包括共同体关于生态习惯法的观念形态、价值体系以及与其密切相关的行为模式。

（二）生态习惯法文化的法人类学研究进路

1. 法学家研究进路的困境分析

研究法律文化，可以根据对于法律文化的内涵的不同界定，采取不同的研究方法。西方法理学关于法律文化的研究主要是从法律理论和各部门法学的学科领域，把法典看成封闭的逻辑构架，以纯粹的逻辑方法辨析法律概念、阐述法律条文。

滥觞于西欧的现代性运动始终带有西方文明的色彩，引进并吸收西方法律制度便成为非西方国家现代性运动的基本内容。中国清末的法律变革运动，由西方法学家担任顾问，将根植于西方法律价值观的法律体系、西方法律的最新成果藉由西方法律体系的概念、术语、原则、制度的建构，从体系上完成了中国法律的西化。然而，真正决定法律的现实命运的，不是法律的法典、法令，却是法律植根、生长于其中的社会文化土壤。一个民族的法乃是民族以往历史和精神的产物，西方法学家关于法律的本质理解始终基于西方社会文化的传统，包涵着一整套的西方观念形态、价值判断和行为模式。非西方国家引进吸收西方法律的现代性运动，必然面临着作为本民族特定历史产物的地方性知识与西方法律所蕴含的法律价值观的相遇和碰撞。

在偏远的少数民族地区，最为困扰法律理论与实践的现实问题是，被法学家严谨、科学地设计的"国家法"在适用中遭遇"水土不服"的窘境：一方面，基于西方现代法治理念的立法频频出台，系统的国家法体系已基本建立；另一方面，在偏远民族地区的社会生活中，其乡土秩序的维系仍然主要依赖其传统的习惯、风俗，国家法游离于乡土秩序之外。乡土秩序自觉主动地选择与乡土社会生活息息相关的习惯法，国家法因此常常有意无意地被质疑、排斥和规避。由此凸显出我国法治现代性研究中，法学家研究进路的困境。在生态法治领域，民族地区生态问题日益突出以及民间秩序对代表精英文化的国家生态法制相疏远的现状，凸显出我国现行生态法制长期以来主要依赖引进西方先进立法理念而忽略本土地方性生态知识的弊端。

2. 法人类学的研究进路

法人类学领域强调以文化的观点研究法律，认为法是构成广义文化的重要组成部分，研究法律文化，绝不能脱离法律植根于其中的整体社会文化环境。法律文化研究需要注重从横向和纵向两种维度对法律文化予以研究。一方面，从横向讲，法律文化研究包括法的各种观念形态、价值体系和行为模式等现象的发展、演变以及它们或隐或显的各种形态。可以向内、外两个方面展开。[①] 向内要研究法律思想、法学流派，法律体系和制度，法律设施、机构和作为符号体系的法典和判例，习惯法和惯例等等；向外要涉及文化系统的其他部分如哲学、宗教、伦理、政治、经济等各领域，更要时时将文化系统作为整体来把握。另一方面，亦要注重从历史的纵向维度对法律文化予以宏观的、动态的考察。传统文化中的法律观、法律价值观等固然是历史的和传统的，然而，这种"传统"又是现实存在的，并对当代的法律文化发生着不容忽视的影响和作用，因而，横向和纵向两种维度是法律文化研究必须予以关注且不可偏废的。

从秩序功能的视角看，生态习惯法的宗旨在于调整人与自然之间的关系、与生态系统有关的人与人之间的关系，控制导致次生生态问题的生态行为，以维持民族生境的稳态延续。而生态习惯法文化，即关于生态习惯法的观念形态、价值体系以及与之密切相关的人类行为模式，直接影响着人类与自然的关系，进而影响民族生境；而生存环境变迁的反馈引发民族文化新的调适。从动态的角度探讨生态习惯法文化的传承与变迁应当从两个方面予以考察：其一是民族生态习惯法文化与民族生境之间的调适与建构的过程；其二则是特定民族生态习惯法文化在与文化系统的其他部分如国家制定法、宗教、政治、经济等的互动与关联中完成自身的建构。

本书关于藏族生态习惯法文化传承与变迁的考察与论证，将以法人类学关于法律文化的社会功能进路和上述关于生态习惯法文化建构的分析为基础展开。

---

① 梁治平：《法辨——中国法的过去现在与未来》，中国政法大学出版社，2002，第14页。

第二章 藏族传统生态习惯法文化体系（上）

作为一套调整人与自然之间的关系、与生态系统有关的人与人之间的关系的地方性知识，藏族生态习惯法文化的不断生成与发展，离不开其孕育、成长的自然生态环境、制度环境以及社会组织等基础环境。正是雪域高原得天独厚的自然生态与社会文化环境，成就了藏族生态习惯法文化独特的品格和完善的内容体系。

一 藏族传统生态习惯法文化成长的环境基础

藏族自古就具有浓郁独特的民族文化风格，在自身发展及与外部联系的过程中，创造了独特的法律制度和与之相匹配的司法审判方式，形成了多个地域、多种形式、多级层次的法律格局和国家法、地方法、宗教法、习惯法交叉调整藏族各种社会关系的规范样式。[1]

藏族传统生态习惯法作为藏族法律文化的重要组成部分，其产生与发展无法脱离植根于其中的特定的自然环境和政治社会文化环境。因而，探寻其成长的环境基础，是全面考察其内容体系的必然路径。

总体而言，藏族传统生态习惯法文化产生与发展的环境与基础，主要包括藏族习惯法文化产生发展的外部环境和内部环境。就外部环境而言，主要包括孕育、滋养传统习惯法的自然生态环境与中央政府的治藏政策两个方面。而内部环境则主要包括传统习惯法文化产生并发展的社会组织基础以及传统藏族部落实行的政教合一的统治制度。为便于论述，将以上四种环境自

---

① 徐晓光：《藏族法制史研究》，法律出版社，2001，第 2 页。

外而内地梳理归纳为三个方面的环境基础，即：自然生态基础、制度环境基础、社会组织基础。其中，制度环境基础部分，可进一步从中央政府治藏的羁縻政策（外部制度环境）与传统藏族部落政教合一的统治制度（内部制度环境）两个方面予以考察。

（一）自然生态基础：独特的高原生态环境

早在 18 世纪，孟德斯鸠即较全面地阐述了法律与自然生态环境以及社会文化背景之间广泛而又密切的有机联系："法律应当和国家的自然状态有关系；和寒、热、温的气候有关系；和土地的质量、形势和面积有关系；和农、猎、牧各种人民的生活方式有关系；应该和政制所能容忍的自由程度有关系，和居民的宗教、性癖、财富、人口、贸易、风俗、习惯相适应。"[①]

特定民族在独特的生态自然环境下，创造了丰富而独特的生态习惯法文化。独特的高原生态环境作为藏族创造并传承、发展生态习惯法文化的自然基础，其重要意义主要表现为以下两个方面。

一方面，高原藏族依托独特的高原自然生态条件形成了两种基本的经济形式：高原草地牧业经济和高原山谷农业经济。高原草地牧业经济依赖青藏高原特有的草甸型天然草地，逐水草而居，迁徙频繁，人口高度分散。高原自然灾害频发，兼有部落之间对有限自然资源的掳掠与争夺，因而，必须依靠群体的强大与凝聚力以维持生存与发展。而高原山谷农业的特点则是村寨规模小、间距大、粗放耕作、广种薄收、耕不保收。恶劣的自然气候条件同样需要群体性的生产劳动，而抵御外部部落对生产资料的侵掠，则更需要群体组织的战争凝聚力。正因如此，在严酷的高原自然条件下，藏族的部落组织形式正是为了满足维系与发展高原草地牧业与高原山谷农业的需求而发展并健全起来的。[②] 从这个意义上讲，藏族世代积累、传承的生态习惯法文化作为藏族生态智慧的凝结，高度依赖于独特的自然生态环境，高原藏族与独

① 〔法〕孟德斯鸠：《论法的精神》，许明龙译，商务印书馆，2009，第 6 页。
② 张济民主编《寻根理枝——藏族部落习惯法通论》，青海人民出版社，2002，第 105~107 页。

特的自然生态环境长期调适、建构，创造并发展的生态习惯法文化具有显著的高原生态文化特色，比如，藏族的神山崇拜及其禁忌、高原藏族草地轮牧的部落规则等。

另一方面，就高原的地理位置和地形条件而言，遥远的空间距离和极为不利的交通条件，在中央政权与藏族部落之间形成地理屏障，为藏族习惯法文化的形成及发展提供了天然的地理条件。张济民等学者将延续到20世纪中叶的藏族部落所处的地域，在空间位置和地形上划分为两种类型："险阻地型"区域和"偏远高原"区域。前者指从四川盆地西北缘到川西北草地雪山之间横断山脉的西段，其地形特点是大山高峻、峡谷深长、森林茂密、江河奔涌，地形非常复杂。甘肃的临潭、卓尼、迭部、武岷等地区与之连成一体。这一区域与内地的绝对距离并不大，但自古路途艰险，形成相对阻隔距离。而"偏远高原"区域指青藏高原腹地的东北隅，东连甘肃南部，东南接川西北草地和江河沟谷的上端，还包括整个西藏北部草地和青海湖以南、以西的高原地域。其中青海的班玛、囊谦、称多等地，川西的石渠、色达、道孚等地的地形是上述两类的过渡地带，其余则以高原草地和雪山连绵为其特点。"偏远高原"区域的海拔很高，空气稀薄，无霜期短，冬季漫长，四季不明。不仅与内地距离偏远，而且与西藏首府拉萨相距偏远，因而属于绝对阻隔距离。这种阻隔距离的遥远以及极为不便利的交通，导致了社会生活中显著的封闭性，是造成该区域藏族部落制度保持和延续的重要条件。[①]因此，独特的高原生态环境是传统生态习惯法文化得以形成并发展的物质基础。

（二）制度环境基础：羁縻政策下的政教合一制度

一方面，历代中央政府"因俗而治"的羁縻政策使藏族部落制度及其习惯法文化得以保存与延续。

---

① 张济民主编《寻根理枝——藏族部落习惯法通论》，青海人民出版社，2002，第102页。

正如上文所分析的，在高原独特的地理位置、地形条件、严酷的自然气候条件以及长期生产力低下、经济发展落后等历史地理条件下，宋元明清历代中原王朝遵循"修其教不易其俗，齐其政不易其宜"（《礼记·王制第五》）的民族统治原则。自元朝以来，中央王朝对藏族地区实行"因俗而治"的羁縻政策，即封授其首领，让其"遵朝廷之法，抚安一方"（《明太祖实录》卷七九）。

《元史》记载，元世祖忽必烈为治理西蕃设置了行政机构宣政院"掌释教僧徒及吐蕃之境而隶治之"，封八思巴为帝师，兼领掌管全国佛教事务。元政府将西蕃地区划分为三道，设置了三个宣慰使司都元帅府进行管辖，确立了该地区成为中国不可分割的一部分的基本格局。明初基本沿袭元朝的治藏政策。据《明太祖实录》卷七九记载，洪武七年（1374年），于河州西安行都指挥使司之下，设置乌斯藏、朵甘、河州三卫。明太祖下诏谕要求僧俗官员"自今为官者，务遵朝廷之法，抚安一方；为僧者，务敦化导之诚，率民为善"。明朝采取"多封众建""以教固封"的政策，以在各教派之间形成制约。总的对藏策略是"惟因其俗尚，用僧徒化导为善"（《明史·西域传三·乌斯藏》）。清朝正式确立了达赖喇嘛和班禅额尔德尼两大活佛系统；颁布《钦定藏内善后章程》，设立驻藏大臣与达赖、班禅共同协商处理西藏的政教大事，其要旨在于清政府对西藏主要着眼于主权控制，西藏具体的地方治理则由西藏地方政府依政教合一的体制施行。清政府遵循"因俗而治"的原则，对各地方藏族僧俗首领，进行封赠与安置。如对昌都的帕巴拉、甘肃的嘉木样、青海的章嘉、蒙古的哲布尊丹巴等活佛分别封赐名号，使其成为各佛教区的黄教领袖；而各地的世俗封建主，则基本上维持元、明以来的土司制度，分别授予宣慰司、宣抚司、安抚司以及千户、百户等官职。清代的治边政策"对藏在相安，故因其俗而崇其教"[①]。1946年颁布的《中华民国宪法》规定："西藏自治制度，应予以保障。"

历代中央对藏族地区的羁縻政策虽各有侧重，但"因俗而治"、政教合

---

① 楚名善：《清代之治边制度与政策》，载《边政公论》第1卷第2期，1941年9月。

一始终是治藏的主要措施，即顺应传统设立地方自治机构，承认并晋封宗教领袖，承认并封委地方长官，实行茶马交换和经济牵制，以及必要的军事打击和威逼，利用传统法度并予以适当调整，逐步加深文化影响。

总体而言，以其人治其地与直接统治结合、以远施怀柔与近施羁縻结合，以逆乱平之与善良柔之结合，以分而治之与统而领之结合，这些历代中央政府沿用的治藏政策一方面保障了西藏与四省涉藏州县的稳定统一，同时为一定区域范围内的部落制度的延续提供了社会条件。①

民国时期的学者对于当时藏族的政治、社会、经济、文化、风俗等多有实地考察，并形成生动的纪行文字。比如马鹤天先生于民国二十五年（1936）在甘青川藏交界地区考察时所观察到的：

> 拉卜楞藏民"惟因习惯与知识关系，只知有嘉木样活佛与黄司令②，不知有县政府，故县府政治力量设施，不易及于藏民。除由县东北至土门关尚可达及外，西南与西北，有事时，非黄司令派人同行，即不能前行。
>
> 盖青海、康北各番地，视拉卜楞如京城，视拉语如京语，因之通行各地。……归至河岸（指大夏河岸，笔者注），遇二藏民学生，询之，尚知为中国人，但不知何省何县，盖知有拉卜楞，而不知有甘肃省夏河县也。③

---

① 张济民主编《寻根理枝——藏族部落习惯法通论》，青海人民出版社，2002，第134页。
② 拉卜楞寺是我国藏传佛教格鲁派六大宗主寺之一。1949年以前一直实行地方性政教合一制，以组织严密、教育体系健全、显密精深而著称。拉卜楞寺政教合一的拉章组织机构健全，统属关系分明。拉卜楞寺因此而成为集政治、宗教、学术为一体的特殊的大寺院。拉卜楞寺所辖寺院和部落较多，通称一百〇八寺，实际不止此数。此系取其符合佛经一百〇八卷之吉语。而在拉卜楞寺建成并扩展的三百年里，属寺达一百余所，俨然成为安多及绥、蒙地区的佛教中心。寺主为嘉木样活佛，深受藏、蒙以及其他佛教徒的敬仰。第五世嘉木样亲政后，国民政府册封五世嘉木样为"辅国阐化禅师呼图克图"，授予蒙藏委员之职；并委其兄黄正清为"拉卜楞保安司令"、"军事参议院"少将参议，还选为"国大代表""国民党六届中央候补执行委员"。拉卜楞寺院政教合一的地区均尊称其为"黄司令"。参见甘南州政协文史资料委员会编《甘南简史（甘南文史资料第5辑）》，内部印行，1986，第202~203页。
③ 马鹤天：《甘青藏边区考察记》，甘肃人民出版社，2003，第39，49页。

综合以上文史资料分析，直到民主改革前，由于中央政府"因俗而治"的治藏措施，甘青川以及藏北的藏族部落地区在相对封闭的环境中，不但较完整地保留了部落的组织形式，而且，部落组织的一系列制度得以比较完整地保留。正是在此政治、社会以及自然条件下，藏族民间社会秩序主要由根植于藏族传统文化的习惯法予以调整。

另一方面，藏族部落政教合一的统治制度促进了宗教文化与生态习惯法文化的渗透融合，从而成就了藏族生态习惯法文化的特殊内涵。

"政教合一"意即政权和教权（神权）相互结合，联合专政。宗教领袖与政治首领常合二为一，集宗教、政治大权于一身。西藏全区性的政教合一制度可追溯至 13 世纪中叶，元朝政府设宣政院，由帝师总领宣政院事务，既为西蕃的宗教领袖，又兼理藏地世俗政务。宣政院下辖的西蕃地区各级行政机构长官，亦"僧俗并用"。直至 18 世纪中叶，清政府令七世达赖喇嘛掌握政权，建立噶厦政府，正式规定了僧俗官员的品位、职权和名额。达赖喇嘛在西藏地方政府，既是宗教领袖，又是政治领袖，集宗教、政治大权于其一身。西藏的政教合一制度达致其完善阶段。

伴随藏传佛教的影响日益扩大，部落制度与宗教制度相互结合，形成发展程度不相平衡的政教合一统治制度。受五世达赖喇嘛建立的西藏政教合一制度的影响，各地区格鲁派的寺院纷纷建立属寺，招纳信徒为属民，建立起各大寺院直接管辖的、小范围的政教合一统治。[①] 在各藏族部落地区，主要是区域性的政教合一统治。其形式则包括完全意义上的政教合一（即世俗的政权与宗教的神权均由一人掌握）和联合专政型的政教合一（政权与神权并未掌握在一人手中，但可以通过种种途径，二者互相结合，达到政权与神权联合专政、政教合一的目的）。

完全意义上的政教合一，以四川甘孜藏族自治州的德格土司为其典型代表。德格家族是世袭土司制，其长子出家当喇嘛，既为寺主，又是土司，集

---

① 洲塔：《甘肃藏族部落的社会与历史研究》，甘肃民族出版社，1996，第 229 页。

政、教权力于一身。而联合专政型的政教合一在各藏族部落地区十分普遍，可以分为以下几类。一是僧人控制部落，寺院设有专人或专门机构管理寺属部落，部落的头人由寺院委任，其头人须听命于寺院僧人。寺院的有关僧人一方面是部落的最高行政首领，用世俗的法律统治部落；另一方面，又是宗教人员，对人民用宗教教义进行精神统治。甘青涉藏地区的拉卜楞寺的政教合一制即属此类型。二是头人控制寺院，寺院原属头人的领地或寺院纯粹由部落头人组织修建，因而寺院与头人之间形成一种特殊的关系，头人凭借这种特殊的关系控制寺院，并给头人的世俗统治加上宗教的神圣光环，借助宗教对所属部落实现精神统治，以巩固其世俗政权。三是头人寻找宗教代理人。部落头人在寺院培植、安置代理人，必要时让其代表教权为自己的统治服务。最常见的是利用藏传佛教的活佛转世制度，让活佛出生在自己家中。藏族谚语"活佛多生在富人家，鲜花多长在水渠边""差民家里负担没完，头人家里活佛不断"即是生动的体现。比如，四川的唐克头人掌握部落大权，立其胞弟为寺院活佛。更多的是，让头人子弟在部落内的寺院出家，以达到控制寺院的目的。[①]

　　下面以甘肃藏族部落发展不平衡的政教合一制度为例做实证分析，以期比较全面地呈现政教合一统治的具体形态。

　　拉卜楞寺为藏传佛教寺院直接统治的典型代表。拉卜楞寺自 1709 年建寺以来，已发展成为藏传佛教六大寺院[②]之一。在寺院兴盛时期，领有属寺 100 多座，分布于甘、青、川等广大涉藏州县，并在内蒙古等地有零星分布。至 20 世纪初，拉卜楞寺的政教合一统治制度已然完备，建立起对寺院和属民的管理体系，形成管辖百余座属寺和众多部落的格局，势力范围扩大到洮西地区以至甘、青、川、康（原西康省，包括今甘孜、昌都等藏族聚居地区）四省边区，成为这一地区藏传佛教格鲁派的宗教、政治、文化

---

①　陈庆英主编《藏族部落制度研究》，中国藏学出版社，2002，第 199~201 页。
②　其他的五大寺院分别为：西藏的哲蚌寺、色拉寺、甘丹寺、扎什伦布寺以及青海的塔尔寺。

和军事中心。①寺主为嘉木样活佛，由清王朝和民国政府予以册封。所属寺院都有嘉木样派去的代表和"法台""僧官"；各部落有嘉木样派去的"郭哇"（头人），管理辖区的一切政、教、军事事务。第五世嘉木样亲政后，仿西藏寺院建立"议仓"制度，有管理对外行政事务的襄佐，有管理宗教事务的文牍官员，有法庭、法规和监狱，有司讼员、警卫，有带兵打仗的"枭尔哇"，进一步健全和巩固了政教合一的制度。②

与拉卜楞寺不同，在甘肃藏族土司、土官直接统治的地区，其政教合一的统治则呈现出土司制度、部落制度与宗教制度紧密结合的特点。甘肃藏族土司以卓尼的杨氏土司最具代表性。卓尼杨氏土司在500多年的历史中，共传20代。自第一代土司起，即积极利用其掌握的卓尼禅定寺的宗教影响推行政教合一的统治，使土司衙门的政权和禅定寺的教权相互结合，共同构成卓尼杨氏土司政教合一的统治。卓尼杨氏土司的辖区包括今甘南州的卓尼、迭部全县以及临潭县和舟曲县的部分地区，总面积为11000平方公里。卓尼禅定寺的教权历来由卓尼土司杨氏家族掌握，由该家族的僧人担任僧纲，总揽全寺政教事务。为保证杨氏家族的成员世袭僧纲，土司家族规定：若土司有两个儿子，则长子继承土司职位，成为政权首领，次子出家为僧，继承僧纲职位，成为宗教首领；若土司只有一个儿子，则由其同时继承土司职位和僧纲职位，集政权和教权于一身。③

综上所述，历史上，各传统藏族部落的政教合一制度，其实质是充分利用藏族民众普遍信教的历史文化传统，以相对封闭的藏族部落为社会组织，紧密结合宗教影响推行政治统治，从而深化了藏族民众的崇教心理；而藏族民众对宗教的崇信又进一步巩固了世俗政权的统治。由此，藏传佛教的教义藉由政教合一的统治，渗透于部落生态习惯法文化当中，构成藏族部落习惯

---

① 洲塔：《甘肃藏族部落的社会与历史研究》，甘肃民族出版社，1996，第229~231页。
② 甘南州政协文史资料委员会编《甘南简史（甘南文史资料第5辑）》，内部印行，1986，第202页。
③ 洲塔：《甘肃藏族部落的社会与历史研究》，甘肃民族出版社，1996，第251、254页。

法文化的精神基础，深深地影响着藏族关于自然生态的观念和价值体系，并规范和调整着藏族与自然生态相关的行为模式。

（三）社会组织基础：封闭的藏族部落

作为政教合一统治制度推行实施所依托的基本的藏族社会组织，传统部落组织是藏族生态习惯法文化成长与发展的社会基础。

1.传统藏族部落发展沿革述略

《辞海》中关于"部落"的解释是："原始社会的一种社会组织。由两个以上血缘相近的胞族或氏族构成。通常有自己的地域、名称、方言和宗教习俗，以及管理公共事务的机构……原始社会后期，有些地方又由若干部落结成部落联盟。部落及其联盟组织随原始社会的解体而趋于解体，渐为部族或民族所代替。有些地方（如古罗马），部落组织曾长期存于阶级社会中。"①

部落具有共同的特征，表现为"都有自己的名称，一片相连接的地域，有共同的语言或方言，有共同的经济（如集体狩猎、生产协作等）及共同的文化和生活方式。婚姻实行部落内不同氏族间的通婚。部落有宣布氏族所选出的酋长和军事首领正式就职的权利，也有撤换他们的权利；有共同的宗教观念及祭祀仪式；有讨论公共事务的部落议事会；有一个最高首领，他是酋长之一"。②

依据有关的考古资料、文史资料（尤其是敦煌出土的古藏文文献）以及藏族的民间口头文学（谚语、传说、诗歌等），学术界普遍认为，藏族的氏族部落起源很早。

在新石器时代，西藏高原地区已经不只是某一个单一的原始部落在活动。相反，考古资料表明，当时西藏高原范围至少已存在着三大支系

---

① 《辞海》，上海辞书出版社，1989，第 1204 页。
② 《中国大百科全书》，民族分册，"部落"条，中国大百科全书出版社，1986。转引自陈庆英主编《藏族部落制度研究》，中国藏学出版社，2002，第 2 页。

各不相同、文化面貌各异的原始居民群体。他们是：以卡若文化为代表的居住于藏东河谷区、从事定居农耕经济并兼有狩猎畜牧经济的卡若居民群体；以曲贡文化为代表、居住于雅鲁藏布江中下游地区，从事定居农业和渔业经济为主的曲贡居民群体；以细石器文化为代表，主要活动于藏北高原地区并从事游牧和狩猎经济的藏北游牧居民群体。①

藏族先民起源于雅鲁藏布江中下游的森林地带，并经过了与人类古代社会发展规律相符合的原始群（前氏族部落）、母系氏族公社、父系氏族公社的发展阶段，在数千年或上万年以前在雅鲁藏布江和拉萨河、年楚河、尼洋河、雅隆河流域已发展到定居，从事农业和家畜驯化饲养，形成了若干个强大的亲族部落联盟，建立了一套部落和氏族制度。藏族在松赞干布的先祖止贡赞普时代即已具有相对发达的部落联盟组织形式；至公元6世纪中叶达布聂塞时，西藏已形成十二小邦，即十几个部落集团。此后建立的吐蕃王朝，建立了一整套职官、行政、军事和法律制度，具备了与其社会形态相适应的完整的国家形态。但在吐蕃王朝的地方军政组织中，在"如"和千户所政权组织之下，仍保留着部落组织形式。

藏族在其历史发展进程中，经历了漫长的部落阶段。伴随吐蕃王朝的扩张，在甘肃、青海、四川的广大牧区，又有不少西羌系、鲜卑吐谷浑系的游牧部落被统一到吐蕃统治之下，逐渐融入藏族之中，且在其统治之下的河西、陇右的汉人也被编为部落的组织形式，从而实现藏族部落从血缘氏族部落向地区部落转化，具有一级行政组织的性质。

吐蕃王朝崩溃后，前后藏地区出现众多地方割据势力，家族统治和农奴制领主庄园发展起来，部落制度基本解体。由于地理环境、历史条件和长期的封建统治等因素，在青海、甘肃、四川的藏族地区，历元、明、清三朝直至20世纪50年代以前，中央政府采取了封给藏族部落官职，准许其世代承

---

① 石硕：《西藏石器时代的考古发现对认识西藏远古文明的价值》，《中国藏学》1992年第1期。

袭的土司制度，使部落的组织形式一直保存下来。翻阅甘、青、川、藏北地区的历史资料，随处可见的都是有关藏族部落活动的记载。[①]

2. 近代藏族部落的组织结构

伴随藏族社会的发展，藏族部落的组织结构不同程度地发生着变迁。

由于历代中央政府以及地方政府治藏施政存在地域差异，各地藏族部落组织结构的变迁存在差异。正如民国时期，张其昀先生将甘肃西南隅接连青边、川边之藏民，依其与汉民距离之远近，同化程度之深浅，分为半藏、近藏、远藏三类：

半藏俗称半番，向化内附，为日已久，与汉人踪迹甚密，混有汉人血统，居川口，成农村，生活习惯浸染华风，最近且多改土归流，如洮河下游岷县临洮一带土司所属之藏民是。大夏河下游之临夏县，元明间尚多藏族，今则变夷为夏，不可复辨，已完全同化矣。

近藏俗称熟番，又称"龙娃"，近城中，通汉语，半耕半牧，渐成熟地，居土屋，有力者亦居板屋，高楼暖炕，仓储充盈，惟服饰仍存藏俗。洮河上流临潭县卓尼附近之藏民，即属此类。在夏河县惟拉卜楞附近少数藏民，有田庐，务耕植，兼以接近县治，与汉族往来较密耳。

远藏俗称生户，即纯粹游牧族，不通汉语，不受影响，插帐迁移，不知庄稼，其帐房多为黑色，状如覆斗，称为黑帐房（蒙古包称白帐房）。[②]

总体而言，就藏族传统部落的组织结构的变革而言，农业区变化最多，半农半牧区次之，而游牧的藏族部落其游牧生产结构特点决定了对社会组织管理形式的要求比较简单，故而，牧区的部落结构变革最少。

---

① 陈庆英主编《藏族部落制度研究》，中国藏学出版社，2002，第3、503、504页。
② 张其昀编《甘肃省夏河县志》，成文出版社有限公司，1970，第39~41页。

藏族部落的层次与结构在不同的藏族聚居区存在差别。国内藏学界关于藏族部落结构的研究主要形成如下观点。

（1）以藏族部落的藏语称谓为进路梳理藏族部落的层次结构

张济民等学者认为，藏族部落的单位称呼能够反映部落组织形成演化的社会认同，故而以分析不同地域、不同层别藏族部落纷繁多样的藏语称谓为进路，考察了藏族部落的层次结构，并由低而高、由小而大地分为四层：基础层、基本层、初级联合层、高级联合层。[①]

①基础层

属于家庭小部落，其藏语称谓在藏族各地有不同称谓，比如，甘南舟曲称"帕毕"（པ་སྤུན），"哈玉虎"（ཧ་ཡོལ/ཁོག）是青海湖南岸对牧业家族小部落的称呼；这些称呼具有明显的血缘部落的含义。"庄拉"（གྲོང་ལ）、"庄丝"（གྲོང་སོ）是对具有部落性质小村庄的称呼；"日古尔"（又音译为"日科尔"，ཙ་ཁོར）意为帐房圈；藏北及邻近边界地区将若干"达果"（ཏ་ཀོ，是一种纳税支差的单位）组合而成的小分部称为"达秀"（ཏ་ཤོག），亦属基础层。

就基础层部落的形成而言，部分属于家族性质；部分则是长期相邻，渐有姻亲关系；部分是由于草原、农田分片划拨或者组成一个纳税单位等因素构成的。基础层部落的头目其称呼有"果巴"（འགོ་པ）、"果德合"（འགོ་བདག）、"理乃"（ལས་སྣེ）、"居本"（སྒྱི་དཔོག）、"干保"（མགར་པོ）等，基础层部落的规模通常为十多户至数十户。

②基本层

作为基础层的上一层部落组织，基本层部落的称谓，可以从语源上进行如下分析。其一，藏农区、牧区，不分安多、康藏、藏北，均将常规性的部落单位称为"措哇"或"措巴"。由于不同地域方言发音的差异分别形成"哇"（བ）或"巴"（པ）。其二，牧区较流行的称谓"卓"或"若"，其中，"若"是"卓"语音的变体，即辅音弱化、半元音强化的结果。"卓"（སྒྲ）的

---

① 张济民主编《寻根理枝——藏族部落习惯法通论》，青海人民出版社，2002，第135~147页。

本意在近代被理解为舞蹈和旅途口粮，古代被理解为起誓。史学研究认为，早期氏族举行的联盟仪式称为"莫乌尔卓乌尔"，意为"赌咒立誓"，其中，"莫乌尔"即留咒，"卓乌尔"即留誓。舞蹈、起誓均为氏族联盟仪式的应有之义。于是，联盟的两个或几个氏族的称谓复合并后缀以"卓"，即成联盟后的部落称谓。其三，"庄"是一个汉藏语言的同源词，早期指农村公社，后指自然村寨，是一定规模居住点的称谓。有些村庄是由家族集团构成或以某个家族为核心而形成，因而依照藏语添加后缀的习惯，称为"庄措"（ཁྲ་ཚོ），亦具有基本层部落的意义。其四，"呼拉"或"呼拉吗"（ཧུ་རལ་ཧུ་རལ）等称谓流行于川、甘、青受蒙古族文化影响的牧区。蒙古族部落联合体的议事会被称作"胡拉尔"，可能影响到近代藏族部落的命名。其五，"仓"（ཚང་ཚང）或"藏"与汉语的"家"（ཁྱིམ）相等同，较早年代部落名称后缀上"仓"时，大多指家族集团或以某个家族为核心形成的部落。近代，由于原先的核心家族衰败，其他姓氏壮大，这一称谓泛化，其概念外延扩大。其六，"萨"（གཤིས）原与汉语"氏"（ཚིག）同义，可能是汉藏语言的同源词，近代已很少以"萨"称呼部落。而在古代文献中却极为流行，应该是氏族大家庭基础上形成的部落复合体称谓。其七，"甲秀"（བརྒྱ་ཤོག），实指隶属于更高层次的百户部落。"措秀"（ཚོ་ཤོག）、"秀科"（ཤོག་ཁག）是这一层次派生性的称谓。

基本层部落名称后缀中单位称谓的词，大多具有词根性质，是许多复合性单位名称和复杂的部落称谓词根的来源。在基本层部落中被称为××"措巴"（ཚོ）、××"仓"（ཚང）、××"卓"（འབྲོ）或"若"（རུ）、××"萨"的，较多地保持有血缘家族势力，同时保持相对独立。而更多的其他基本层部落则隶属于上一组织层次。

基本层部落的头人的称呼，较流行的有"本波"（དཔོན་པོ）、"洪波"（དཔོན་པོ）、"甲本"（བརྒྱ་དཔོན）等。

③初级联合层

即基本层部落联合而成的集团。其一，从语源上讲，不同藏语方言中的

"代哇"（ སྡེ་བ།）[①]、"代巴"（ སྡེ་པ།）或"第巴"（ སྡེ་པ།），其意均为"部""公""公众"等。"叶代"（ ཡུལ་སྡེ།）与"代巴"（ སྡེ་པ།）同义，现代语中有社区的含义。"拉代"（ ལྷ་སྡེ།，在甘南被译作拉德）是供养寺院或隶属寺院的初级联合体部落。"卓合代"（ འབྲོག་སྡེ།）指纯牧业区的初级联合体部落。"戎代"（ རོང་སྡེ།）或"庄代"（ གྲོང་སྡེ།）指农业区的初级联合体部落，规模相当于十多个乃至数十个自然村寨。其二，将部落名与基本层集合数合称为初级联合体部落名称，如藏北的安多七部、桑雄七部、那仓六部、琼布三部等。

初级联合体部落官员的称呼，在相对独立的部落里，较常见的有"××地区的长官""××部落的长官""××部落千户长"。若该部落隶属于某个高级联合体，因为部落长官既是整个更高层次的高级联合体最高首领的辅佐和理事，同时又是一个大部的负责人，因而称为"伦波"（ བློན་པོ།）、"东代本波"（ སྟོང་སྡེ་དཔོན་པོ།）、"大管家"（ གཉེར་ཆེན།）等。

④高级联合层

该层部落一般具有历史悠久、源流一脉相承、独立性强、稳定性强、内部机构较完善、自我组织调控能力强等特点。藏北东部的霍尔三十九族（ ཧོར་སྡེ་སུམ་ཅུ་སོ་དགུ།）、川西北诺尔盖十二部（ མཛོད་དགེ་སྒོག་པ་བཅུ་གཉིས།）、青南境果洛三部（ མགོ་ལོག་ཁག་གསུམ།）以及玉树二十五族（ རྫ་ཡུལ་ཉི་ཤུ་རྩ་ལྔ།）等，即属于高级联合体部落。其规模一般在万余户至数万户。1949年后，部分高级联合体部落按州或地区级形成行政区，有的则在其核心区设县，其他部分划入另外若干县，但其原规模与地区级相似，如德格土司的辖区即属此情形。

该层最高首领被称作"王"（ རྒྱལ་པོ།）。在不同的历史时期，其封号曾为宣慰使司、宣抚使司、元帅府都使、万户府、千户所等，与中央政府及地方行

---

① 由于方言的差异，在安多地区又被译作"德哇"。清末民初，战乱与灾害促成了一些部落的重新分化组合，使原先一些基本层部落扩张成初级联合体部落，如中阿巴的墨额部落；同时，原先的一些初级、高级联合体部落发生分化迁徙成为新的部落，这些部落虽然也称为"代哇"，但聚合发展历史短，其名称中的"代哇"只突显了非血缘性聚合的早期含义，其实际规模仅相当于基本层，有些甚至相当于基础层部落。参见张济民主编《寻根理枝——藏族部落习惯法通论》，青海人民出版社，2002，第139页。

省的关系有亲疏之变化，然而，其作为最高首领的角色在较长的时期内相对
稳定。

综合考察，在藏族部落的动态演变历史进程中，一方面，基础层最易发
展成基本层，基本层又易分化出基础层，这两个层次的相互转化是部落盛衰
演变过程中的常见现象；另一方面，初级联合层最易发展成高级联合层，一
旦出现衰退或分化，高级联合层也很自然地回落到初级联合层的规模，两者
的相互转化亦属部落演化的常态。概括如图 3-1。

基础层 ⇄ 基本层 ⇄ 初级联合层 ⇄ 高级联合层

图 3-1 藏族部落盛衰演化图示
注：图中箭头的粗细分别表示各层次部落动态演变的频度。

（2）以藏族部落的纵向发展层次和横向平面结构为视角剖析藏族部落的
内部结构①

安才旦、邢海宁等学者综合考察了藏族部落的纵向发展层次和横向平面
结构之后指出：藏族部落的内部组织结构主要表现形式为直线式的高低层
次，其最基本的构成形式可以概括为金字塔状或者是树状。

①纵向发展层次

即藏族部落组织在历史发展过程中（准确来讲是元明清以来）所经历的
分化层次。

各部落系统的形成史，都经历了兴起之后发展—分化—再发展—再分化
的历程。持续不断的分化组合，孕育了各个层次的部落组织，同时也形成了
若干分支，随着各分支继续不间断地发展，有时会进而再生旁支。主干及其
派生的枝节末梢，共同构成了一个部落系统的庞大群体。

藏族部落组织层次的历史变化呈现出很强的地域性，有些地方相对稳
定，有的地方变动则相对较大。总体而言，实行千百户制度的地区，其结

---

① 该部分内容参见陈庆英主编《藏族部落制度研究》，中国藏学出版社，2002，第
113~124 页。

构层次基本处于相对稳定的状态，一般只有千户—百户—百长三级，不论千户之下的百户数、百户长怎么变动，三个级层的总格局均没有变化，比如玉树二十五族、霍尔三十九族以及环海地区等大抵如此。与此形成鲜明对比的是，其他地区特别是青海果洛地区，其部落层级则处于经常变动之中。

以"三果洛"之一的上果洛（昂欠本）为例，它从果洛部落分出后，形成了昂欠曲多、昂欠曲麦两部，昂欠曲多进而析出四部，这四部又分化出 6 个大部落、13 个支部落、25 个分部落。其纵向发展层次如图 3-2 所示：

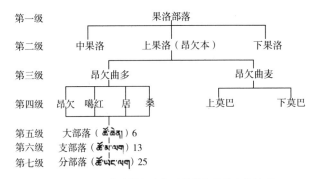

图 3-2 上果洛（昂欠本）系统纵向结构变化情况

资料来源：陈庆英主编《藏族部落制度研究》，中国藏学出版社，2002，第 114 页。

②平面结构层次

即以 20 世纪 50 年代以前为时间剖面，考察藏族部落组织结构的层次情况。可以按照直线结构与平面结构两种类型进行分层。

一方面，从直线结构上，可以分为最高层次、基本层次、中间层次与最低层次等四层结构。

其一，最高层次即是各大组织系统，藏语中没有专门的单位名称。从部落发展的历时性考量，最高层次作为历史现象，其中大部分到 20 世纪已经不复存在，或经自然分化逐渐自行瓦解（如果洛），或被强行分化后各成一统（如霍尔三十九族）。

其二，基本层次的部落。应当区别不同地区予以考察划分，例如，藏北地区原有的部落组织最高层次既已不存在，直接隶属于三大领主的独立的组织单位即可视为基本层次。如玉树，因其最高层次尚存，所以各百户（不论其系直属或领属）、百长（不包括百户管下的）所领的单位，均应视为基本层次。至于寺院属部，仍应具体情况具体分析。属于较大寺院的（如藏北地区直属三大寺的、甘青地区直属拉卜楞寺的）应视为藏族部落的基本层次，而一些小寺院大多因其依附或仰给于当地部落，往往属户很少，则谈不上存在组织层次和权力机构。

其三，中间层次则包括基本层次与最低层次之间的各个阶层。仍需视各地不同的具体情况做具体分析。有些小部落不存在中间层次；有些部落存在中间层次，但各中间的层数因地而异。现有材料中，"基本层次与最低层次之间最多的有两层"①，如藏北黑河宗桑雄部落（基本层次）共隶属 9 个小部落（中间 A 层），其中阿巴部落分 3 个"岭"（ᠰᡝᠢ）（中间 B 层），"岭"之下又各有 3 个"达秀"（ᠳᡝᠢ）（最低层次）。其平面结构如图 3-3 所示：

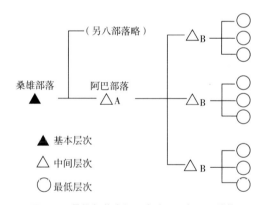

图 3-3　桑雄部落中间层次（两层）平面结构

资料来源：陈庆英主编《藏族部落制度研究》，中国藏学出版社，2002，第 120 页。

其四是最低层次。汉文材料中，早期常被当作"小族"，晚近不时被称为"帐房圈""小部落""小氏族部落"等。藏语的单位名称因地而异。有"日科尔""果日希""帕毕""哈玉虎"等，有些地方则以"居学"或"如"

---

① 陈庆英主编《藏族部落制度研究》，中国藏学出版社，2002，第 119~120 页。

代之。通常流行的是"日科尔"（ཉི་སྐོར་）。

另一方面，考察部落的平面结构。首先，是其平面职能结构。以部落组织为单位的职能分工，主要是农、牧业之区分。很多藏族部落社会既有牧业部落，亦有农业部落。此外，亦有其他类型的横向职能分工，据历史记载，玉树地区曾有过专"递文差"和专"司济渡"，并因此享受免予"贡马"待遇的两个部落。其次，部落平面结构中，部分中间层次以亲疏观念将属部划类。如"内部落"与"外部落"之分，再如"直属部落""亲属部落""附属部落""基本部落"的区分。再次，平面结构中，还有以方位名词区别同层次部落的方法，如东西南北中、上下左右以及山阴水阳之类。

以上学说各成体系又互有补充，能够多面向地呈现藏族部落的层次及组织结构特点。

3. 藏族部落结构的个案解读

鉴于藏族牧区的部落制度保留得相对完整，故以纯牧业区桑科七部落（即现甘肃省甘南州夏河县的桑科乡）的形成与发展为例，综合以上学说，对其部落结构层次以及权力组织机构予以解读，唯此，方能对藏族部落政教合一的统治及其依托的社会组织获得全面而直观的认知。

"桑科"，系藏语音译名，其含义为"焚香祭祀之谷"，根据民间传说，很早以前，格萨尔王曾在此地燔柴供施，焚香祭祀，香烟弥漫沟谷，因得其名。

相传，游牧在桑科地区最早的部族是藏族四大姓氏中的"东氏（སྟོང་）"十八大"察"（ཚོ་ཆེན་བཅོ་བརྒྱད་）系义擦氏之后裔，后来，木尼（མི་ཉག་西夏）部占据桑科一带，建有城郭。木尼部离开后的若干年间不清楚。约在15世纪，有称作"擦尔察"（ཚ་རི）氏的游牧人家居牧于"盖格塘"（གཡས་སྐྱིད་ཐང་）一带，16世纪中叶，他们逐渐搬迁到今桑科"察高"（ཚ་སྒོ་，电站水库）一带作为住址地牧游。同一时期，有位叫作"华秀·哈吾那儿"的首领率近百户牧帐迁徙至此居牧。清康熙年间拉卜楞寺建成后，桑科地区的牧户也随之有了较大的发展，逐渐将"达久塘"（ད་ཀྱུ་ཐང་）一带作为夏季牧场徙牧。桑科的"阴面五部"（སྲིབ་ཕྱོགས་ལྔ་）和"阳面香火两部"（ཉིན་ཕྱོགས་སྨེ་གཉིས）亦渐趋形成，称之为桑科"措再七大部落"（བསང་ཚོ་ཆེ་བདུན）的名声一时振四方。①

桑科七大部落指的是阴面的噶尔果（སྐར་གྲོ）、日芒（ཙ་མང་）、多玛（གྲོ་མ）、岗察（རྐང་ཚ）、擦尔察（ཚར་ཚ）等五部和阳面的赛赤（གསེར་ཁྲི）、德哇（སྡེ་བ）两香火部。另外，两香火部中还有一个称作华瑞哇（དཔའ་རིས་བ）的部落，所以，亦称"阳面香火三部"。

单纯从部落的平面结构的视角考察，除了以上基本层次—中间层次—最低层次的分层方式，还可从以下两个方面予以分层。其一，就拉卜楞寺属部落而言，按照各部落与拉卜楞寺的依属程度，可分为拉德、穆德、曲德和拴头四种。②桑科七部落作为拉卜楞寺的直属拉德部落，是以桑科部落与拉卜楞寺的亲疏关系而进行的划分。其二，亦可根据方位名词来区别同层次部落，如隶属桑科七部落的阴面五部、阳面香火两部。

桑科七部落作为拉卜楞寺直属的纯牧业区拉德部落，其部落组织结构总体上分为三个层次，即日古尔—措哇—部落群。其中，日古尔是最基本、最低层次的部落单位，有的学者认为是"帐房圈子"（简称"帐圈"），有的学者认为是"骨系"，即由同一个骨系（姓）的人组成的血缘组织。③同一个日古尔的成员，具有同一血统，彼此之间有互相帮扶救助的义务，且成员之间禁止通婚。每个日古尔大约相当于今天的自然村或村民小组。若干个日古尔组成一个措哇（即小部落），这些小部落或者由一个共同的祖先的后裔所组成，或者由具有一定亲属关系的成员所组成。措哇相当于现在的行政村。若干个小部落又组成部落群，相当于现在的乡。如图3-4所示：

① 甘南州政协文史资料委员会编《甘南文史资料选辑（第11辑）》，1994，第229页。
② 洲塔：《甘肃藏族通史》，民族出版社，2009，第263页。
③ 洲塔：《甘肃藏族部落的社会与历史研究》，甘肃民族出版社，1996，第28页。

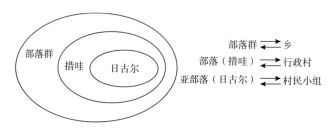

图 3-4　拉卜楞牧区藏族拉德部落结构

桑科七部落对应现在的桑科乡，是由 7 个小部落，也就是措哇所组成的，包括噶尔果、日芒、多玛、岗察、擦尔察五部和赛赤、德哇香火两部等 7 个措哇。措哇下又分若干个日古尔，以前桑科七部落总共有 27 个日古尔。措哇大约与现在的行政村相当，桑科乡现在有 6 个行政村，是由传统 7 个部落分化再组合而成。日古尔大约相当于现在的自然村或村民小组，只是各个日古尔经历的年代太久远，今天的村民小组与从前的日古尔已经不能一一对应。日古尔大多具有一定的血缘关系，一般有 14~15 户牧户，最大的日古尔会达到 30 户牧户。（访谈对象：贡某，67 岁，藏族，甘南州夏河县桑科乡人。时间：2011 年 6 月 19 日。地点：甘南州夏河县桑科乡多玛村。）

部落作为拉卜楞地区藏族基本的社会组织形式，在藏族传统社会的权力结构中占有非常重要的位置。在藏族长期的社会历史发展过程中，部落制度渗透、影响到社会、政治、经济、文化以及意识形态等各个方面，即使在当代，部落组织对于拉卜楞藏族社会亦存在深刻的影响。

（拉卜楞寺）五世嘉木样活佛组织了由他亲自领导、襄佐主持的嘉木样办公厅，叫"议仓"（ཨ་ཁང་），议仓管理寺院及所属部落的所有的政治、宗教、军事事务。桑科七部落的部落头人"郭哇"（འགོ་བ་）由拉卜楞寺的议仓所委派，一般三年一任。在牧区拉德部落之内，设有帐篷领导组织"格尔岗吾"（ཕ་ཁང་སྒོ）。桑科七个措哇 27 个日古尔（རྒྱུ），在其中民主推选出七个"干布"（即有威望的部落老人）担任"吉訇"，因为吉訇是由部落内部长期生产生活实践中大家民主推选出的享有较高威望的老人担任，所以，郭哇三年一换任，但吉訇一般并不随郭哇换任而卸任，除非他在部落内部出现重大纠纷时不能调解，而失去公信力，才可能被其他更有威望的老人代替。格尔岗吾内设两名盖吉合（ཟླ་སྒྲིག，即格尔岗吾的通讯员或曰传令官），格尔岗吾每次召集议事，都由盖吉合召集。盖吉合一般由较贫穷的部落成员担任，可以不服兵役，免税赋，其口粮由寺院提供。每个措哇内部亦设有盖吉合一名，负责接收格尔岗吾的盖吉合所传达的各种指令，并向其所在的措哇予以传达。（访谈对象：贡某，67 岁，藏族，甘南州夏河县桑科乡人。时间：2011 年 6 月 19 日。地点：夏河县桑科乡多玛村。）

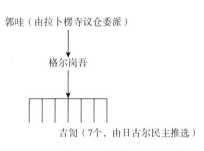

图 3-5　桑科七部落的权力组织结构

　　整体而言，藏族牧区处于高寒草原地带，自然灾害频繁，部落集团的社会组织形式能够有效提高防御自然灾害的能力，此外，由于地处偏远，受内地文化影响小，至 20 世纪 50 年代以前，拉卜楞藏族牧区仍保持典型的藏族部落制。

二　藏族传统生态习惯法文化的精神基础

　　法律进化的普遍规律显示，在法律产生之初，法律、道德和宗教的区分界限是不明显的，伴随人类社会的发展和文化的进步，它们之间才逐渐由混合走向分化。藏族传统生态习惯法根植于藏族传统社会文化土壤之中，受其滋养、浸润、濡染。藏族宗教文化构建了传统生态习惯法文化的精神基础。

（一）佛本相融的藏族宗教文化

本教（也作"苯教"）是藏地本土的民间宗教，其漫长的历史演变与发展可分三个阶段：原始本教阶段、雍仲本教阶段、本教佛化阶段。其中，原始本教与雍仲本教作为本教的前期发展阶段，彰显出本教源于藏地自然发生的原始民间宗教，正因如此，本教具有显著的民间性，并由此获得了极强的生命力。在佛教传入藏地之前，本教发展兴盛，藏地由本教辅政。

自佛教传入藏地，本教经历了"佛本之争"与"本教佛教化"。自此，本教衰落，藏地的政治权力体制呈现出高度佛教化的特征。然而，本教的义理见地、仪轨习俗、修持方式等并未在藏族民间社会湮灭。本教在不断摄取佛教系统理论的基础上，通过佛教化的形式，与藏传佛教并存于藏地，并因此在藏地民间获得了更广泛的延续与发展。

丹珠昂奔对"佛本之争"有精辟的分析：

> 没有理论上对苯教的否定，佛教思想就很难扎根于吐蕃；同样，没有形式上的吸收，佛教也很难得到朝廷和百姓的吸纳、接收。如此巧妙地形式和内容的结合，才给佛教文化驻足吐蕃找到了出路。对于佛教一方来说，此时的苯教问题并不是几个苯教教徒的问题，而是如何评价、适应、对待以苯教为主体的藏族文化这个整体。简单的否定和简单的肯定都会给本身的发展造成障碍。莲花生是懂得辩证法和一切从实际出发这个道理的。是故有此高招。以此为滥觞，才使后来的藏区，既在佛教义理方面有丰厚的文化积累，也使得苯教的修福祭祀、禳灾送祟、焚尸逐魔、熏烟驱秽等仪规保存了下来。[1]

---

① 丹珠昂奔：《藏族文化发展史》，甘肃教育出版社，2001，第656页。

土观大师在《土观宗派源流》中如是评价藏族宗教文化中佛、本之间的关系：

> 佛和本是矛盾的一家，佛中掺本，本中亦杂佛。[①]

本教作为藏族宗教文化的本源，广泛而细微地渗透到藏地民间社会之中。藏学家吴均先生对此有深刻而独到的见解：

> 现代江河源及其相邻地区各民族生活中许多社会巫术活动，是建立在苯教文化与原始苯巫相融合的基础之上。尽管各教派目前壁垒森严，不一定坦率承认，或弄一些花样掩盖，但其实质——苯教文化的痕迹不会被抹去。[②]

（二）宗教文化奠定藏族传统生态习惯法文化的精神基础

佛教传入藏地后，以其精深而圆满的教义教规，救度世人的神职权威（活佛、喇嘛等）以及神秘超验的仪式，为藏族民众普遍信仰。同时，在藏族政教合一的政治权力体制下，神权权威与世俗权威合而为一，统摄立法、司法、执法大权。藏族传统社会中，宗教、道德、法律呈现出典型的一体化特征。藏传佛教的教义由此形成世俗民众的伦理观和行为规范。正是从这个意义上，很难将藏传佛教的教义教规与藏族生态习惯法文化区分开来。另一方面，本教作为藏族本土的民间宗教，是藏族传统文化的本源。诸多民间自然崇拜、自然禁忌代代传承，构成藏族传统生态习惯法文化非常重要的组成部分。概而言之，"佛本相融"的宗教文化构成了藏族传统生态习惯法文化的精神基础，并通过融宗教、道德、法律为一体的形式，规范、制约着藏族社会人与自然的生态秩序。

---

① 土观·罗桑却季尼玛：《土观宗派源流》，刘立千译注，西藏人民出版社，1984，第199页。

② 吴均：《论本教文化在江河源地区的影响》，《中国藏学》1994年第3期。

三 藏族传统生态习惯法文化的内容体系述略

（一）藏族传统法律文化的特质

鉴于藏族传统生态习惯法文化属于藏族传统法律文化的重要组成部分，因而，欲对藏族生态习惯法文化体系进行全面考察，则必须先从宏观上把握其根源，即藏族传统法律文化及其特质。

藏族社会在漫长的社会发展过程中，逐步形成了藏族独具特色的传统法律文化，在这一体系中既有中央政府治藏的立法，又包含宗教法规、地方法规、习惯法，是集合了国家法、地方法、宗教法和世俗习惯法的多元化法律文化的统一体。西藏与四省涉藏州县独特的自然地理与人文历史环境，成就了该地区传统法律文化特有的性格。

1.宗教戒律、道德规范、法律规范融合其中的多元化法律文化

在西藏与四省涉藏州县政教合一的政治制度之下，佛教教义、道德伦理均与法律制度互相依赖、密不可分。

西藏与四省涉藏州县各地大寺院享有立法和司法特权。寺院通过宗教法规、法庭、监狱，凭借宗教强制力约束和矫正僧众的行为。宗教法与世俗法紧密糅合，甚至寺院被允许用世俗法来审判僧众和属民，实际上成为政教合一体制下的一级行政单位。[①]

藏族宗教文化历史上，规模宏大的寺院其宗教法规的确立都是从卫藏地区发端，逐步扩展到其他地区的。而拉卜楞寺作为安多地区政教合一的统治中心，"参照西藏的《哲蚌寺的法律条文》、《拉萨大祈愿法会的坐次法规》、《敏珠林寺的法律条文》、《止贡绛曲林寺的法律条文》等，创立了《拉卜楞寺议仓的惩罚条例》。寺院根据该惩罚条例可以设立办公堂，审理属民和属部的纠纷案件。寺院还设有监狱，以囚禁罪犯。凡僧人与俗人发生争执而引

---

① 徐晓光：《藏族法制史研究》，法律出版社，2001，第5页。

起诉讼，或是诉讼案件中牵涉到有关僧人，则此案一律按宗教法规来论处，官府或俗人不得过问"。①

道德伦理规范亦成为藏族传统法律文化重要的组成部分。记载于敦煌本古藏文文书 p. t. 1283 号的《礼仪问答卷》，被藏学家们称为"藏族之《论语》"。其中明确提出了做人的十大道德规范和九大非道德规范：即"做人之道为公正、孝敬、和蔼、温顺、怜悯、不怒、报恩、知耻、谨慎和勤奋"（16 问）。《问卷》提倡"行公正之法"。认为"无论何时，国王之律令，应使百姓生命与国家社稷两者安稳，事事皆有法度为是。若与此相违，以友为敌，以王作靠山（王言代替律令），则无人不骄横。而争辩无休，无公理，岂能稳固"（2 问），"若无公正无误之法，做何事均不易"（73 问）。

而"非做人之道是偏袒、暴戾、轻浮、无耻、忘恩、无同情心、易怒、骄傲、懒惰"（16 问），这九大非道德规范体现了道德要求中的禁戒性的原则，即教戒人们不应当如此做人。《问卷》以其丰富的伦理道德规范与法律规范相辅相成，互为表里，成为实现藏族社会控制的手段。②

丹珠昂奔称赞《礼仪问答卷》"没有佛教的语言，苯教的思想也十分细微。它可能是唯——卷没有受到宗教香烟熏染的，集合吐蕃时期藏族人民的道德原则、道德规范和道德修养方法的伦理学著作，是藏族伦理学史上的重要文献"③。

自佛教传入藏地，藏区传统的法律文化中，佛教的道德观念成为法律的思想基础，于是，宗教、道德以及法律益发紧密糅合，难以分割。法律规范与道德规范有机结合为一体，道德规范借助法律的强制力予以确认和推行，

---

① 洲塔：《甘肃藏族部落的社会与历史研究》，甘肃民族出版社，1996，第 409 页。
② 徐晓光：《藏族法制史研究》，法律出版社，2001，第 103~107 页。
③ 丹珠昂奔：《吐蕃王朝兴盛时期的藏族伦理思想》，《青海社会科学》1985 年第 4 期。

道德的精神引领作用能够加强法律的权威性和普遍约束力。《贤者喜宴》记载吐蕃时期的法条：

> 所订之纯正大世俗法十六条，特别是所订之戒十恶法，内容是：不准杀生之法。此法是赔偿死者命价及赔偿生者损失之法。又，不授则不取之法。此法是盗窃三宝财物者偿百倍；盗窃王之财物者偿八十倍。偷窃属民财物者偿八倍。又勿淫之法。此法是奸淫罚金之法。又，禁诳言之法是：以护法神为证遂之发誓。又，饮酒节制之法。以上即为佛教之五根本法。再者，以此五根本法为标准，再加上奴隶不造反及不掘墓，则总称为六大法或七大法。总之以戒十恶法外，再加上对母待之以母，对父待之以父，对沙门及婆罗门待之以沙门及婆罗门。尊敬族中长辈。报答恩德。不欺骗他人。以上即纯正大世俗法十六条。①

"不杀生""不诳语"均为佛教教义的法律化，而"对母待之以母，对父待之以父""尊敬族中长辈。报答恩德。不欺骗他人"则属于道德规范的法律表达。宗教、道德、法律混杂、糅合不相分离，显然是藏族传统法律文化的突出特征。

2. 法律渊源具有多层次、多样性的特征

藏族传统法律规范，就法的存在形式而言，包括国家法、地方法、宗教法、世俗习惯法等诸多渊源形式。如吐蕃时期吐蕃王朝的制定法与各部落的习惯法并存；自元以来，历明、清，中央政府以国家法制统一为前提，"因俗而治"的治藏措施决定了既有对藏"因时制宜、因地制宜"的国家立法，

---

① 《贤者喜宴》认为此系吐蕃松赞干布时期制定的法律。参见黄颢《〈贤者喜宴〉摘译（三）》，《西藏民族学院学报》1981年第2期。而石硕考证后予以否定："很难认为是产生于松赞干布时期的法律条文……要么是将吐蕃后期出现的法律条规加到了松赞干布头上，要么是后世史家出自崇佛观念的一种附会……以《贤者喜宴》为首的史籍中所记载的法律内容可能并非均是在松赞干布时代制定和完成的，这些加在松赞干布头上的各种法律很可能是属于整个吐蕃时代的一些基本法律。"参见石硕《吐蕃政教关系史》，四川人民出版社，2000，第155页。

又有经中央政府认定的地方行政机构的地方性法规以及在藏族民间社会中具有重要规范功能的部落习惯法以及寺院法规。

以清代为例。清政府设置中央机关理藩院以治理边疆各少数民族。理藩院下设典属清吏司（掌管西藏与甘、川涉藏地区喇嘛转世名号，以及西藏的政治、法律、军事、经济、朝贡、赏赉诸等事宜）与柔远清吏司（掌管西藏噶伦年俸及甘肃喇嘛年班进贡等事）。为依托以上政权机构对藏施政，清政府制定了各种治藏法律规范。包括两个方面。一是清政府立法。主要包括对西藏的立法和对青海蒙藏地区的立法。"西藏立法主要有：《酌定西藏善后章程》13 条（乾隆十六年）、西藏《设站定界事宜十九条》（乾隆五十四年）、《酌议藏中各事宜十条》（乾隆五十五年）、《钦定藏内善后章程》（乾隆五十八年）、《裁禁商上积弊章程》等，加之《理蕃院则例》中有关西藏的内容。青海地区立法主要有：《青海善后事宜》13 条、《禁约青海十二事》和《番例条款》（番律），以及《理蕃院则例》先后收入的青海蒙古番子事宜 22 条。"二是地方行政机构制定，经清政府认可的地方性立法和部落习惯法，"如清初西藏地区的《十三法》、青海果洛部落的《红本法》、西康的德格《十三条法律》、理塘《十三条禁令》以及各寺院订立的寺规，等等"。①

上述多样性的法律形式在不同地区、不同部落的社会历史环境下并存发展，规范着行政、刑事、民事以及宗教等方面的事务。比如，政权机构的设置、主要地方官员的敕封需要依中央政府的相关立法实施，而各大寺院的管理体制以及对于各类属民部落的管理则以寺院的宗教法规为依据，至于发生于部落中藏民之间的各种纠纷则主要通过部落习惯法得以解决。

3. 诸法合体的法律形式

诸法合体是包括藏族传统法律文化在内的中国传统法律文化的共同特征，即在同一部法中，民刑不分，既有民事法律规范，又有刑事法律规范；实体法与程序法混同为一体，立法不予以区分。这一特征不仅表现于制定法

---

① 徐晓光：《藏族法制史研究》，法律出版社，2001，第 180~181 页。

中，亦表现于藏族习惯法中。

例如《钦定二十九条章程》的相关规定：

第一条，关于寻找活佛灵童事宜……

第四条，新建军队，在前后藏各驻一千名，江孜、定日各驻五百名……

第十九条，政府所收税银、实物交易等所用银两差价，均按新定规章，区别新旧章喀进行兑换，不得额外收取。

第二十五条，对于斗殴、杀人及盗掠等案之处罚……按罪行轻重，区别惩处，方能取信于民……对罪大恶极之重犯，要报驻藏大臣处理。同时，要没收财物充公时，要请示大臣酌情处理。今后无论公私，如有诉讼事务，均须公正办理。噶伦中如有依仗权势无端抢占民财者，则将其革职，没收其财产充公。①

上述法律规范中，所涉事项有宗教、军事、经济以及刑罚，呈现出典型的诸法合体的特征。

又如甘南的甘加思柔、仁青部落的习惯法规定：

禁止在甘加草原上捕捉旱獭，如发现外部落成员捕捉旱獭，罚钱10元至30元；部落内部，郭哇到年终挨家查问，是否捉了旱獭，如果说没捉则让他吃咒发誓，不敢吃咒即罚青稞30小升（每升5市斤）。②

该条规定中兼有实体法（禁止在甘加草原上捕捉旱獭）与程序法（吃咒发誓）的规定，实体性法律规范与程序性法律规范混同于同一部习惯法中。

---

① 张冠梓编《中国少数民族传统法律文献汇编》（第一册），中国社会科学出版社，2014，第137~143页。

② 张济民主编《青海藏区部落习惯法资料集》，青海人民出版社，1993，第172页。

4. 习惯法文化是调整和规范藏族传统民间社会秩序最为重要的法律规范

张友渔先生深刻地指出："藏族部落习惯法是历代藏族社会上层建筑的重要组成部分；居于支配地位，体现部落统治阶段意志的社会行为表现，在藏族传统部落纷繁的生活中，有着深厚的社会基础。"[1]

20世纪50年代以前，习惯法是调整和规范藏族部落社会秩序最重要的法律规范。翻检民国时期学者相关私家游记，关于习惯法在藏族民间社会重要作用的见闻俯拾皆是。比如，马鹤天先生描写拉卜楞地区民间社会秩序中的习惯法，曾记曰：

夏河县虽成立十年，而藏民诉讼或藏民与回、汉民诉讼，尚多依习惯，在旧日之"业仓"内（藏寺院中管理司法者）。本日赴其地参观，即在中山街外，有屋数进，愈进愈高。大门外有高杆二，如内地之旗杆。大门内为勤务室，有藏妇七八人服劳役。最后正房为法官室，有法官一人，由寺中选派之，三年一任。每案诉讼费二元，对败诉或犯法者之处罚方法：（一）击背：即用皮鞭击其背。（二）拘禁：监禁室在二门内左方，参观时有囚犯数人，足带镣，其屋有门无窗，地铺毡毯，囚犯皆面无愁容，盖拘留时期甚短，每日放出散步一二小时（在院中不许出大门）。参观时尚有未归室者。问其罪，谓多犯窃盗者，罚牛羊若干即了事。（三）罚金：最重为杀人者，罚银六百元，以其家产帐房、牛羊、枪械等抵之，但无死罪。轻微案件，法官不直接审问，有职员代审之。据云，藏民与回、汉民相争时，往往回、汉民败诉，不知确否。如两造均为回、汉民者，始在县署起诉。……近年诉讼案件，渐渐增多……现在每月约三十件，每日平均一件，刑事多，民事少。即斗殴案件最多，次为钱财或婚姻案，盖回、藏民皆好斗，而藏民对婚姻不重视也。又案件增多之原因，一因人民知识渐渐进步，知县署判案有一定法律。二因

---

[1] 张济民主编《青海藏区部落习惯法资料集·序》，青海人民出版社，1993。

回、汉民在"业仓"诉讼,不免吃亏,败诉者又来县署起诉,但藏民被告或在县署败诉者,又往往直赴"业仓"起诉。盖藏民心理与习惯,信任"业仓",较县署为深也。①

基于以上关于藏族传统法律文化特征的考察与概括,藏族传统生态习惯法无疑属于藏族传统法律文化体系。因而,藏族传统生态习惯法文化体系无疑具有上述藏族传统法律文化的显著特质,即以宗教文化为其精神基础,宗教教义、道德规范、法律规范杂糅其中,诸法合体。

藏族传统法律文化诸法合体,不区分部门法,即在藏族传统法律文化中并不存在类似"环境法""生态法"等现代部门法的分类。故而,"生态习惯法文化"这一称谓,仅为研究之便利,是在习惯法调整和规范的社会关系这一视角下,对于"规定人与自然的关系中、与生态系统有关的人与人之间的关系中共同体成员的权利与义务"的、一系列具有相同调整对象的习惯法规范的称谓。依此视角,藏族传统生态习惯法文化具有体系化的特征。

(二)藏族传统生态习惯法文化的内容体系

藏族传统生态习惯法文化作为高原藏族在长期的实践过程中与高原自然生态环境相适应并为共同体所确信的地方性知识体系,其宗旨表现为:与青藏高原生态环境相调适并有效维系人与自然之间生态和谐关系,进而维持共同体的生存与发展。如前文所述,作为对象化的法律文化,即作为"法律的文化解释"的对象的"法律文化",其实体内容主要包括法的观念形态、价值体系以及与其密切相关的行为模式。

刘作翔在阐述法律文化的概念时指出:

从一个全新的角度,把人类社会中与法律有关的各种现象、活动、

---

① 马鹤天:《甘青藏边区考察记》,甘肃人民出版社,2003,第87~88页。

要素联结起来，作为人类文化大系统的一个重要子系统，作为一种整体性的文化类型，来着重探讨该系统内部各要素之间的相互关系及与外部系统的关系……所有这些都是法律文化需要研究的问题。①

作为藏族传统习惯法重要组成部分的"生态习惯法"，实际上很难对其内容体系进行完整准确的界定与划分。原因在于：其一，各藏族部落的社会发展形态的不平衡性、高原经济形式的差异性导致了各藏族部落习惯法在内容上存在很大的差异；其二，藏族习惯法诸法合体的固有特征，且其与宗教、道德相互糅合，规范形式分散而多样化；其三，藏族传统习惯法主要依赖口耳相传的途径得以传承。正因如此，本书遵循法律的社会功能的研究进路（即强调从社会规则、规范的功能关系来考察、理解法律），来探讨藏族传统生态习惯法文化体系的内容。

藏族传统生态习惯法文化体系是一个不断发展更新的动态的知识体系，本书截取 20 世纪上半叶为时间剖面，对其内容体系做静态的横向考察。

首先，就法的观念形态与价值体系而言，藏族在面对自然生态时，在开发、利用、管理自然资源时所持有的价值观与其行为模式密切相关。因而，藏族传统的生态伦理观是首要应当考察的对象。其次，就行为模式而言，这一文化体系应当包含两部分：一是藏族开发、利用、管理自然生态资源过程中的各种行为规范；二是因资源开发、利用产生的各种社会纠纷的解决方式。为方便考察，将开发、利用、管理自然生态资源的各种行为规范依照不同的高原经济形式，即牧区、农区进行考察。② 再次，如前所述，佛本相融的宗教文化建构了藏族传统生态习惯法文化的精神基础，因而，在藏族生态习惯法文化体系中，"自然崇拜与自然禁忌"占有很重要的地位。它们介于"观念"与"行为"之间，或者，更准确地讲，既表现为"观念"，又混同于

---

① 刘作翔：《作为对象化的法律文化——法律文化的释义之一》，《法商研究》1998 年第 4 期。

② 由于藏族半农半牧区实质是同时兼营农业和牧业经济，故而，不对其做单独考察。

"行为"当中，故而将其归纳为体系中独立的要素予以考察。最后，藏族传统部落风俗具有典型的"地方性知识"的特征，并以其文化拘束力体现出民族风俗与习惯法之间所具有的渊源关系。传统藏族部落的风俗习惯中蕴藏的丰富的生态保护习惯法文化，亦属藏族生态习惯法文化体系的内在组成部分。

应当指出，习惯法是不同于国家法的另一种知识传统[1]，它是独立于国家制定法之外，依据某种社会权威和社会组织，具有一定强制性的行为规范的总和。[2] 基于这样的理解，藏族传统习惯法主要应当包括宗教寺院法规和世俗部落习惯。藏地各大寺院的法规，以藏传佛教的教义为渊源，内容基本沿袭西藏最具影响力的格鲁派寺院（如拉萨的哲蚌寺、色拉寺、甘丹寺，日喀则的扎什伦布寺），其具体的寺规中并无与自然生态有关的条文。正因如此，一方面，对于藏族传统生态习惯法文化的内容体系，本书主要以部落习惯法为研究对象进行考察；另一方面，宗教文化无疑深刻影响着藏族的生态伦理观念和与自然生态有关的行为模式，因而，将其作为藏族生态习惯法文化的精神基础，予以论述。

综上，藏族传统生态习惯法文化，就其内容体系而言，应当至少涵盖传统生态伦理观、自然崇拜与自然禁忌、自然资源的管理与利用制度、风俗中蕴藏的生态习惯法文化以及资源纠纷的解决方式等方面。而这一地方性知识体系的要旨，无疑是保障青藏高原自然资源的永续利用。

---

① 梁治平：《清代习惯法：社会与国家》，中国政法大学出版社，1996，第 1 页。
② 高其才：《中国习惯法论》，中国法制出版社，2008，第 3 页。

第三章　藏族传统生态习惯法文化体系（中）

藏族遵奉人、神与自然和谐一体的宇宙观，奉行崇敬自然、尊重生命、万物一体的生态价值观。[①] 藏族以宗教文化为思想基础的生态习惯法文化，深蕴于其戒杀、护生、与自然共生互存的生态伦理观之中，深蕴于自然崇拜与禁忌的原始信仰之中。

一　蕴藏于宗教文化中的藏族传统生态伦理观

生态伦理观是关于人与自然生态之间关系的观念形态以及价值体系，是生态习惯法文化重要的组成部分。如前所述，宗教文化构成了藏族传统习惯法文化的精神基础。宗教作为高原藏族的生活方式，其间蕴藏着高原藏族关于人与自然生态之间关系的观念形态及价值体系，并与道德规范、习惯法规范相糅合，规范、制约着高原藏族对待自然生态的行为模式以及与自然资源利用管理相关的人与人之间的社会关系。因此，藏族宗教文化以及传统法律文化的特质，决定了藏族传统生态伦理文化的特殊内涵和气蕴。

（一）佛本之间生态价值观的暗合与共通

人类早期社会的各种文化形式，包括哲学、宗教、艺术、社会制度等，都与自然崇拜密不可分。从这个意义上讲，崇拜自然是佛教以及藏族本土的本教文化的发育源泉，亦成为藏族社会佛本相融的宗教文化的共同基点。出于对自然万物的崇敬，藏族对于自然万物倍加珍惜，并且以万物有灵的思

---

① 南文渊：《藏族生态伦理》，民族出版社，2007，第2~3页。

想，赋予山、水、草、木以人格化，以崇拜各种自然神灵的形式实现其自然崇拜。由于崇敬因而心生敬畏，进而反思自身的观念、语言、行为等，惟恐触怒、冒犯到各种自然神灵，从而招致自然神灵的惩罚和报复，自然禁忌由此而生。这种由于宗教情感生发的保护自然生态的观念和行为无须国家法律的制约，更无须警察监守，仅凭内心对于自然万物的崇敬以及对于可能引致的自然惩罚的讳忌，即能够有效维持该片神圣区域内自然生态的平衡、繁荣与和谐。

正如自然崇拜与自然禁忌作为藏族自然观的两个相互支撑的面向一样，在藏族传统生态习惯法文化中，信仰与法律彼此交织，不可剥离。失去宗教信仰的法律将无疑丧失其神圣性和原动力，而离开法律的信仰将泛化为个人的神秘体验，失去其社会性。"法律必须被信仰，否则它将形同虚设。"①

藏族传统宗教文化中崇拜、珍惜自然的生态价值观，藉由宗教文化的神圣性渗透进藏族社会的生产、生活中，调整、规范着藏族开发、利用自然生态环境的行为，构筑起高原藏族在特定自然生态环境中与自然万物之间和谐共存的秩序。

（二）佛教教义强化了藏族尊重自然的生态伦理观

佛教思想理论体系博大而精深，其伦理观中以生死轮回、因果报应等思想解释生命的现实与未来的关系。佛教进入藏地后，佛本之间经历了殊死的斗争，佛教"不杀生"的伦理道德规范和戒律亦渐次在广大僧人中得以确立，并随着佛教从藏族上层社会逐渐占据全社会意识形态领域的主流，形成该民族尊重生命、呵护生灵的生命价值观与伦理观，凝结成藏族生态伦理文化中重要的组成部分。这种生态伦理观及其引导、规范下的藏族生态行为，对于生态环境极其脆弱、自然资源稀有珍贵的雪域高原而言，无疑有益于自然生态环境的保护。

---

① 〔美〕伯尔曼：《法律与宗教》，梁治平译，生活·读书·新知三联书店，1991，第14页。

（三）"佛本相融"建构自然－人文生态系统

民族文化的宇宙观之秩序运作具有整体性、系统化的特征，并与当时的政治、经济以及社会个体的心理等紧密相关且相互依赖、建构。在藏族民间的信仰中，本教的神、人与自然一体的万物有灵的观念根深蒂固，既使佛教渗透民间社会，这种宇宙观也因为佛教的容纳得以延伸与强化。这种神、人与自然一体的自然观与佛教有情世界众生平等以及不杀生、多行善的观念融合为藏族民间社会特有的人与自然关系的伦理观念，由此引导和规范着人类的生态行为、社会活动与高原自然环境高度融合，建构起人、神与自然共生互存的自然－人文生态系统。

二　崇拜与禁忌：藏族原始信仰中的生态习惯法文化

（一）自然崇拜概述

早期社会中，受认知力的局限，人类无法把握大自然的科学规律，对于神秘莫测的大自然充满了敬畏，从而相应地产生了自然崇拜的观念。在这些自然崇拜的观念统摄之下，早期社会的人类产生了一系列与自然相适应的习俗和习惯，早期人类社会生态法文明由此而初萌。

藏族先民面对共同的生存环境，历经长期的经验积累，形成包含宇宙观、自然崇拜、自然禁忌等在内的共同的原始信仰文化。"世界屋脊"青藏高原气候高寒，空气稀薄。极为脆弱的高原生态环境让藏族对于自身所赖以生存的自然界充满了神秘的敬畏，将环绕四周的高山峻岭、河流湖泊人格化为能够操纵、掌控人类生存命运的各种神灵鬼怪，一方面，以虔诚崇敬之心拜祭，以取悦诸神；另一方面，亦对观念中已经人格化了的各种鬼怪存有敬畏禁忌之心，唯恐冒犯，以招致大自然的报复。这些思想意识领域的活动经由人们在生产、生存的实践中反复检验，逐渐包容于人们自觉接受的生存方式之中，形成具有普遍性的民族价值观体系，约束人们的行为模式，构成民

族共同体的习惯性规范，进而建构着特有的人与自然的关系以及社会秩序。正是从这个意义上，藏族的自然崇拜与自然禁忌成为藏族传统生态习惯法文化的重要组成部分。

藏族的自然崇拜是藏族先民在适应严酷的高原生态环境的漫长过程中所形成的原始信仰。在具体考察藏族自然崇拜与自然禁忌之前，有必要对作为其文化渊源的藏族原始信仰——本教的发展演变以及宇宙观做一叙述，以帮助我们理解本教是藏族传统文化的"根"，其中蕴含着关于人与自然关系的独特的解释模式。

如前文所述，藏地本土的本教经历了三个发展与演变的阶段：原始本教阶段、雍仲本教阶段、本教佛化阶段。如果把西藏本土最初的民间原始宗教称为"本"，那么这种西藏原始的巫教"本"与传自象雄并有可能受到外来宗教影响而形成的雍仲本教彼此存在明显的差异，不可简单混同。而我们今天在传统意义上所称的"本教"，其实质笼统地包括了西藏原始的民间宗教和传自象雄的本教（雍仲本教），亦包括了后来在佛教传入后受其影响发生变化并与佛教各教派并存的本教派别，甚至被用以指代今天残留于藏族民间社会中种种原始的宗教成分与习俗。[①] 才让太关于象雄本教与西藏原始本教之间的关系，分析得最为详尽：

> 一般认为，辛绕创立的宗教就是本教。但在本教文献中把辛绕创立的并被认为是正统的本教叫作雍仲本教，也就是说"本"并不等于雍仲本教。因为，"本"这个字并非和辛绕的理论同时产生，而且与辛绕的理论毫无关系。在辛绕之前，很早就有"魔本"（bdud-bon）和"赞本"（bstan-bon）等原始的"本"在象雄活动。他们为民众禳解灾祸，祛除病邪，拥有众多的信徒。再者，辛绕的宗教最初并不叫"本"，而叫"杰尔"（gyer），这是个古老的象雄文字，后来译成了藏文的"本"。

---

① 石硕：《吐蕃政教关系史》，四川人民出版社，2000，第14~16页。

为了有别于原始的本，就把辛绕的宗教叫作雍仲本教。"雍仲"，起初只是"（卍）"形符号的名称，后来才有了不变、永恒之意。雍仲本教这个词也就寄托了教徒们永恒的信念。辛绕的宗教与原始的本教的区别在于：当辛绕从象雄来蕃地传教时，他已经有一整套理论和相应的教规，而这时原始的本还是一个不成熟的宗教，它的杀生祭祀仪式首先遭到辛绕的反对，并改用人工做的动物模型来代替，叫作"堆"（mdos）或"耶"（yas），一直流传到现在。如今，"多尔玛"（gtor-ma）的制作就是从"堆"沿袭而来。虽然杀生祭祀的做法在现代藏族地区还可以看到，但那只是原始本教留下的残余影响，并非辛绕的理论所允许的。[①]

每种文化均有其自身的宇宙观。而这种宇宙观的秩序，其运作必然是整体性的，是与政治、经济以及个体的心理紧密相关并相互依赖的。因而，依循民族文化的宇宙观可以实现宇宙观的秩序。而法律的秩序总是嵌入文化之中，并且随着文化的传承与演进而演进。[②]

就藏族的宇宙观而言，早期本教将世界划分为三个层次，即将世界分为天、地和地下三个部分。上界为天，由天神所居；中间为人世，由人所居住；下界则为种种鬼怪所住居。宇宙三界各有其神：天上是赞神居住的地方，地上是年神居住的地方，地下则是鲁神的居所。赞神、年神、鲁神是藏族生活地区非常普遍的神祇，本教的宗旨即在于"下镇鬼怪，上祀天神，中兴人宅"。人类生活在三界之中，就必须对上，要勤于祭祀天神，取悦于神，从而得到天神的庇佑；对下则需要侍奉好鬼怪，不冒犯它们，以免其祸害自己。如此，"下镇鬼怪，上祀天神"根本目的是"中兴人宅"，使得居于天、地之间的"人宅"祥和、兴旺。[③]《土观宗派源流》记载本教的第一阶段"笃本"（rdo-bon），当时即"有下方作镇压鬼怪，上方作供祀天神，中间兴旺

---

① 才让太：《古老象雄文明》，《西藏研究》1985 年第 2 期。
② 赵旭东：《法律与文化》，北京大学出版社，2011，第 241 页。
③ 丹珠昂奔：《藏族文化发展史》，甘肃教育出版社，2001，第 438~439 页。

人家的法事"的情况。①

值得关注的是藏族的帐篷结构表达着类似的宇宙观之象征：帐篷的中央由一灶台占据，旁边有时也有一根柱子。灶膛升起的烟柱从一个恰恰位于中心上方的屋顶洞而引入云霄。帐篷中的光线也是通过此洞而进入的。房顶通光和通烟的洞象征进入宇宙的"天门"，灶膛则象征"地门"。②这是民族文化的宇宙观在生产生活中的实践性应用。

远古的藏族在长期适应雪域高原自然生态环境的过程中，逐渐形成的三界宇宙观构建了神—自然—人三位一体的统一体，其中，自然是载体，人源于自然，人的灵魂寄存于自然，灵魂成为连接人与自然的中介；神是灵魂，是无形的精神。"本教文化中的天，不仅作为自然的天，而且同时也是人格化的天神。"③

综上，本教以其原始性、土著性以及广泛的民间性，深化了藏族关于人与自然关系的理解，进而深刻影响着民间社会的自然崇拜与禁忌。藏族原始本教的三界宇宙观构建出天、地、地下的神灵—自然—人对立统一的三位一体的自然—人文生态系统，其最初的灵感起源于万物有灵的思想。古代的藏人生活在一个神灵的世界里，深信以永恒、不灭、生生不息的自然界为载体的神灵穿越时间、空间，无处不在，无时不有；唯有崇敬并虔信自然界各种神灵的人方能得到其庇佑和护持。

奥地利藏学家内贝斯基在其关于西藏宗教文化研究的力作《西藏的神灵和鬼怪》中，对此有形象的描述：

> 在西藏的宗教文化中善与恶、美与丑、狰狞与慈祥几乎都是并存共在的，既有怒目金刚，又有低眉菩萨，光怪陆离，目迷心荡。你在民间

---

① 土观·罗桑却季尼玛：《土观宗派源流》，刘立千译注，西藏人民出版社，1984，第194页。

② 〔法〕R. A. 石泰安：《西藏的文明》，耿升、王尧校译，西藏社会科学院西藏学汉文文献编辑室，1985，第219页。

③ 吴均：《论本教文化在江河源地区的影响》，《中国藏学》1994年第3期。

所见的往往是一种粗犷带有野性的神魔世界，尽管佛家的理性的逻辑之学——因明，在西藏固然有很高的水平；但是，神秘逻辑在民间仍占绝对的优势。

在寺院里和人民群众生活里有两个不同的神灵系统——佛教在西藏的传播是在寺院之内、经典之中，而本教和群众中固有的崇拜自成系统①。

内贝斯基详细生动地描述了西藏宗教文化中，作为神灵居住的空间和领地：

上方空间居住的是曜和仙人，地下居住的是龙和土地神，中空居住的是念和泰乌让。……按如下方式排列一些主要类别的神灵和女神：白色的上部居住的是众多的神，中空居住的是杂色的念，地下黑色空间居住的是龙和土地神。东方居住的是乾达婆，南方居住的是阎王，其他神类是按如下方式排列的：西方：龙；北方：夜叉；东南方：仙人；西南方：罗刹；西北方：持明；东北方：生障魔和穷保（ངན་སྤྱོང）在这些神灵中间是曜和星宿。在白色的山上居住的是神，在黑色的岩石上居住的是魔、在红色的岩山上居住的是赞，在草地上居住的是地神和地方神。在岩窟和地下的洞穴中居住着泰乌让独脚鬼，溪水和涌动的河流是龙魔的居地，在平静的大湖中居住着湖勉，在泉水和草地上居住着龙，在树上和森林中居住着念，在绿色的草地上和原始林中居住着龙……在城堡中居住着战神，在庙宇和寺院中居住着"杰贡"（རྒྱལ་འགོང），在闭关静修地居住着誓愿鬼。②

---

① 〔奥地利〕勒内·德·内贝斯基·沃杰科维茨：《西藏的神灵和鬼怪》，谢继胜译，西藏人民出版社，1993，第21页。
② 〔奥地利〕勒内·德·内贝斯基·沃杰科维茨：《西藏的神灵和鬼怪》，谢继胜译，西藏人民出版社，1993，第358页。

从上述文字中能够深刻感受到藏族观念中、生活中无所不在的神灵与鬼怪。山水之间、草树之上，岩窟、洞穴、城堡、庙宇、寺院，前尘、今生、后世……自然界凡是能够触摸、感受到、能够想象到的空间、时间里，都布满了各种各样的神灵。正因如此，藏族生存于神灵的世界里。对神灵的崇敬源于对大自然的敬畏，对自然人格化的神灵崇敬又催生了形态多样的自然崇拜。

藏族民间的自然崇拜亦源于本教文化的神灵观念，其所崇拜的神灵是原始本教神灵，主要有山神、鲁神、念神、赞神、地神、家神、帐篷神、灶神、阳神、箭神等，最为普遍崇拜的神灵有山神、鲁神、地神、灶神等。

值得关注的是，西藏本教与佛教的交汇融合，使得藏族民间的自然崇拜仪规中不同程度地带有佛教的色彩。于是，在藏族民间信仰的宇宙观里，神、自然与人经由种种民间象征构建成为和谐统一的自然—人文生态系统。在这一系统中，人来源于自然，并经由灵魂与自然相连接、沟通，和谐统一。藏族文化的这种宇宙观追求神—自然—人三位和谐一体的思维模式，透过种种神灵鬼怪的神话传说，形成藏族独特的关于人与自然的解释模式，构建出各种民间原始的自然崇拜和自然禁忌，积淀于藏族的思维结构中，并在与其生产生活密切相关的文化实践中，逐渐演变为一系列人与自然关系中的规则与习俗。

（二）山神崇拜

藏族聚居在高山峻岭之间，高原大地哺育了悠久的藏族文化。藏族先民从远古时代即有了神秘的山神崇拜，藏族山神崇拜文化经历了本教的演化、佛教的吸纳，构建起象征着藏族部落历史与文化的神山谱系。至今，藏族仍然深深敬畏、崇信、祭祀着众多山神。

1. 藏地山神崇拜的起源

藏族独特的生存环境、原始宗教文化以及佛教在吐蕃本土化是追溯考证藏族神山崇拜起源的三个重要因素。

藏地到处都是雪域高原，聚居其间的藏族早期对于与天相连的连绵山脉的崇拜与敬畏，即由此发源。藏族山神信仰经历了祖先崇拜、自然崇拜、偶像崇拜的发展演变过程。[①]

2.山神崇拜仪轨的个案解读

宗教与仪式是密不可分的。欲解读藏族山神崇拜所承载与传递的象征涵义，就不得不审视作为文化符号的祭礼仪轨。

以拉卜楞地区为例解读藏地的山神祭祀仪规。拉卜楞地区的山神祭祀崇拜仪式主要表现为传统节日习俗"插箭"。各个部落每年插箭的时间不一，然而基本上都是在农历六七月间，而且作为崇拜祭祀山神的传统藏族习俗，各部落的插箭习俗基本遵循相同的仪轨。

（1）在神山上建"拉则"[②]

"拉则"（ལབ་ཙེ）的选址一般由高僧或者宁玛派咒师根据地理风水原理选定。然后在选定地点挖一大坑，放入一宝箱。其内装有各种宝物，主要是三种藏族传统的作战武器——箭、刀、矛，藏语称之为"达智当塞"（མདའ་ གྲི་མདུང་གསུམ）。[③] 宝箱周边置有宝瓶，宝瓶内装有五谷以及一些金银珠宝。上盖柏树枝、白羊毛，柏树枝要用经高僧念过经的黄色绸布包裹方可。宝箱及宝瓶内的宝物均由拉卜楞寺高僧念过经，做过法事活动，以祈求英勇善战的山神能够保护神山当地部落人民的平安。考察上述宝物，"达智当塞"是敬奉给所祭祀的山神——战神——的宝物，是其最爱的宝物。宝瓶中的五谷一般包括青稞、大米、小豆，是藏人祈祷山神护佑当地部落风调雨顺、五谷丰登之意。金银珠宝在敬奉山神的同时也祈佑神山当地人畜兴旺、财源广进。各种宝物都充分表达了神山当地的人民祈佑吉祥平安、五谷丰登、繁荣昌盛的美好愿望。之后，竖立"拉则"主箭。主箭是由神山当地的"措哇"或者"日古尔"集体制作的木箭。

"拉则"一旦建立，当地民众会每年在此举行隆重的插箭仪式。

[①] 英加布：《域拉奚达与降雪措哇：藏传山神信仰与地域社会研究》，兰州大学博士学位论文，2013，第19页。

[②] 藏语，意即"山神祭祀处"。

[③] 藏语，"达"即箭，"智"即刀，"当"即矛，"塞"是"三"的意思，"达智当塞"意即"箭、刀、矛三种武器"。

（2）每年举行插箭仪式予以祭祀崇拜

各部落插箭祭祀山神，都会拜请拉卜楞寺高僧占卜择定吉日，如农历的十一日或十三日，作为每年祭祀山神举行插箭仪式的日期。每年举行插箭仪式前，家家户户都会精心准备神"箭"，即一支长约六米的木杆。"箭"首用三块彩绘木板做成"箭羽"，一般绘有象征吉祥的象、龙、狮、虎四种图案；"箭尾"则削成箭镞状。插箭当天清晨，神山当地各家各户的男子纵马奔向神山，当太阳正好照射至山顶时，主祭人在煨桑台上点燃柏枝，众人亦争先恐后地煨桑以取悦山神，人们向煨桑台上添加各自所准备的柏树枝和桑籽。在袅袅桑烟中，众人口中高呼山神的名字和"拉嘉罗"[1]（神胜利了，ལྷ་རྒྱལ་ལོ།），同时掏出大把的"隆达"[2]（即风马，རླུང་རྟ།）向空中抛撒。随后，人们将哈达系在事先准备好的神"箭"上，双手高举神"箭"，以顺时针方向绕煨桑台一圈，再绕"拉则"箭垛三圈后，将自己的神"箭"插入箭垛内。整个箭垛都是神山当地部落的男子每年所插，箭垛四周由木栅栏围住，整个箭垛因着神箭明丽鲜艳的色彩而显得神圣而壮观。彼时，桑烟弥漫中，人们高呼着山神的名字，或策马绕箭垛狂奔，或吹响法螺向山神致敬，整个插箭仪式达到高潮。当阳光普照之时，插箭活动渐趋尾声，人们逐渐散去，留下层层散落的"隆达"和壮观的"神箭"向山神表达着祭祀崇敬之情和吉祥平安的祈佑心愿。

3. 山神祭祀煨桑颂词释读

藏族山神崇拜的颂词、祭文等作为民间地域崇拜象征性的语言符号，承载着丰富的象征寓意与文化内涵[3]。

---

① 藏语，意即山神胜利。

② 藏语，汉语中又称为"风马"，是一方形小纸块，其中间绘有一匹背着宝石的马，纸块四角分别绘有老虎、狮子、大鹏、龙四种吉祥的动物。

③ 本书以笔者开展田野调查的过程中辗转收集到的、广泛传诵于拉卜楞地区的山神祭祀煨桑颂词为例阐释藏族山神崇拜所蕴藏的文化象征。该颂词系拉卜楞寺第六世贡唐仓丹丹贝旺旭62岁第一次到达桑科达久滩观瞻赛马会时所撰写。颂词原文为藏文，承蒙甘肃省甘南州夏河县藏中的拉木才旦老师翻译。达久滩，位于甘南州夏河县桑科乡，以历史悠久的达久滩赛马会而闻名。山神祭祀煨桑颂词详情参见常丽霞、崔明德《藏族山神崇拜及其象征——基于拉卜楞地区一份山神祭祀煨桑颂词的释读》，《中南民族大学学报》2012年第4期。

（1）山神崇拜的生态伦理象征

藏族山神崇拜通过祭祀供奉地方山神，以自然崇拜和自然禁忌规约人与自然和谐相处的行为规范。山神颂词曰："祈愿能够消除挖土、污水等恶行，以及所作令神心不满之罪孽。"这些"罪孽"，其实质是人类活动对于生存的自然环境必然造成的损害。藏族先民由于无法认知人类活动是否会对大自然造成危害以及是否会因此招致自身的灾难，而对自己改造利用大自然的诸种所谓"恶行"心存不安和畏惧。企望通过祭祀山神，对各种人类活动对土地、山石、水源等可能造成的损害以及这些人类改造自然的活动可能招致的灾难先行虔诚地自我检讨，自认是"恶行"，并祷告山神为其消除这些改造自然的活动可能带来的"罪孽"。这类因开发利用大自然而产生的不安和畏惧形成自然禁忌，对人类适应并改造自然的行为和活动具有规约和限制的功能。颂词中祈愿"大地富饶水草更丰盛，家畜昌盛牛羊遍草原"，充分体现出藏族对于人与自然和谐共处的向往与憧憬。

（2）以地域崇拜建构民间社会象征的权威

颂词中对部落各山神的祭祀供奉的顺序建构出部落众山神从高到低不同级序的谱系，形成民间地域崇拜的级序地图，从而象征性地将其塑造为民间社会能够为各阶层民众祈福弥灾的自然权威。而这民间崇拜的级序地图恰恰是藏地政教合一行政管理级序的象征性表述与重构。

（3）维系强化部落的族源认同与凝聚力

煨桑颂词作为一种象征性的语言符号，充分表达了藏族对于族群共同体的认同。山神崇拜祭祀的颂词中依序称颂了部落共同的山神、各"措哇"以及各"日古尔"的山神，使血缘组织（"日古尔"）关于祖先的集体记忆因之得以建构并强化了地缘性组织（"措哇"）的认同与内聚力。由此，部落的祖先崇拜、战神崇拜、山神崇拜藉由每年定期举行的"插箭"仪式以及反复吟诵的颂词完整地融为一体，其宗教信仰得以表达，族源认同得以强固，部落共同体的内聚力得以维系与强化。

（4）祈福禳灾，规约民众

作为藏族民间的地域崇拜，山神祭祀崇拜主要目的是祈请山神赐福禳灾、护佑一方平安。煨桑颂词充分表达了部落属民祈请诸山神为自己消除罪孽，并护佑部落人畜兴旺、福泽永续。宣诵颂词在祈求山神消除罪孽的同时，其实也暗喻部落民众应当禁止此类会招致罪孽的行为，从而达到规约民众行为，规范地方伦理秩序的目的。

（5）"佛中掺本、本中亦杂佛"的佛本相融场域

藏地山神崇拜这一原属本教的地域崇拜活动，其颂词及仪规均充分营造了佛本交融的场域。值得关注的是，笔者于田野调查中收集的这份颂词原由拉卜楞寺的贡唐仓活佛为藏民祭祀山神所作，同样折射出佛教对于民间信仰的融汇与包容。

（6）沟通人神，称颂悦神

作为祭告山神的祭仪，祭祀主体在进行祈祷祭告之前，应当以祭祀文为媒介，先行与所祭告的山神进行沟通，以获得所祭告山神的应允，达到"交接神祇"的目的。山神祭祀煨桑颂词的字里行间都充分表达出藏族民众对于所祭拜的诸山神的敬奉与赞颂，从而起到悦神的功能。

（7）供奉山神，护持佛法

山神属本教众多神祇谱系中的地方神，又同时是地方性的佛教护法神。煨桑颂词中多次祈请山神护持佛法，祈愿善业昌盛永续，无疑是藏地地域崇拜迥异于藏地之外民间地域崇拜之独特处，也正是普遍崇信佛教的藏族民众其山神崇拜的独有内涵。

藏族普遍的山神崇拜因其丰富的文化象征深刻地影响着藏族民众的生态伦理观和生态行为模式，神山崇拜、神山禁忌皆源于此，并作为藏族生态习惯法文化的重要组成部分，有效维系着神山生态系统的平衡与和谐。

（三）鲁神崇拜

1. 鲁神崇拜的文化内涵及象征

本教的三界宇宙观中，天上居住着赞神，地上住着年神，地下居住着鲁神。"'鲁'在《藏汉大词典》中的解释是：'龙，梵音译作那伽。佛教典籍

中所说八部众中一类水栖的人首蛇身的畜生。'"① 据藏族学者华锐·东智考证，藏语的"鲁"与"龙"既相联系又相互区别，二者的共同点在于都能够对气候、雨水、财富、疾病之类造成影响，其区别在于"龙"与"鲁"并不等同，"龙"只是"鲁"的一种。②

田野调查结果显示，藏族民众对于鲁神的崇拜根深蒂固，但谈到鲁神的形象时，人们的认识很笼统，亦非常模糊，似乎既非蛇、蛙、螃蟹，亦非鱼、蝌蚪等物。在人们的观念中，鲁神泛指居住在地下的，尤其是水中的动物，无时不在，无时不有。故而人们广为崇拜、祭祀鲁神，亦因此有很多关于神湖以及河流的行为禁忌，生恐冲撞它而引致灾难。

丹珠昂奔认为藏族的鲁神有其独特的演化过程，早期的鲁神，不但形象很是模糊，且其居住地亦纷繁多样。其最初的住所是河和湖，甚至是井。它们居住在水底，守卫着秘密的财富。因此，鲁神在藏族的观念中代表着财富，祭祀取悦它能够保佑家庭富裕、招财进宝。发展中期的鲁神，伴随社会的进步亦出现逐渐明确的分工。到了鲁神演变的晚期，可能是由于藏汉、藏印文化交流的结果，本教的鲁神已经抹去了早期龙神不断害人的精怪性，而演变为善神。藏族对鲁神的崇拜兼有自然崇拜和祖先崇拜的文化内涵及象征。在西藏阿里古格王朝遗址中，随处可见的是狮、象、马、鲁神图案，这表明在古格王朝时期，这些动物和鲁神都已成为民间自然崇拜的对象。而西藏曲贡遗址发现的刻有蛇片的陶片，亦是古代藏族部落中对于鲁神崇拜的陈迹。③ 鲁神主司人类财富、疾病以及风调雨顺、饮食、战争乃至精神等众多与生产生活息息相关的领域，江河、湖泊、沼泽、水井、土地、山头、树林均可能是其居所，无时无处不在，且分工繁多。藏族认为鲁神具有这种广泛司管人间福祸的神秘而强大的威慑力，对其进行广泛的崇拜。一方面，人们通过对鲁神的信仰和崇拜来获

---

① 华锐·东智：《藏族的鲁文化探析》，《中国藏学》2009 年第 4 期。
② 华锐·东智：《藏族的鲁文化探析》，《中国藏学》2009 年第 4 期。
③ 丹珠昂奔：《藏族文化发展史》，甘肃教育出版社，2001，第 203~206 页。

得与自然生态环境进行生存斗争所需要的信心、勇气；而另一方面，亦由于崇拜而心生禁忌，担心如果冲撞或者冒犯了鲁神，会因此招致各种灾祸与不幸。

2. 鲁神崇拜仪规之阐释

雪域高原河流纵横，湖泊、溪泉分布广泛。这些河流、山泉以及湖泊构成了藏区丰富而神秘的鲁神崇拜文化系统。以拉卜楞地区藏族鲁神崇拜文化系统为例，主要分为两个层次，一是藏族共同崇拜的神湖，如西藏的玛旁雍错、纳木错；二是区域性崇拜的众多鲁神。这一层次又可按照区域分为两个下位层次，首先是历史上卫藏、安多、康巴地区的区域性湖神，如安多地区共同崇拜的湖神，有青海湖、达加翠湖；其次是部落群所共同崇拜的较大的湖神和各种居住在地下的鲁神，比如欧拉部落所崇拜祭祀的当庆湖、欧拉克琼湖、曲合尔龙错，桑科七部落的增巴勒合芒、当琼尕如等鲁神崇拜。

鲁神崇拜观念在藏民中深入人心，民众虔诚地相信在地下，尤其在水中（包括河流、湖泊、溪泉、滩地等），无时无刻不存在各种精灵。以拉卜楞地区为例，藏民对鲁神的崇拜与祭祀基本遵循两个层次的仪规。

其一，"戴尔"（ཀུ་ར）。这一仪式主要应用于祭祀当地普遍受崇信的湖神。在拉卜楞藏族聚居区，有著名的"五大圣湖"，"分别是碌曲县尕海草原的'姜托措干源'，卓尼商治勺哇旗的'阿玛珠措湖'，位于迭部县境内的'摇达措湖'，位于拉卜楞达麦境内的'达宗湖'和甘加草原的'达加翠湖'"①。拉卜楞地区传统上对于本区域共同崇拜的湖神，逢每年农历五月初四、初八，举行隆重的祭祀湖神的仪规。在当地藏人观念里，湖神大多主司民间财富，其职能类似汉族所崇信的"财神"，民间因此多以各种珠宝供奉湖神，以期取悦湖神，祈求护佑人畜兴旺，家庭富足。

其二，"煨勒桑"（ཀླུ་བསང）。区别于上文中所述区域性的、定期的祭祀活

---

① 华锐·东智：《拉卜楞民俗风情》，甘肃民族出版社，2010，第16页。

动"戴尔",民间遇有日常生产生活中的一些"小灾""小病",尤其当家人得了疱疹类皮肤病,都会煨勒桑祈求鲁神护佑家人平安吉祥。

综上,普遍地、定期地祭祀湖神,祈求家事兴旺的"戴尔"与家中遭遇生病或不顺时"煨勒桑"祷告消灾祛病,这两个方面共同构成了拉卜楞地区的鲁神崇拜文化。赋予山、湖、土石等各种自然物以"灵魂",通过崇拜祭祀活动强化自身在脆弱的生态自然环境中生存的自信和勇气,构筑出藏族人崇敬万物、天人一体的自然伦理观。

(四)自然禁忌

人类关于人与自然的种种原始信仰,其社会功能主要表现为两个方面。一方面,是通过对自然万物的人格化想象与塑造,创造出各种依附于自然万物上的神灵与精怪,藉由对他们的信仰与崇拜,强化人类对于自身生存能力的信心与勇气,并探索、获得关于与自然和谐共存的自然规律的启示。另一方面,由敬而生畏,对于人类生存环境中不可把握的自然物和自然规律心存禁忌,对于可能触犯自然规律而遭受惩罚的行为予以忌讳、禁止。原始信仰社会功能的这一面向正是自然禁忌的起源及存续的根源所在。

禁忌,顾名思义,就是禁止、忌讳。"禁",就是禁止、勿为,有外力或社会力量强制的含义。"忌"就是讳避不愿发生或不愿做的一些事情的出现,有自责和蒙受冥罚的含义。[①]禁忌包含两方面的含义,一是对社会共同体普遍尊崇的神物不得有不恭敬或者冒犯的观念和行为,二是对社会共同体普遍讳避的事物不许随便接触。作为原始信仰中的否定性行为规范,禁忌规定了人们"不做什么"。自然禁忌是社会共同体在相同的生态环境中,在共同的生产生活实践中反复摸索、总结的,关于人与自然的关系中,应当予以限制或者禁止的观念和行为规范的总称。自然禁忌起

---

① 杨士宏:《藏族传统法律文化研究》,甘肃人民出版社,2004,第245页。

源于特定的生态环境，早期人类社会维持个体生存和物种延续的基本需要。

高原藏族万物有灵的观念以及对于自然万物的崇拜与信仰，是藏族自然禁忌的思想基础。崇拜与信仰催生了民间谋求幸福和福运的各种祈求、朝拜神灵的礼仪和民间巫术；另一方面，崇拜与信仰同时产生了各种讳忌和禁忌，希冀通过遵守种种自然禁忌，避免触怒、冒犯无处不在的众多神灵。正是由于藏族对于依附自然万物的各种神灵鬼怪的敬畏，衍生出诸多观念和行为规范上的禁忌。从这个意义上讲，崇拜与禁忌有时是各自独立的，而更多时候，二者常常融为一体，求福与避邪互为补充，构成藏族原始信仰的主要内涵。对于特定的生态环境中的特定共同体而言，经由共同体的反复实践、反复检验，长期的历史沉淀与文化认同赋予这种生态伦理观权威和效力，使其变成共同体的群体记忆，最终形成该共同体一致的价值观体系和行为规范。由是，从法人类学的视角，自然禁忌亦构成生态习惯法文化体系中的重要部分，它通过否定性的规范引导共同体成员"不做什么"，即"禁止勿为"。

由山神崇拜而产生的禁忌有：不得在神山伐木，不得在神山挖药材、打猎[①]；禁止在神山上挖掘；禁止伤害神山上的兽禽飞虫等。藏族认为，凡未被挖掘破坏的原始草地是"活地""健康的"地，即有生命力的土地；而已被挖掘铲了草皮的草地，因为剥去了大地之皮肤，就是"死地"。因而，藏族严守"不动土"的原则，严禁在草地胡乱挖掘，以免使草原土地肌肤受伤。同时，夏季禁忌举家搬迁，另觅草场，以避免对秋冬季草地的破坏[②]。

　　　神山上的一切，不管是动物还是植物，都一概不能杀，不能挖。早

---

① 有学者认为"放枪"亦是藏族神山的禁忌。笔者田野调查的结果显示，拉卜楞地区藏族举行崇拜神山的"插箭"仪式时，就有放枪的习俗。故"放枪"不属于拉卜楞地区藏族的神山禁忌。

② 南文渊：《藏族生态伦理》，民族出版社，2007，第181页。

些年，最贫穷时，即使是为了维持生计而打猎，也必须避开神山。在我们藏族人的理念里，草地就像人体的皮肤，河流就像人体的血液，神山、草地、河流是一个统一的有机体。挖草地会触犯地神，也会冒犯"勒"，会带来不吉祥。（访谈对象：旦某，65 岁，藏族，甘南州夏河县桑科乡人。时间：2011 年 6 月 19 日。地点：甘南州夏河县桑科乡地仓村。）

源于对神湖的崇信，民间亦产生很多自然禁忌：不得随意挖泉水或者开渠破坏水源；忌讳在湖、泉边堆放脏物和大小便，不得在泉水中洗涤妇女的秽物；不得向河流、泉水、湖泊中乱扔脏物；禁止捕捞水中动物（如鱼、蛙）等。

每当为满足日常生产生活之必需确需开发利用自然资源，诸如木材、药材等，藏族人必先严格遵循自然崇拜的祭祀仪规，通过做法事、祷告等征得山神、湖神、土地神的准许，方可谨慎而有限地获取。

我们藏族人日常有很多饮食方面的禁忌，一般带翅膀的（鸟类）不吃，带爪子的（狐、猫、狗等），圆蹄类的（驴、马、骡等）不吃，水里的（鱼类）不吃。（访谈对象：达某，52 岁，藏族，甘南州夏河县科才乡人。时间：2011 年 6 月 21 日。地点：甘南州夏河县科才乡科才村。）

此外，藏族还有许多关于动物、昆虫的禁忌，如禁忌捕捉、惊吓任何飞禽；禁忌拆毁鸟窝、驱赶飞鸟；禁忌侵犯放生的"神牛""神羊"，而只能任其自然死亡；禁忌在宗教节日宰杀牛羊等；禁忌故意踩死、打死虫类等。

纷繁复杂的自然禁忌，使得藏族在生产生活实践中对于自然资源的管理与利用都沿循自然生态规律，且有效地保护了珍贵的兽类、鸟类、鱼类，从而维持了雪域高原生态系统的平衡与和谐，保护了高原的生物多样性。

第四章　藏族传统生态习惯法文化体系（下）

藏族对于其赖以生存与发展的物质基础——自然生态环境十分珍惜，并在长期的农、牧业生产生活过程中，逐渐形成了一整套与自然环境相协调、适应的习惯法规则，规范着藏族生产生活中关于自然资源的开发、利用行为，调整着藏族关于环境资源开发与利用的社会关系。传统藏族部落管理与利用自然资源的习惯法文化以及自然资源纠纷解决的习惯法文化无疑构成藏族传统生态习惯法文化体系的核心内容。此外，藏族传统部落风俗中亦深蕴着藏族传统的生态伦理观及与自然和谐共生的行为模式，因而成为生态习惯法文化的重要组成部分。

一　传统藏族部落管理与利用自然资源的习惯法文化

传统藏族部落关于资源管理与利用的习惯法文化，以土地管理与利用而积累形成的生产习惯法规范为核心，兼之以水、燃料等重要资源的管理与利用规范。因农、牧业经济类型存在差异，故而，本书区分传统部落的游牧业与农业生产生活习惯法予以论述。

（一）以草地管理与利用为核心的牧业生产习惯法

在高原藏牧区，特殊的自然条件决定了游牧生计方式与部落体制之间的适存与依赖关系。部落随季节搬迁，迁徙途中除了自然险阻，还有部落之间的骚扰等，必须充分依靠部落群体的力量方能保护行途之中的人畜安全。冬春季节暴风雪，迫使人们进行避风雪与寻水草的大迁徙，这些都需要依靠部落的整体实力，而非单个家庭和数户亲族的力量所能应对和解决的。藏族牧区的轮牧生产实践所凝结形成的一系列利用与管理制度都充分体现出高原牧业生产的部落体制的特点，即以部落的力量保障和维系部落整体的利益与正义。

在长期的生存发展历史进程中，藏族创造了与高原自然生态环境和谐相处的高原游牧生计方式，主张奉行和谐、节制的生产生活方式，以实现人与自然的平衡与和谐。[①] 这种游牧生计方式以可持续利用与管理高原生态资源的传统知识为核心，是藏族在长期利用与管理高原自然资源以求得生存与发展的实践中创造出来的文化体系，它以藏族对于高原自然资源的认知为基础，主要包括藏族牧民利用自然资源的一系列技术、管理自然资源的制度，内容涵盖了高原生产生活最主要的草地资源、水资源以及牲畜资源的管理与利用。其中，草场放牧与畜群管理常常体现为传统牧业经济中一体化的利用与管理，即草地资源的管理与利用常常包含了牲畜资源的管理与利用。

1. 个案一：拉卜楞藏牧区桑科部落的草地管理制度

以甘肃拉卜楞藏族游牧部落为例。拉卜楞地区藏族游牧部落在漫长的历史发展过程和游牧实践中，逐步形成并发展出一套严格而完备的草地和畜群的管理制度。以拉卜楞寺为中心的部落集团其雏形产生于清乾隆年间，即第二世嘉木样主持拉卜楞寺政教事务之时。当时为巩固和发展拉卜楞寺，二世嘉木样大师兴建和接受大小寺院40多座。这些寺院以拉卜楞寺为母寺，各寺院及其所属的部落按照与拉卜楞寺的政教关系分别成为拉卜楞寺的"拉德"（神民部落）或"穆德"（政民部落），由拉卜楞寺委派僧官进行管理。到五世嘉木样时，以拉卜楞寺为中心的部落联盟遍及玛曲、碌曲、夏河、四川阿坝、青海等地。而直属拉卜楞寺的八大"拉德"部落（即拉卜楞十三庄、桑科部落、科才部落、甘加部落、欧拉部落、佐盖尼玛部落、上阿木去乎部落、下阿木去乎部落）[②] 中有牧区，亦有农区、半农半牧区。至20世纪初期，拉卜楞寺的政教合一统治制度已逐渐完备地建立所属寺院和属民的管

---

① 南文渊：《藏族生态伦理》，民族出版社，2007，第6页。
② 洲塔：《甘肃藏族部落的社会与历史研究》，甘肃民族出版社，1996，第231页。

理体系，形成管辖一百余座属寺及众多部落的格局。

拉卜楞寺针对牧区、半农半牧区、农区的直属"拉德"部落实行不同的管理制度。拉卜楞寺对于八大拉德部落的牧区实行"格尔岗吾"（གྱར་གང་སོ།）的组织管理形式。

桑科传统部落在长期的轮牧生产实践中，凝练出一套缜密严谨、详尽有效的传统草地管理制度，内容涵盖草原的利用权限、草原管理组织、轮牧的实施、防火制度、防疫习惯、冬草的割储（包括群众割储冬草的方法、寺院王府等割储冬草的方法）、兽害的扑灭等草地轮牧生产生活的各个方面①，以有效的制度措施解决了畜牧业生产中最为主要的矛盾——饲料生产与畜产品生产之间的矛盾，这一系列草地管理制度是藏族牧民长期生产实践经验与智慧的结晶，是拉卜楞藏族牧区草地管理制度的典型代表。

（1）草地管理组织

桑科的草地管理工作是由部落行政委员性质的"格尔岗吾"十四人在郭哇的领导之下兼理的。格尔岗吾组织的主要管理职能包括会商决定轮牧时间、地点、解决纷争等。遇有越界放牧则由郭哇执行处罚。

（2）轮牧的实施

①轮牧开始前的措施。每年四月十一日（农历）郭哇亲赴桑科滩与约福夏分界处之加勿牙摄尕，在两山根垒起高二尺许之土堆，并正式通告业已划界。以前自由放牧期间越出此界者，即应折回至冬窝子范围内放牧。五月初一或初二，格尔岗吾集合开会，根据实际情况，决定搬帐房日期及天数。并由郭哇的通讯员正式传达给各部落的通讯员，转而挨户传达，准备轮牧事宜。五月十四日，群众念娘乃闭斋，十五日行插箭祭鄂博礼后，即在先前决定的日期开始轮牧。

②轮牧前的准备工作。轮牧开始日期一般为十六日至二十日，各家在月初接头通知后，即整理工具、筹办两三个月之内所需的口粮。贫穷户则仅准

---

① 《桑科乡工作报告（1954年）》，甘肃省甘南藏族自治州夏河县档案馆藏（内部资料）。

备少许，以后边吃边捎，届期一切就绪。如决定一天内搬，即应在一天内搬妥。桑科穷人多，一般均决定分两天搬。由各帐圈穷富互助，第一天搬帐房零碎，将羊赶上，第二天再运杂物赶牛马。

③轮牧的顺序。在五月十四日以后的轮牧开始日，集体搬入约福夏，次日，郭哇即到哦底划界，在约福夏住 15~20 日后，即搬到哦惹，搬到后次日又到次瞎阿马划界。在哦惹住 8~10 天后，即分开进入夏窝子。德哇若搬往拉卜柔乎，桑科等三部落搬至窝河，均需经两日运程。在上述两地各住一个半月以后，即分别折回拉羊（丰水的滩）与打日吉乎塘（跑马滩）各住一月零十天。八月下旬搬回至哦惹住 20 余天，再搬至约福夏住一个月或一个月零几天后，全体即沿大夏河西而下，在曹肉、强泽一带住 20 天后，此时约当十月底至十一月十五日间。然后，桑科、色赤、华瑞哇三部落渡河而东进入咯咯吉洪道、额尔金一带的冬窝子。德哇若亦进入天堡囊卡尔囊一带的冬窝子。直住到正月十五日以后，即不分界限自由行动，分别自找较好草地放牧，直至四月十一日止。

④轮牧期各村放牧地点的决定。在约福夏及哦惹，各部落及各村均系按往年原驻地下帐房。在哦惹时，格尔岗吾即集合商议入夏窝事宜，因夏窝子住期长达三个月，且地区辽阔，偷盗甚多，故便以村（小部落）为单位，抽签决定各个驻地。抽签法系在小纸上分写一、二、三、四等数字，折小后裹以糌粑，揉成小团，然后由格日岗吾代表各自村庄，分别拣取。然后依所取号数，按顺序择定愿住的住址，最后者必在边缘地区易遭盗窃或易于越界之地轮牧。折回至约福夏住一个月后，格尔岗吾又集合商议，决定各部落在曹肉、强泽一带的驻地。

⑤越界放牧的处理。具体包括以下方面。

第一，罚规。四月十一日起，即不能越界放牧，越界者每群羊抓羊一只，牛马每群原出麻钱一串，近数十年中变为铜子 25 个……但必须在越界内抓住方属有效。如郭哇等赶到而畜群已出界线，即属无效。故有数群越界时，应先行逐一通知其应当受罚，然后抓羊，抓罚当日可全天放牧。

第二，罚规的执行。划界后，郭哇须每日亲领其孕日古之八家亲随（特沙）中之二家，荷枪持马鞭巡界，执行罚规。部落内抓羊时，大小不定，如遇牧民睡着而致畜群越界或被抓后承认错误的，可随便抓一只羊。如态度不好或再三犯规侵牧者，即挑强壮的抓。在此种情况下，通常极易打架。另外，如同时有两群畜群越界放牧而仅抓住一群；或因有在天未明即赶入避背处放牧，天黑赶回，郭哇未能发觉；或同时抓住两群，而抓的羊只肥瘦悬殊，或者郭哇有所偏袒时，则均可引起纠纷，或为以后执行罚规种下祸根。而郭哇不严格执行罚规，有纵容侵牧之嫌时，则群众即起而反对之。

第三，外部落侵牧的应对。当发生外部落越界侵牧的情况时，将视情况轻重派人去抓或动员全部落去抓。如全部落去抓则因原已有纠葛，或人多手稠乱抓一气，极易引起纠纷。

第四，抓得羊只的处置。抓到第一只羊时，在当地宰杀，就地煮食一半，所余的一半由郭哇分得二分之一，特沙二人各得四分之一，羊皮交郭哇管家，为管家私人所有。多抓到时，除第一只按上法分开并煮食，其余均归郭哇所有。

⑥轮牧时期的掌握。桑科乡副业比重较大，故在轮牧期间，牲畜多者愿早上晚下，牲畜少或以代牧为主者，则因重视副业，兼且怕寒，故愿晚上早下，因之对于轮牧日期，郭哇及格尔岗吾必须做适当掌握，稍有不得当，则易发生问题。

⑦轮牧中对弱势群体的关照。如某家有重病之人，暂不能移动时，轮牧日期即可延迟数日，以等待其好转。如遇丧事，则可宽容该家，使之先搬至好草地放牧数日，以表照顾之情。

2. 个案二：藏北那曲阿巴部落的牧租制度

西藏自治区北部那曲专区范围内的阿巴部落位于念青唐古拉山系，在黑河桑雄与森巴、头如、索如、真邛、色尔喀等部同处。全区在海拔 4000 米以上，为纯牧业区。噶厦政府时期，阿巴部落由其封委的总管统管，部落内各社会阶层主要包括差巴（又可按其占有牲畜的多少和纳税应差的多少分为加果阿妈、达秀阿妈、达宝、一般差巴等层次）、密让岗差（没有或拥有极少牲畜，主要靠出卖劳动力生活）、密婆（等级最低的一层）等。阿巴部落主要有两种牧租制度："协"与"其美"。①

（1）"协"租

"协"租是指畜主把牲畜承租给牧户，母畜繁殖的幼畜归畜主所有。在规定的范围内，死亡的牲畜可以注销，不需赔偿。因而牲畜的数量根据生死有增有减，故"协"又称"有生有死"制牧租。承租者每年按照规定向畜主缴纳一定数量的畜产品。总体而言，畜主包括四种：领主、寺庙、僧侣个人和富户。其中，富户和僧侣个人的"协"畜，由其自己管理收租。领主和寺庙的"协"畜则由专门的"协本"管理租务。

"协"租规约在各"协"主和承租者之间大致相同：

①1~2岁的牛犊和1岁的羊羔死亡可以注销（有的要验皮、角）；

②牲畜若因疾病、雪灾、兽害而死，需交验角和皮，凭烙印注销；

③被偷、抢的牲畜，若3年内不能找回，则需按活畜赔偿；

④无故杀死牲畜，要按活畜赔偿；

⑤驮牛若在运输途中死亡，则需按活牛赔偿；

⑥上述可注销的死畜，若可吃，则要付肉钱。

（2）"其美"

"其美"是藏语"不生不死"的简称，即"不死"制。畜主将牲畜出租给牧户，无论繁殖幼畜或死亡，原有的牲畜数目始终不变，并按照原数量缴纳牧租。"其美"本指母畜，但领主常凭借其特权，用公牛或货币代替母畜，硬性租给牧户。若租的是公畜并言明是公畜的"其美"租，其租额负担相对较轻。

"其美"收取酥油租的规定数额都是一致的，即母牛年收2克（蒙古克，每克相当于6.5斤）酥油；羊不分公母，年收藏银1两，有的交酥油0.25克。"其美"公牛和"甲卜协"（一种负担较轻的公牛"其美"），年租收取酥

---

① 张济民主编《渊源流近——藏族部落习惯法法规及案例辑录》，青海人民出版社，2002，第97~98页。

油 1 克，或收取酥油 0.25 克并为畜牧驮运一次。"其美"马匹较少，每匹年租收酥油 3 克。

总体上，好的母畜一般用于放"协"租，而用于"其美"租的母牛有一半以上繁殖率和产奶量都不高。

3. 个案三：青海玉树传统游牧部落的税赋制度①

青海省玉树藏族自治州，古为西羌牦牛种之地。"玉树"的藏文意译为"遗址"，据传玉树族的第一代头人垦布那钦建立部落之地为格萨尔王妃珠姆的诞生地，因而部落命名为玉树。玉树地处青藏高原腹地，气候寒冷，是长江、雅砻江、澜沧江等江河的发源地。自古系唐蕃交往的通道之一，受到历代统治者的重视。元、明、清以来与内地的关系渐趋紧密。民国 18 年（1929 年）设置玉树县。1939 年，玉树地区设立青海省第一行政督察专员公署，下辖玉树、囊谦、称多三县。截至民主改革前夕，玉树地区的囊谦千户有 42 个直属或领属部落，由于所处地理位置以及经济、政治、文化等方面的特殊性，形成独特的部落游牧制度。

民主改革前，玉树实行千百户统治的部落制度，凡部落内的重大事务，均由各百长（直属百户的最高首领）、楞本（部落内专司政务管理）、襄佐（大小财务总管）参加的部落族务会议协商解决。千百户将自用的草山以外的剩余草山，分配给属民使用，并发给属民执照（一式三份，分别保存在千户、直属百户以及分得使用草山的属民手中）。

玉树部落的游牧制度除了最重要的关于草山权以及使用的习惯法，还包括贡税的征集法。

玉树地区的赋税是分等级缴纳的。各户按照拥有牲畜的多少区分为不同的纳税等级。各地划分的等级数各有差异。有的地区分为三等级，最细的等级划分为十等。现以十等为例做一说明。一等户每年缴带皮的绵羊肉 1 只；二等户每年缴不带皮的绵羊肉 1 只；三等户每年缴不带皮和胸部的绵羊肉 1

---

① 参见张济民主编《渊源流近——藏族部落习惯法法规及案例辑录》，青海人民出版社，2002，第 40~43 页。

只；四等户每年缴三分肉（每只羊作四等分）；五等户每年缴二分肉；六等户每年缴一分肉；七等户每年缴一羊胸部肉；其余三等无明确的规定，一般要缴纳蕨麻、酥油若干。

此外，每年每户需缴纳羊羔皮1张，富裕户每年还要缴酥油10斤，蕨麻25斤；平民户分几次缴纳酥油和蕨麻25斤；贫穷户也需分等级缴纳一定量的酥油和蕨麻。

各部落属民还要承担其他各种无偿义务，如迁居新牧场时，承担部落头人帐房的拆除、搬运、重搭、砌灶、挖排水沟等；供应头人家烧的牛粪；为头人家炒青稞、磨炒面、擀毡、捻线、宰杀食用牛羊等；采蕨麻的季节，各户属民须将第一天挖到的蕨麻献给部落头人。

4. 藏族传统部落牧业生产习惯法的内容概括

综合分析来自藏北、青海、甘肃、四川等藏牧区传统部落的草原管理习惯法，可以看出，草地管理制度是牧业区习惯法的核心内容，其主要内容包括以下五个方面。

（1）草场权属制度

作为牧业生产最为重要的生产资料，藏族各部落均明确规定了草地、牧场的所有权与使用权制度。由于各藏牧区社会、经济发展水平不一，草场权属制度具体存在地区差异。总体而言，在部落自治程度较高而国家的管理作用还不够明显的核心区①，草场实行部落公有。在较早的年代，草场的所有权从最早的部落公有到私有，存在各种过渡的样态。然而，世袭部落首领基于

---

① 关于藏族传统部落土地的所有权制度，张济民从社会形态（领主经济制、地主经济制）和封闭性两个层面进行了较全面的阐述。他将藏族部落依据其封闭性不同，区分为"核心区"和"环围边缘区"。核心区，即历史上所谓化外之民的所居地，位于大江大河的最上游和源头地带，直到20世纪中叶，经济上仍然表现为对狩猎和采集较明显的依赖，以高原草地牧业为主，兼有小块山谷农业的典型自然经济形态。环围边缘区则属于核心区的外围扩展地带，经济形态属于农牧经济相结合，是野牧养畜仍占较大比重的区域。核心区和环围边缘区可分别与清朝流行的所谓"生番"与"熟番"区相对应。参见张济民主编《寻根理枝——藏族部落习惯法通论》，青海人民出版社，2002，第102~103，160~161页。

对草场的调配、管理等方面的管理权，逐渐享有对草场优先使用的特权。后来逐渐演变为对部分优质草场的私人占有权。在国家管理鞭长莫及的偏远地区，这种私人占有，其实质等同于所有权。

而在朝廷和地方政府的管理作用较为明显的环围边缘区，草场是国家所有、部落公共占有与领主占有相结合。而牧户对草场的使用权则因其所拥有的牲畜数量而存在差异。其中，草场为国家所有，主要体现为国家对于草场的调配、划拨、分封、奖赏以及收回等方面。而对于草地的占有状态，在封建化程度较深的地区，领主占有居优势；而封建化程度较浅的地区，则主要为部落公共占有。① 例如拉卜楞藏牧区，在1958年民主改革之前，实行寺院土地所有制。清康熙四十八年（1709年）第一世嘉木样创建拉卜楞寺之后，政教合一的制度逐渐形成并完善。在这种政治组织形式下，寺院享有政治、经济上的特权，占有相当数量的生产资料。纯牧区的寺院占有大量的草山和牲畜，租与牧民放牧，按规定收缴各种畜产品。半农半牧区的寺院则是土地、房屋、水磨、草山、牲畜兼而大批占有，自己不经营，租与当地农牧民耕耘或放牧。②

根据《甘南藏族自治州志》的记载，20世纪50年代以前，"甘南境内的土地占有形式基本上有四种，即：寺庙土地、土司土地、地主土地与个体农民土地"。在卓尼土司制度（涵括卓尼、迭部、舟曲南部广大地区）下，土地均归土司所有，牧区租牧土司的"兵马田地"，都要对土司履行兵役、"乌拉"（差役）、纳钱粮、柴草等各种义务。平时放牧"下马为民"，战时聚集出征"上马为兵"。牧区须向土司缴纳贡物，比如牛、羊、酥油、烤猪和少量的官钱。③

而在康藏地区，如四川甘孜藏族自治州德格土司辖区之内，其政治、经济管理均保留着某些封建农奴制的特征。森林、河流、矿藏、牧场及土地等

① 张济民主编《寻根理枝——藏族部落习惯法通论》，青海人民出版社，2002，第154~156页。
② 黎宗华、李延恺：《安多藏族史略》，青海民族出版社，1992，第174页。
③ 甘南藏族自治州志编纂委员会编《甘南藏族自治州志》，民族出版社，1999，第535~536页。

自然资源都属于土司所有，由其所占有并支配。

应当说明的是，从部落习惯法的视角考察，对于游牧部落的每个牧户而言，牲畜才是真正意义上的财富。牲畜在牧区既是生产资料，又是生活资料。决定一个牧户社会地位的财富，是牲畜的拥有量。因为草场的使用面积乃至是否占有实际上取决于牲畜的多少，因而，草场的所有权只在"部落"这一群体意义上受到关注，牧民个体则看重牲畜。高原草地畜牧业受到两个方面的限制：一是自然条件的限制——只适合在相对温暖湿润的冬春草场实现；二是社会条件的限制，部落社会里，草场的维护只能靠部落民众的力量。因而，草场私有化进程缓慢而不完全。[①]

（2）部落牧业生产管理体制

各游牧部落为组织好牧业生产，在部落头人之下均设有负责管理生产的专职人员或专门机构。如青海有大部分部落设有"秋德合"组织，组织为执法机构，一般由若干名具有一定工作能力的人组成。拉卜楞寺对于牧区的直属拉德部落实行格尔岗吾组织管理形式，由拉卜楞寺派郭哇作为部落头人，并会同格尔岗吾组织共同管理部落群内部草地事宜。而四川德格土司制政权之下，推行较为完善、严密的政治制度。土司作为本地区最高统治者，拥有至高无上的权力，实行世袭制。土司之下设有一系列行政机构及人员，负责执行土司的意志，管理辖区内外的各种事务。其行政机构主要包括：①涅巴会议、席涅、古朝、征粮总管、杂职人员等直属机构；②大荣和小荣等基层行政组织。[②]

（3）牧户及属民管理制度

藏族游牧部落习惯法都对部落所辖牧户的管理制定有明确的规定。如拉卜楞地区的甘加思柔、仁青部落的习惯法一方面禁止部落属民随意迁出本部

① 张济民主编《寻根理枝——藏族部落习惯法通论》，青海人民出版社，2002，第116、156页。
② 张济民主编《渊源流近——藏族部落习惯法法规及案例辑录》，青海人民出版社，2002，第119~120页。

落。若迁出部落，则需要缴纳一定数额的"出籍礼"。按规矩给火日藏活佛送一匹马，还需请全部落的群众吃饭喝酒。迁出时不能搬走曾经居住过的帐房。另一方面，不允许部落以外的成员随意迁入部落内居住。如果要迁入，需要缴纳一定数额的"入籍礼"。并按部落规矩给火日藏活佛送一只羊，经准许之后，才可居住。甘加部落还规定，遇有自然灾害等特殊情况，丧失生产资料之后迁出部落则不受上述规则的约束，亦无须送礼物求得准许。若迁出户在别处建立家业，仍要返回原部落居住，也不必办理入籍手续。[①]

（4）部落牧业生产管理制度

这是藏族传统游牧部落习惯法的核心所在。各部落关于牧业生产管理的习惯法，内容繁简不一。综合比较、分析藏北、青海、四川、甘肃等传统藏族游牧部落的习惯法，关于牧业生产的管理制度可概括为以下几个方面。

第一，藏族游牧部落群实行统一轮牧制。轮牧的具体事宜由部落管理组织会商确定后，统一执行。如拉卜楞地区的郭哇会同格尔岗吾组织确定。

第二，税赋制度。各藏牧区的税赋大都依据牧户所拥有的牲畜数量区分等级。其缴纳税赋的形式有牲畜及畜产品（肉、皮、酥油等）、劳役、实物（草、兽粪等）以及白银等货币。

第三，租牧制度。翻检藏族牧区的租牧习惯法规则，藏北牧区的租牧包括上文所述的"协"与"其美"两种形式。"青海玉树习惯法称为'吉约其约'（藏语，意为有生有死），即正常死亡牲畜不赔，生了幼畜则归出租者。"[②]

第四，对牧业生产中违规行为的惩处。如轮牧中可能出现的越界放牧、

① 张济民主编《渊源流近——藏族部落习惯法法规及案例辑录》，青海人民出版社，2002，第146页。

② 张济民主编《渊源流近——藏族部落习惯法法规及案例辑录》，青海人民出版社，2002，第43页。

未统一搬迁等，部落群根据具体情形，制定有具体明确的处罚制度，主要是视情节罚打、罚款、罚牲畜及畜产品若干，甚至没收财产等。

此外，还有关于草地防火、防盗等的管理制度。

（5）调整与畜牧业相关的部落群外部关系的习惯法

主要包括部落对外借牧的规则以及对部落外部侵牧的应对等方面的制度。

5. 藏族传统部落牧业生产习惯法的特点分析

第一，以特殊的自然生态环境为背景，在充分尊重自然规律的基础上，以人与自然和谐共存为原则，制定具体的草地管理制度。其具体的管理制度均来自长期畜牧实践的经验与智慧，是藏族牧民长期适应自然生态环境的结果，体现了人与自然和谐共存的生态智慧。

第二，草地管理制度与行政管理制度充分结合，如在拉卜楞藏牧区，草地管理制度具体由拉卜楞寺派往部落群实施政教管理的郭哇和格尔岗吾组织实施，充分体现出拉卜楞寺纯牧业拉德部落政教合一制度的特点。

第三，罚规的执行区分部落群内、外纠纷。对内部最常见的越界行为，由部落头人如千百长、土司、郭哇及其亲随（特沙）等执行。而对于侵牧这种来自部落群外部的侵权行为，则多动员全部落群众去抵御。而关于侵牧的罚则规定，其实潜藏着部落群之间的纠纷与冲突，反映出藏族部落习惯法的正义即是部落的正义，或曰部落之外无正义。

第四，藏族牧区的部落轮牧管理制度蕴藏着较为原始的民主与平等机制。比如，很多游牧部落规定内部草场、水流为公有。又如，拉卜楞地区桑科部落抽签决定夏窝子轮牧地点的规定以及搬迁过程中的贫富互助之规定；对于家中有重病、丧事等特殊情况的牧户在搬迁等方面所给予的照顾措施等。

（二）以农地管理与利用为核心的农业生产习惯法

在藏农区的传统部落，围绕长期的农业生产生活需要，逐渐积累形成了以农地管理与利用为核心的、独特的农业生产部落习惯法。

1. 个案一：浪加部落的传统农业生产习惯法 ①

青海黄南藏族自治州的浪加部落，系同仁县藏族十二族之一，由麻日、牙日、日工麻、日秀麻、沙索麻、加毛堂等六庄组成。东靠青海循化岗察牧区，南临农牧交错地区双朋西，西邻保安汉族农业区，主要从事农业生产。

（1）部落农业生产的管理组织

①部落总首领为"红保"。1 人，世袭，负责管理部落内部行政事务和对外的社交活动。

②"老兰"（意即长者）。9 人，大多由有威望、能说会道的老年人担任，名义上 3 年一选，实际由"红保"委任。其职责为协助"红保"办理族内外的事务。

③"郭哇"，即头领。"老兰"以下设有郭哇 1 人，为世袭。主管修筑水渠。

④"汉士"，意即效劳者。设有 40~50 人，每年更换一次，协助"老兰""红保"，负责部落内外的信使或传达首领指令。

⑤"秋德合"。专门负责按照规则看管庄稼，夏季执行农田护理禁规，对人畜践踏或损坏庄稼的行为实施罚物罚款；秋季决定收割庄稼的时间，并指定割田人数及驮畜数，凡有违规者或予以罚物罚款，庄稼收获后，有权利按规定收取一定数额的报酬和分得一定数量的罚款。

（2）农业生产部落习惯法规范

①农业生产的劳动组织形式

浪加部落农民在长期的农业生产中形成了各种自发的劳动组织形式，如耕种组、运粪组、修渠组等，并经历史的演变，沉淀为传统性的劳动组织制度。这种劳动组织制度建立在家族或亲戚关系基础之上，主要靠家族观念得以维系。

第一，运粪组。历史最久的组织形式。每组 3~10 户不等。凡具备以下条件之一，均可参加运粪组：①一个家族者；②土地相连或为邻居者；③本

---

① 参见张济民主编《渊源流近——藏族部落习惯法规及案例辑录》，青海人民出版社，2002，第 5~9 页。

人虽不属此家族，但土地属于一个祖先所分者。各家驴子集中在一起，不论土地多少，不管土地远近，不计驴子多寡，每户轮流驮运，直至全部运完。但在人力上一般都计数换工。

第二，耕种组。相对运粪组，数目较少。主要从事种田、犁地、锄田、拔草等生产劳动。每组 3~7 户不等，是以同辈最亲近的亲戚关系为基础建立的非长期固定性组织。耕作时不分劳力、牲畜、农具的多少，全部参加。在谁家做活，就由那家供给食物，直到完工。

第三，修渠组。浪加全部落共有 12 个，不同于运粪组、耕种组以亲戚家族为基础而建立，修渠组是以水渠支流浇灌范围内所有土地的拥有农户集合而组织。修渠组只要男子，不要女子。要测量参加人的铁锹，不足五寸大者罚青稞 9 碗。

②农业生产规范

第一，浇水制度。按照部落祖规，在规定的优先天数内，先浇享有优先权的农户，然后各庄其他农户依次去浇。具体的浇水顺序为："红保"、浪加六庄的"郭哇"（32 户）、"过麻"（优先者，30 户）依次浇 15 天；然后是"塞尖巴"（管水者，3 户）浇 1 天；"顶藏麻"（水田户，7 户）浇 1 天。之后，群众方可浇水。

第二，护苗收割约规。下种后，如有牲畜踏田下地，不论是否吃了庄稼，罚白洋 3 元。收割时间和人数均有严格的规定。如"秋德合"下令某天可以割麦，规定每户去 2 人和 2 头牲畜，则各户必须遵守。而在规定时间之外，哪怕收割不完或麦子熟得掉粒，也不得收割，只能等待"秋德合"两次允许方可收割。否则，多去 1 人罚白洋 3 元，多去牲畜 1 头罚白洋 3 元。待秋收完毕，每户给"秋德合"缴纳青稞 6 碗，意即送交酬物。

2. 个案二：果洛旧制中的农业生产习惯法 [1]

果洛藏族自治州位于青海省东南部，总面积为 75750 平方公里，平均海

---

① 张济民主编《渊源流近——藏族部落习惯法法规及案例辑录》，青海人民出版社，2002，第 34 页。

拔 4000 米左右。1949 年以前，被称为果洛三部，又说实为四大部。也有果洛八大部、九大部、十八大部之说。1952 年以前，果洛的政治制度基本属于封建部落制，所处偏僻，人口稀少，交通不便，经济以畜牧业为主兼有小块农业。其护田苗穗法反映了果洛旧部落农业生产当遵循的习惯法规范，主要内容包括以下方面。

其一，"农田为其主所有，买卖、交换、赠送、租托等均可自行操办"。

其二，实行轮作制。"一岁为小麦、青稞，复岁为豌豆、蔓菁，以利养地护土。"

其三，凡劳作种类，均依时令成制。"若非闰月，即于猪月轮值之月定吉日开犁耕种，继之平田土，碎僵块，下种籽，锄松两次之后，鼠月齐苗，牛月见穗，虎月焚霜，兔月实熟，兔月尽时选黄道开镰。犁镰超前迟后则罚。未至收割时期，耕畜、乳牛轮户值牧，践食农田，或于田边渠旁割草砍柴则罚粮。"

其四，关于应税、换工及劳动报酬的规定。"彼此换工，依人次日工相抵，并有逢欠收之年，彼此自愿作哀友帮工的风俗。非换工之付酬，一人日耕种或脱粒之酬为六'普尔'，可相等于六小碗，一人日割田之酬为二'邦巴'，每'邦巴'约七升余。"[1]

3. 个案三：四川理塘旧制中的农业生产习惯法 [2]

理塘位于四川西部，即今四川省甘孜藏族自治州，北与新龙接壤，南与稻城相邻，东界雅江，西抵巴塘，兼事农牧业。其传统农业生产习惯法规范主要包括以下内容。

（1）农事活动统一规定时间和期限

木拉地区，每遇耕地、下种、锄草、收割等农事，各头人都召开民众大

---

① 张济民主编《渊源流近——藏族部落习惯法法规及案例辑录》，青海人民出版社，2002，第 34 页。

② 张济民主编《渊源流近——藏族部落习惯法法规及案例辑录》，青海人民出版社，2002，第 132~134 页。

会，统一规定耕地、下种、锄草、收割的开始时间和完成期限。活把打却家规定，辖区内的百姓每年在割草、收割青稞时，均须事先请示头人，得到允许，方能收割。否则，违者罚青稞 3~4 碗。贫困户由于缺粮而想提前收割青稞，也须征得头人的同意。割草的时间规定只有 3 天，每天割草（青稞）至迟只能到天黑，否则，以偷割他人的草（青稞）论处。若未按规定的时间割草（青稞），则罚藏洋 15~25 元。

（2）农业生产中的换工习惯法

关于生产中的换工习惯，木拉地区的邻居亲朋视需要、经自愿结合换工，一般一工抵一工。而对孤儿寡母多提供无偿的帮助，无须还工。与此相反，活把打却家却规定不准换工，违者罚青稞 5~6 碗，贫困户则罚 3~4 碗。

（3）农业生产中的雇工习惯法

毛垭地区在雇工时先谈好工资，约定期限，然后再上工。期满后，若不愿继续受雇，可另择雇主。但在约定期限内（一般以一年为限）不得中途毁约，否则，分文不给。

4.藏族传统部落农业生产习惯法的内容概括

综合分析藏族传统部落的农业生产习惯法，藏农区的农业生产长期停留在使用手工工具和畜力农具的传统农业阶段，粗放经营，广种薄收。农业生产的管理与运作亦深深地打上宗教文化的烙印，深刻地体现出藏传佛教作为生态习惯法文化思想基础的濡染与影响。

> 青海向游牧之地，对于农耕尚不甚讲求……惟扎武三族，种收田禾，皆听命于活佛、喇嘛。彼言何时种收，即于何时种收。收割只按顺序，不论生熟。如自东而西收获，虽东方尚青，西方早熟，亦须先东后西。[1]

藏族传统部落农业生产习惯法的主要内容包括以下几个方面。

---

① 许崇灏：《青海志略》，商务印书馆，1943，第 42 页。

（1）土地权属制度

藏族农区各部落均明确规定了土地的所有权制度和使用权制度。与牧区的草场权属的复杂制度不同，农区的农地和（房屋所在）土地的权属公私分明。然而，在各不同地区，土地的所有权和使用权制度随部落的社会形态和地域的封闭程度不同而存在差异，呈现出不平衡的交错状态。[①] 部落中除了一小部分土地属于部落公有（主要用于建设公共集会房舍，包括议事场所、嘛呢康、山神庙、土地庙和少量的公用仓库），部落的社会上层拥有私有土地。而安多和康巴的社会上层存在差异。如安多农区，以地主（包括部落首领、上层僧侣）和富农为社会上层。而在康巴农区部落，以部落首领、寺院上层僧侣等领主为社会上层。上层首领会将私有的土地派租给农户。承租的农户要缴纳赋税，并承担各种劳役。此外，安多的一些中层自耕农、下层的佃农拥有私有土地。在康巴方言区，处于社会中层的纳税支差户和下层的农户拥有少量私有土地。

甘南卓尼土司辖区内的土地均归土司所有，农民对耕种的"兵马田地"和寺院的"僧田"，只有使用权，没有所有权。僧田只准转佃，租种人死亡或外迁，土地归还土司僧纲。外来户租种"兵马田地"，需待原租种家族缺嗣，并请土司批准，发给执照方可承租使用，俗称"吃田地"。凡租种"兵马田地"者，对土司必须履行兵役、"乌拉"（服差役）、纳钱粮、柴草等义务。而朝廷册封给土司的土地称为"户世田"，其所有权和使用权均归土司，主要分布在卓尼土司衙门周围的十六掌尕，具体由小头目负责管理。"户世田"的耕作形式是：由十六掌尕提供劳动，土司提供籽种和肥料，每年轮耕一半。农民自带农具、口粮，从运肥、播种、锄草、收割、打碾直到入库，全部生产流程均由他们完成。生产劳动的方式属于集体耕作，生产的粮食除了提留次年的籽种，全部上交土司仓，由议仓储存，以备荒年救灾和战争、祭祀、进贡以及土司的其他所需之用。耕作"户世田"的农户不具有任何所

---

① 张济民主编《寻根理枝——藏族部落习惯法通论》，青海人民出版社，2002，第157~159，161页。

有权，只有负担劳作的义务，世代依附于这块土地，不能外迁。土司还拥有一部分自留地，称"租粮田"。这部分土地采用租佃的形式，租给十六掌尕中耕种"户世田"的农户。

寺院土地所有制是拉卜楞寺政教合一统治制度在甘南形成和发展后所出现的土地所有制形式。在甘南，农牧民所租种的土司、土官的土地统称"恰萨"（意为纳税田），自耕地称为"哈萨"（意即祖业田）[①]。

（2）部落农业生产管理组织

藏族农业生产的管理组织，与部落的管理组织属同一组织。只是由于在农区（或半农半牧区），因而管理农业的生产经营活动。比如，前文所述的浪加部落以"红保"为总首领的农业生产管理组织。

（3）部落农业生产管理制度

作为藏族农业部落习惯法的核心，各部落关于农业生产管理的习惯法规范，主要包括以下几个方面。

第一，劳动组织制度。主要是部落在长期的农业生产实践中，自发形成的、建立在家族或亲戚关系基础之上的各种协作劳动的组织。如前述浪加部落的运粪组、耕种组、修渠组等。

第二，农业耕作生产规范。各部落在长期的农业生产过程当中，形成了组织有序的生产规范，具体如上文所述果洛旧部落的轮作制、依时令耕作制，浪加部落的浇水、护苗收割等规约。

第二，农业税赋制度。农区因为土地权属分明，处于社会下层的无田农户和部分中层家户需要承租农田，因而，缴纳税赋亦是农区部落习惯法的重要内容。藏族农业部落习惯法中，有的根据自有田亩数承担一定的税收，有的依据部落的宗教、集会、修路等公益事务临时摊派。[②]

---

① 甘南藏族自治州志编纂委员会编《甘南藏族自治州志》，民族出版社，1999，第535~536页。
② 张济民主编《寻根理枝——藏族部落习惯法通论》，青海人民出版社，2002，第157、159页。

第四，农业换工、雇工习惯法。如上文所举理塘地区的传统农业生产习惯法。

第五，违反农业生产习惯规约的惩处。即部落农业生产中一旦违反农业生产习惯法则应当给予的处罚制度，主要包括罚藏洋、罚青稞等。

第六，农区部落祈愿丰收而举行祭祀的规约。由于高原气候多变，自然灾害频繁，囿于低下的生产力水平，各部落每年都会组织祭祀活动，祈求神灵赐福禳灾，保佑部落丰收。因而，许多部落规定，每年举行祈雨、驱雹仪式，各户成年的男子必须积极参加，祭祀的全部活动费用由各户分摊，任何人不得以任何理由拒绝参加或拒绝分摊费用。若有违反，将处以罚款或当年秋收打碾时罚扣一定粮食。①

（三）其他自然资源管理与利用的习惯法

除了以土地（草场、农地）管理与利用为核心的牧业、农业生产习惯法，藏族农、牧民在长期的高原生产生活中形成了对水、燃料等自然资源进行管理与利用的习惯法。

藏族集中生活地区水网密集，水源丰富，绝大多数水质符合人畜饮水的质量标准。传统藏族社会，农、牧民人畜饮水均依赖当地天然水源。传统的农业以及畜牧经济均属于靠天种地、靠天养畜，高原山地的农作物以及草场的植被基本上依靠天然降水，牲畜也是在放牧点就近饮水。广阔的山谷间、草地上，各部落都有自己固定的水源取水点，以供人畜饮水。早晨，在牛羊马都尚未放牧之前，妇女们每每背着木制水桶去或近或远的取水点背水供家用，以避免放牧的牲畜饮用后污染水源。藏地传统部落习惯法中有许多不得污染水源的禁忌性规定，如藏北黑河桑雄的阿巴部落有忌讳挖掘泉水的自然禁忌。②

由于放牧地与水源处有远近之分，且天然水源点有限，因而，部落之间

---

① 张济民主编《寻根理枝——藏族部落习惯法通论》，青海人民出版社，2002，第246页。
② 张济民主编《渊源流近——藏族部落习惯法法规及案例辑录》，青海人民出版社，2002，第101页。

时常出现因争夺水源而发生草山纠纷的情形。

关于生产生活中使用的燃料，藏民传统上均"以牛马粪作薪，所谓兽炭是也"①。雪域高原气候高寒阴湿，藏族在长期的生产生活中充分发挥他们的聪明才智，将牛、马、羊粪晒干后贮藏，用作生火烧饭取暖的燃料。

牧区用作燃料的牛粪必须是经过处理的，牧区最常见的景象是家家户户的墙上都贴满了牛粪片。贴牛粪片是家庭主妇们夏天主要的劳务。一般都是用手将一团团牛粪摊开，形成一个直径为五六寸的牛粪饼，贴在墙上。经过几天的风吹日晒待牛粪饼干透后，再将粪饼取下来，垒成一堆，供烧饭或取暖作燃料用。羊粪就不需要这样处理，只需晒干然后收集起来备用就可以了。牧区每户的牛粪、羊粪都足够用的。所以，在牧区根本不需要砍树或者砍柴。晒干的畜粪绝无臭味，将燃烧后的灰烬洒在草原之上，还可成为草原肥料。（访谈对象：吉某，59 岁，藏族，甘南州夏河县科才乡人。时间：2011 年 6 月 21 日。地点：甘南州夏河县科才乡科才村。）

传统藏农区，燃料主要来源于砍伐灌木、树木和捡拾枯枝。藏民意识到伐木对于自然生态的破坏，各部落订有禁止伐木以及相应的违禁处罚规约。藏地药材丰富，传统部落习惯法多有关于保护药材的规定。如理塘木拉地区禁止人们挖药材，不论挖多少，或是否挖到，也不管在自己的地里或他人的地里挖，都要罚款。1 人挖药罚 30 元藏洋，2 人罚 60 元，依此类推。②

藏族民众深受佛教的轮回思想和不杀生理念的浸染，将各种动植物视为有情众生，予以保护。藏族有很多关于禁止捕杀、伤害动物的部落习惯法规约。如理塘毛垭地区土司规定不准打猎，不准伤害生灵。打死一只公鹿罚藏

---

① 张其昀编《甘肃省夏河县志》，成文出版社有限公司，1970，第 42 页。
② 张济民主编《渊源流近——藏族部落习惯法规及案例辑录》，青海人民出版社，2002，第 134 页。

洋 100 元, 母鹿罚 50 元, 旱獭 (或岩羊) 罚 10 元, 獐子 (或狐狸) 罚 30 元, 水獭罚 20 元。青海刚察部落 (今青海省海北藏族自治州刚察县境内) 规定禁止狩猎, 违者罚款。捕杀 1 匹野马罚白洋 10 元; 打死 1 只野兔或 1 只哈拉 (旱獭), 罚白洋 5 元。青海玉树部落的习俗规定, 禁止狩猎, 若发现狩猎者, 没收猎物、枪支, 并鞭笞或罚款。黑河桑雄的阿巴部落规定不得虐待或抛弃衰老的看家狗。①

藏族民众认为自然生态就像人体一样, 是由土地、山水、草木、动物等组成的整体性的系统。正如损害人体的任何器官都将严重伤害身体健康一样, 对大自然中任何一部分的损害与破坏, 都会损害高原的生态系统。

总体而言, 传统藏族部落的生产生活方式高度依赖于高原自然生态环境, 农、牧民对于自然资源的管理与利用仅限于必要的生产生活之需, 因而对于自然生态系统的干预与调控力度较小。

例如牧区, 藏族牧民生产生活中的大多数用品都出自畜牧系统的产品, 因而传统畜牧经济呈现出鲜明的原始性和封闭性的特点。饮食方面, 牧民主要消费由自己所饲养的牛、羊等牲畜提供的畜产品, 如乳制品、肉制品。此外, 则通过畜产品交换一些青稞、大米、白面、少量蔬菜, 还有盐、茯茶以及少量的烟酒。衣饰方面, 牧民穿的皮袍、皮靴亦多来源于牲畜所产的皮、毛。而一些佩饰则是以畜产品交换来获取。高原牧区最常见的黑帐篷也是牧民们灵活的双手用黑牦牛的毛所织就。高原牧民以帐篷为家, 因而, 藏族牧民对于建筑房屋不甚精通, 牧民严冬季节自建居住的传统的冬窝子大多极简陋, 仅供遮避高原的狂风暴雪之用。

综上, 藏族为适应高原生态环境, 在反复的游牧生产生活实践中创造出一整套生态知识体系。在共同的生态环境下, 反复实践的生态知识经由社会共同体不断积累, 沉淀为共同的民族性格和自然价值观, 并在自然资源管理与利用的过程中形成具有普遍约束力的习惯法规范体系。

---

① 张济民主编《渊源流近——藏族部落习惯法法规及案例辑录》, 青海人民出版社, 2002, 第 85、101、134 页。

二　传统藏族部落风俗中蕴藏的生态习惯法文化

（一）风俗与法律概说

据萧放考证，古人以"风"作为形成地方文化特性的根源，后来则直接将地方人民的总体生活形态称为"风"。"风"，在古代兼有化导社会的作用。"风"的原始含义就在于它与"水土"的联系，所谓"一方水土养一方人"，水土独特的自然条件养育了特定区域的民众，因此人们在精神禀赋上有着浓郁的地方性。"俗"与"风"就使用的范围而言，有大致近似的性质。[①]但从"俗"的原始含义看，"俗"与"风"的确有着明显的区别。"俗"在古代有两重含义。一是"习"的含义。"俗，习也。"[②]"习"原指鸟的飞行练习，因而具有了仿效、传习、延续、习染的含义。后来延伸为族群的习性、习惯。二是"欲"的含义。"俗"与"欲"在上古音义相通，在古代社会，"俗"既是个体的情感与行为，又是社会整体的欲望与习惯。与"风"相对应，"俗"强调社会表达与社会传承的意蕴。"俗"是一种习以为常的生活模式，这种习惯性的生活强调"俗"产生的地方性差异，比如土俗、方俗、国俗等。"风俗"是古代社会描述地方文化特性或社会风气时尚的重要词语，是正式制度文化之外的、随处可见的"文化规条"，具有广泛的文化约束力。正因如此，古代社会的统治者就充分利用"风俗"来实现对地方和基层社会的控制，尤其是中原之外的偏远民族地区。《周礼·地官·大司徒》记曰："以俗教安，则民不愉。"晚清张亮采指出："圣人治天下，立法制礼，必因风俗之所宜。"[③]正如瞿同祖先生所言："研究中国古代法律必礼书法典并观，才能明其渊源，明其精义。"[④]由此推之，在"中国古代法律"这一语境下，风俗与

---

① 萧放：《中国传统风俗观的历史研究与当代思考》，《北京师范大学学报（社会科学版）》2004 年第 6 期。
② 许慎：《说文解字》，中华书局，1963，165 页。
③ 张亮采：《中国风俗史》，上海三联书店，1988，第 1 页。
④ 瞿同祖：《中国法律与中国社会》，中华书局，2003，第 347 页。

礼、与治国的法律之间存在或隐或现、千丝万缕的联系。

关于风俗与法律的渊源关系，罗斯曾如此深刻地表述道："风俗确实已经作为早期法律的根源得到人们的关注……在风俗的不成文法中，法理学家已经看到通过惩罚的威胁而实施的成文法的萌芽……风俗的内容实质是一项自我实施的措施。我们已经认识到，在风俗中有一种出自迷信的畏惧或舆论的惊恐而服从的原始法典。在这里我们把风俗表述为一种力量、束缚和制约个人的其他力量的一个加固物和同盟者。"[1] 显然，风俗作为一种文化现象，表现为特定族群的整体性的习惯与行为模式，其典型的"地方性知识"的特征及其所具有的文化约束力，均体现出其与国家法、习惯法之间的渊源关系。

（二）传统部落保护自然生态的风俗习惯

藏族生态习惯法文化不仅融汇于其生态伦理观中，还渗透在其自然崇拜、自然禁忌以及资源利用与管理方式当中，传统藏族部落的风俗习惯中亦蕴藏有丰富的生态保护习惯法文化。

1. 善待众生、积累功德：放生

藏传佛教戒杀护生、众生平等的思想，深刻影响着藏族信众的心理与行为。藏族民众不仅崇信放生、护生的理念，而且在寻常生活中一直奉行。放生、护生的习俗在民间以宗教节日的形式得以传承。

每年正月初八是甘肃甘南州藏族的放生节，这一天，拉卜楞寺的僧人会发放一种经过念经祈福的五颜六色的彩带，藏民拿回家以后系在马、牛、羊的脖子上，将牲畜自由放生。在藏族集中生活地区，大家看到这种系有彩带的牛、羊，便知道这是放生过的，绝不会有人去宰杀，而是任它自由生长在广阔的天地之间。

藏历的四月为"萨嘎达瓦"，意即藏历星象二十八星宿之一氐宿出现的月份，即氐宿月。藏传佛教认为，这个月与佛陀释迦牟尼所实践的佛教事业

---

① 〔美〕E. A. 罗斯：《社会控制》，秦志勇、毛永政译，华夏出版社，1989，第142页。

紧密相关，因而在"萨嘎达瓦"这个月行一善事，则有行万善之功德；念一遍六字真言，就等于平时念了三亿遍。因此，虔信佛教的藏族人无不多行善事以积累功德，典型的如放生、持戒、守斋、转经、布施等。安多，"萨嘎达瓦"又称为"娘乃节"。藏历四月十五日被视为释迦牟尼降生、成道、圆寂的日子，故而各种放生、行善、礼佛的活动在这一天达到高潮。

放生节作为藏族的传统节日，不仅熔铸着藏族民众浓厚的宗教情感，而且承载着藏族尊重有情生命、崇尚生态和谐的自然伦理观，其中蕴藏的生态习惯法文化对于维系雪域高原生物多样性和生态和谐具有重要的价值功能。

2. 遗体施鹰、因果轮回：天葬

丧葬表达了人们对死者归宿的认识、对死亡的认识以及对于死后生活的愿望。藏族传统的丧葬习俗是藏民在长期的社会实践活动中形成的，其产生与发展具有独特的客观物质基础，亦深受藏族传统宗教文化的重塑与濡染。藏族传统社会的丧葬形式包括古老的土葬，后期形成的塔葬、火葬、天葬、水葬等，各种习俗随地区不同存在差异，比如，藏族社会民间地区主要是天葬、水葬等形式。

后来，随着佛教在藏族聚居区的传播以及在各地的发展，佛教易肉贸鸽、舍身饲虎、转世轮回的说教，不仅深深地打动和影响了藏族，也给藏族人葬俗的改变提供了良好的思想、文化基础，使藏族在丧葬方式上顺利地从传统的土葬过渡到了天葬。[①] 作为藏族独特的丧葬习俗，天葬具有独特的物质经济基础与生态文化内涵。

青藏高原独特的自然生态环境是天葬形成的客观物质基础。藏族祖祖辈辈生活于地势高峻、气候严寒的青藏高原之上，远古社会以游牧业为生计，牧民们"逐水草而居"，迁徙不定，这种自然生态环境亦成为藏族天葬习俗形成以及演变的基础与客观条件。

---

① 洲塔：《论天葬产生的思想渊源及对藏族社会的影响》，《青海民族学院学报》2009 年第 4 期。

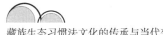
国内学者关于藏族习俗"天葬"形成的思想渊源及其社会功能进行过较为广泛的研讨。① 总体上，天葬作为藏族传统的丧葬习俗，在漫长的历史发展中，具有独特而显著的社会功能。第一，伦理教化功能。藏族传统部落的组织管理功能充分体现于天葬传统习俗的吊唁、奔丧及殡葬等礼俗中。第二，平复亲属心理的功能。与汉族丧葬仪规不同，藏族人在葬礼过程中没有守灵、长跪长哭、拜遗体以及遗体告别等仪式，整个仪式中不呼叫亡人的名字。总体上对于死者的亲友家属具有较好的平复内心哀恸的功能。第三，强化族群或村落内部成员凝聚力的功能。遇有村落或族群内有人亡故，藏族人不论其与亡者生前远近亲疏，都会赶来吊唁。在整个丧葬过程中，部落成员在区分不同年龄与身份的基础上，都会承担不同的职责。正因如此，藏族民众通过丧葬习俗，能进一步强化部落成员之间的团结与凝聚力。第四，保护生态环境的功能。在人口日渐增长、草地日益衰退的今天，由于藏族的天葬习俗不占用土地，其对于所生活地区的土地资源具有显著的环保功能。此外，在藏族民众心目中，天葬是以亡人遗体布施给天地间的鹰，其间蕴藏的"天人合一"的生态伦理观，无疑将有利于藏族生活地区的生态和谐。②

3. 崇尚自然、感应天时：物候历

天文历算是藏族文化重要的组成部分，是藏族在长期的生产生活实践中吸收国内外其他民族的相关学科成果而创造、发展起来的。藏族的天文历算历史悠久、文献丰富，具有鲜明的民族特色和地方特征。

藏族古代对于知识的分类沿用印度的大五明、小五明的分法。小五明里的"算明"（ རྩིས་རིག ）包括天文历算，亦包括卜筮占星的数术。在古代，二者常相混同，难以清楚划分，被笼统地称为"藏历"。藏历的来源主要有三个

---

① 参见洲塔《论天葬产生的思想渊源及对藏族社会的影响》，《青海民族学院学报》2009年第4期；熊坤新、陶晓辉《天葬起源之探索》，《西藏研究》1988年第3期；霍巍《西藏天葬风俗起源辨析》，《民族研究》1990年第5期；靳凤林《死亡与中国的丧葬文化》，《北方论丛》1996年第5期；余仕麟《藏族传统社会天葬习俗的缘由剖析》，《民族文化》2010年第10期。

② 洲塔：《论天葬产生的思想渊源及对藏族社会的影响》，《青海民族学院学报》2009年第4期。

方面。① 一是藏族本身固有的。现存的资料里，主要是物候历。二是自 7 世纪起从汉族陆续引进的部分，包括二十四节气、三伏、数九等名称和春牛经算法等；数量更多的是用五行、八卦、九宫、十二建除、二十八宿等的遇合去占算推断吉凶祸福以及堪舆之术，总名之为"五行占"。三是从印度引进的时轮历和"音韵占"。其中时轮历基本上属于天文历算范畴，音韵占则属于占卜术的范畴。

藏历中最具本民族传统知识特色的即是物候历。藏族世代生存于青藏高原之上，在长期的生产生活实践中观察总结日月、星辰、动物、植物的物候变化，日积月累凝结成为蕴含自然生态规律的自然历。藏族关于物候历的古老谚语如是说：

观察禽鸟和植物是珞门（ཀློ་མོན།）法
观察星和风雪是羌塘（བྱང་ཐང་།）法
观察日月运行是苯象（བོན་ཞང་།）法
观察山、湖、牲畜是岗卓（གངས་འབྲོག）法

"珞门"位于西藏的东南部，地处喜马拉雅山东南脚下，气候温暖而湿润，能生长亚热带常绿阔叶林和季雨林，农作物可一年两三熟。这里的人们善于观察禽鸟的来去以及植物的生长规律。"羌塘"是青藏高原的北部，是牧区，气候多风雪，海拔高，空气稀薄，在空旷的牧场上夜间易于用肉眼观察到天际闪烁的各种星宿。长期生活于此的牧民们善于根据观察到的星光和云朵来判断近期天气变化的情况，以便合理安排放牧。"苯象"是西藏西部的阿里地区，人们在长期的生产经验中积累了观测日月运行的丰富经验，早在 7~8 世纪的赞普时代就很著名。而"岗卓"是半牧区，人们通过观测山峦湖泊以及牲畜的状态与变化，来预测天气。

---

① 黄明信：《西藏的天文历算》，青海人民出版社，2002，第 7 页。

将古代藏族观测物候的经验写入历书，最早是在 14 世纪初，噶玛·让迥多吉（1284~1339）在其著名的《历算综论》里收集了许多民间观测物候的谚语。[①]1425 年，粗普嘉央顿珠维色在此基础上进一步收集了用"鸟日"预报天气的方法，编写进《粗普历书》。17 世纪第斯·桑吉嘉措（1653~1705）主编的《白琉璃》一书广泛收集了大量的物候谚语，并将其系统化，藏族沿用至今。

藏族古代的物候谚语来自藏族世世代代不断试错、不断总结、不断积累的生产生活的经验与智慧，通过观察各个阶段的天气以及总结动物、植物生态变化与季节变化之间的关系，来预测未来某一时段的气候变化，因而，是对雪域高原独特的自然生态规律的科学总结。

例如回归日 24 天（大致相当于汉历的三九），若雨雪多，且寒气重，则在次年的雨水多。夏至后 21 天内"数七"，即夏至当天和 3 个第七天，亦即夏至起第一、八、十五、二十三的四个曜次（星期）相同的日期，若有暴雨，称为"天低"，则夏季不旱；若没有雨，称作"天高"，有 21 天的旱情。[②]

传统藏文历书沿循传统的长条（26cm*9cm）形式，大约为 200 页。传统上是木刻板。春牛图是汉族传统年历的重要项目，藏历予以引进并采用。有趣的是，汉历中的芒神，在被引入藏历后，其服饰靴帽都被"入乡随俗"地改成了藏式。20 世纪 50 年代以前，拉卜楞地区每年由政教合一的管理机构拉卜楞寺统一发布藏历，指导并保护藏族农、牧业生产生活。

藏历因其所蕴含的生态知识经由实践反复验证和积累沉淀，能够从一定程度上反映当地的自然生态规律。因而，藏历能够在充分认知、尊重自然生态规律的同时，积极因时利导，满足藏族民众生产生活所需，并与藏族民间节日习俗等充分渗透、融合，成为高原藏族独特的生态习惯法文化的组成部分。其重要意义在于：在生态领域，在人与自然的相互关系中，人类的生态行为必须以认知并尊重本地的自然生态规律为基本前提，这也是构建民族生

---

① 黄明信：《西藏的天文历算》，青海人民出版社，2002，第 13~14 页。
② 黄明信：《西藏的天文历算》，青海人民出版社，2002，第 13~15 页。

态法律文化的基本前提，亦即民族生态法律文化应当以尊重自然生态规律为首要的原则。

三　传统藏族部落自然资源纠纷解决的习惯法文化

（一）传统部落自然资源纠纷解决概述

法律最为重要的社会功能即秩序功能、规范功能。因而，从社会功能的视角考察，定纷止争，以维护和保障部落社会秩序，是藏族部落习惯法最基本、最重要的功能。传统藏族习惯法诸法不分，因而，关于纠纷的解决，并不像现代法律那样，依据所调整的纠纷关系区分为民事、刑事或行政纠纷解决，亦即并不区分民事诉讼、刑事诉讼、行政诉讼。藏族传统部落社会以君主、首领为本位，以保护部落利益为根本出发点。[①] 根据纠纷的不同危害程度和纠纷严重程度，藏族部落习惯法形成了多样化的纠纷解决方式。

自然资源纠纷，即藏族部落民众在生产生活中因自然资源管理、开发、利用而发生的纠纷。主要包括部落民众在管理和利用各种自然资源的过程中产生的关于自然资源的权属争议、损害赔偿等。具体表现为：水源纠纷，牧区因草场权属、越界放牧、牲畜权属及管理等引发的争端，农区因砍伐林木、牲畜偷吃庄稼等引发的纠纷等。传统藏族部落关于自然资源管理与利用的纠纷，并没有专门的解决机制或手段，而是根据纠纷的危害性和严重性，适用部落纠纷解决习惯法。

藏族部落的纠纷解决，一般可区分为部落内部的纠纷解决和部落外部的纠纷解决两类。其一，部落之间的纠纷。一般采用调解的方式解决。部落间纠纷的调解，关键在于调解人的选择。若纠纷双方均隶属于同一个部落联盟，则由纠纷双方共同的上一级部落组织的权威（部落联盟的首领、活佛或其他有威望的宗教人士、有威望的老人等）进行调解。若发生纠纷的双方部

---

① 张济民主编《渊源流近——藏族部落习惯法法规及案例辑录》，青海人民出版社，2002，第157、363页。

落不属于同一个部落联盟，没有共同的上一级部落组织，则由双方认可的活佛或其他有威望的宗教人士担任调解人。此外，部落之间的纠纷案件也可能采取审判的方式。届时，由发生纠纷的各部落的首领共同主持审判，通过共同审理，做出令纠纷各方信服的裁判，平息解决纠纷。其二，部落内部的纠纷。当事人之间普遍采用三种方式解决：一为自行和解；二为调解；三为审判。

自行和解是指纠纷发生后，无纠纷当事人之外的第三人介入和调停，纠纷双方当事人主动互相联系、共同协商以解决纠纷。这类纠纷从其发生的原因看，大多无关重大的利益争执，大多属于亲属、邻里、朋友之间偶然发生的矛盾。这种纠纷解决方式简单快捷，自行和解后受社区道德规范以及"面子""人情"等因素制约，当事人一般均能够自觉履行和解协议。在这种纠纷解决模式中，敦促当事人积极履行和解协议的强制力主要来自社会心理，如民间社区的认同、回避、赞赏或者嘲笑等，这些非物质性的制裁在传统部落社会中对于世代生活于其中的民众而言无疑是至关重要的。

调解则由当事人双方共同选择民间调解人"斯哇"（ཀྱེ་ཝ），由斯哇作为主持人，根据当事人所陈述的事实以及藏族部落习惯法予以调处。斯哇一般由公认的民间权威担任，可能是活佛、部落老人，亦可能是部落的首领。由于斯哇的身份是部落公认有威望的人，属于公认的民间权威，因而，斯哇调解纠纷的成功率很高，调解协议亦因斯哇的威望、当事人内心的信念以及社会舆论的制约作用得以有效履行。在各种部落纠纷解决方式中，调解的适用最为广泛，也最为有效。下文将以草山纠纷的调解为例，对调解这一纠纷解决方式进行详尽阐述。

对于部落内部当事人无法达成和解、第三方调解不成的资源纠纷，则通过部落审判来解决。

部落审判主要由部落首领主持进行。部落首领主要依据纠纷当事人的陈述、证据，综合运用部落习惯法、伦理道德等来判断是非曲直以及当事人的责任。

　　若遇有事实不清、证据不足的情形，部落首领会遵循部落习惯法文化，采取神判。具体的神判方式主要包括三种。一是吃咒。"吃咒"起誓是藏族部落习惯法中的一种利用神明裁判的特殊审判程序，是通过当事人发誓来判断是否有罪的习俗。具体做法是让双方当事人以佛法僧及各种圣物等吃咒发誓，以证明自己的证词与事实相符，或表明自己清白无辜。表现在对事实和证据的认定、对判决的认可以及判决的执行等方面，以是否敢于发誓作为判决胜输的依据。[①] 二是抽签。即由纠纷双方通过抽签的方式来认定责任，决定审判结果。三是下油锅。在滚沸的油锅中投入黑白石子各一枚，由纠纷当事人在油锅中捞石子，若捞到白色石子则表明清白，而捞到黑色石子者则为有罪。

　　除了以上和解、调解、审判等纠纷解决方式，如果遇有性质严重、影响面广的重大、疑难案件，难以达成和解、调解，且本部落首领无法裁决时，则由对部落实施政教合一统治的政教首领进行处理。比如，在甘肃甘南州拉卜楞寺属的拉德部落，遇有部落首领无法决断的疑难纠纷，将提交拉卜楞寺嘉木样活佛亲自领导、襄佐主持的嘉木样办公厅——"议仓"（ཨ盎ཙ）来处理。

　　民国二十五年，马鹤天先生考察夏河县的司法情况时，关于当时拉卜楞寺的"议仓"记载如下：

　　　　夏河县虽成立十年，而藏民诉讼或藏民与回、汉民诉讼，尚多依习惯，在旧日之"业仓"（即拉卜楞寺的"议仓"，笔者注）内（藏寺院中管理司法者）……盖藏民心理与习惯，信任"业仓"，较县署为深也。[②]

（二）从草山纠纷的调解管窥传统部落自然资源纠纷解决习惯法

　　藏族基于自然资源的开发、利用发生的各种纠纷主要通过调解的途径予

---

①　张济民主编《寻根理枝——藏族部落习惯法通论》，青海人民出版社，2002，第379页。
②　马鹤天：《甘青藏边区考察记》，甘肃人民出版社，2003，第88页。

以解决。其中，又以藏族部落草山纠纷的调解最具代表性。^①

草地是牧区最重要的生产生活资源，部落之间经常为争夺有限而重要的草地资源或者水源地而发生争端，是藏族最常见的部落纠纷，亦是资源纠纷最为主要的表现形式。在藏族牧区，草山纠纷的解决，主要通过调解的途径。正是由于草山纠纷在传统部落资源纠纷中的代表性，因而，考察草山纠纷的调解，对于管窥部落资源纠纷的解决，尤其是资源纠纷的调解方式，具有重要的意义。

藏族牧区相邻部落之间为争夺草地资源发生纠纷是常有的事。部落之间的草山纠纷轻则互相驱赶、抢劫、偷盗牛羊等牲畜，重则常发生武力争斗，结果导致相邻部落因为草山争执而发生人员伤亡。

在藏族传统部落时期，各相邻部落之间放牧的草地边界遵循历史习惯，大多以山脊、河流等为部落之间草地的自然边界线。对于没有明显的山脊、河流为自然边界线的地方，则在相邻的部落都认同的草场分界处，每隔1~2米，沿分界处堆放石块，作为相邻部落之间的草地分界线。这种石块分界线在藏族牧区非常普遍，大多数情况下，部落之间都能够认可并严格遵守，一般不会发生越界放牧的情形。草场的边界线是老人们早就定好了的，祖祖辈辈都这样做，任何人都不会去挪动那些草场边界线上的石块，这是牧区的习惯。（访谈对象：华某，71岁，藏族，甘南州玛曲县尼玛镇人。时间：2012年8月3日。地点：甘南州玛曲县尼玛镇完玛村。）

在藏族生态习惯法中，各部落之间的草地之边界划定主要分为两种：一

---

① 草山纠纷，即草地纠纷，是指藏族牧区由于草地的所有权、使用权界定不清而产生的各种纠纷。在藏族传统部落时期，草山纠纷主要包括部落内部的草山纠纷以及部落与部落之间的草山纠纷。其中，部落内部的草山纠纷即部落内部越界放牧的纠纷，主要通过部落生态习惯法予以解决。本节所考察的仅限于部落与部落之间草山纠纷的解决。

是遵循历史上相邻部落的放牧习惯所形成的边界线，主要表现为以山脊、河流等自然边界为分界或者经相邻方确认的、由相邻部落共同用石头堆所界定的边界；二是在部落之间出现草地纠纷的情况下，依据生态习惯法予以调解后，经各相邻方确认，重新确定的部落之间的草地边界。多以挖坑再用红土或木炭填埋再用石块垒起或者建一嘛呢堆作为分界标记。

部落之间的草山纠纷，起因于相邻部落在草地边界处对于草地资源的争夺。与部落内部争夺自然资源的各种纠纷相比，其特征主要体现在以下几个方面。

第一，草山纠纷所争议的对象为部落相邻边界处的草地资源或者重要的水源地。该部分草地资源位于两个部落的相邻边界处，经常因边界不明确，或者某一方的侵牧行为而发生草山纠纷。

第二，纠纷双方为草地相邻的两个不同的部落。唯因其草地相邻，彼此之间经常由于对双方共同的草地边界认识不统一从而发生争执。

第三，许多草山纠纷大都具有较长的历史。草地和水源是牧区最为重要的基础性生产生活资料，各相邻部落之间基本上都有过争夺草地或者水源的历史。相邻部落之间的草地纠纷一般都呈现出"和久则争，争久议和"这样一种态势。

第四，相邻部落之间发生越界放牧的情况，极易由个别人之间的冲突演变成双方部落之间的集体冲突。由于高原牧区自然条件恶劣，畜牧业生产不稳定，容易遭受风雪等灾害，因而藏族牧民之间在长期的畜牧业生产实践中形成了互相团结、彼此帮扶的以部落为生产单位的集体放牧。因而，一旦相邻草地边界处因为争夺草地或水源发生冲突，则势必演化为两个部落之间的集体冲突。

第五，草山纠纷的形式主要表现为越界放牧，越界抢、盗相邻部落的牲畜，越界偷袭相邻部落牧民，相邻部落武装械斗等。历史上，藏族部落兼具生产和军事的组织功能，部落牧民大多骁勇好战，上马为兵，下马为民，放牧时习惯随身携带藏刀、猎枪。因而，部落间一旦发生冲突，双方极易发生枪击、械斗而造成严重的人员伤亡，从而使得草山纠纷趋于严重化。

草山纠纷严重损害民族团结，威胁社区稳定，给相邻部落牧民的人身、财产安全造成了极大的威胁，正因如此，公平、合理地解决草山纠纷以维护牧区正常有序的生产生活秩序，保障牧区的安全稳定是藏族牧区生态习惯法的重要功能之一。

一方面，由于草地资源的稀缺性与重要性，纠纷的相邻部落方必然是寸土不让，寸土必争；而且，由于草山纠纷中往往出现人员伤亡、牲畜损失等人身及财产侵害的情形，纠纷的严重性决定了平常仅适用于解决小纠纷、小矛盾的自行和解这样的纠纷解决方式不适用于草山纠纷的解决。另一方面，由于发生纠纷的双方是相邻的两个部落，适用于部落内部纠纷解决的审判方式没有统一的最高部落领袖充任"法官"，且两个部落的具体习惯法存在不同，显然无法适用于草山纠纷的解决。因而遇有相邻部落间发生草山纠纷，往往由争执双方部落寻求其共同隶属的上一级部落组织的老人或寺院活佛予以调解。

藏族草山纠纷的上述特点决定了调解在草山纠纷的解决中具有独特的优势。其一，调解是调解人作为第三人居中斡旋与协调，促成纠纷双方最终达成合意以解决纠纷，因而能够最大限度地顾全纠纷双方的意愿，以便平息纷争，达致和解。草山纠纷的解决尽管是在第三人的主持下进行，但最终达成的协议，则主要是纠纷双方反复磋商、利益博弈的结果，这完全不同于由有权机关进行的审判或裁决，因而更多地体现出草山纠纷解决机制的合意性。草山，这种藏牧区最为重要的生产资料，因其引发的资源纠纷唯有经资源的利害关系人亦即纠纷双方协商合意，方为最有效的解决。这对于牧区定纷止争，促进社区安定团结的生产生活秩序意义重大。其二，调解人一般由纠纷双方认同的德高望重的民间权威来担任，如藏传佛教寺院的活佛、高僧或者部落富有名望的老人等，因而，调解人的威望与权威有助于促成纠纷双方的和解，并促进调解协议书的严格执行。其三，调解的效力主要来自调解人的崇高威望、牧民宗教信仰以及藏族社区的社会舆论力量等因素，因而，调解协议书一经达成，纠纷双方一般都会无条件执行。

第五章 藏族传统生态习惯法文化的传承体系

传统生态习惯法文化是藏族在漫长的发展历程中积累并传承下来的地方性知识体系，是藏族世世代代积累的生态知识和智慧。这一传统文化知识体系作为民族文化的重要组织部分，代代传承。对于长期生活于气候严寒、生态尤显脆弱的高原藏族而言，民族生态习惯法文化的世代因袭传承，更是藏族在与自然相处的过程中生存智慧的积淀与传承。

一 文化传承与传承体系概说

（一）文化传承的基本内涵

在古汉语中，"传"和"承"是分开使用的。"传"多指知识的传授。《论语·学而》："传不习乎。""承"有接续、继承之义，《诗·小雅·天保》："如松柏之茂，无不尔或承。"然而，古代汉语中始终没有形成"传承"这一固定语词。因而，今在《辞海》《辞源》《汉语大词典》等大型语词工具书中，均找不见"传承"一词。唯商务印书馆的《现代汉语词典》（第7版）有简短的"传承"词条："传授和继承：木雕艺术经历代传承，至今已有千年的历史。"

关于"传承"的基本内涵，正如祁庆富所指出的，"传承"是人类学、民族学、考古学、社会学、文化学等学科研究中的重要概念。因而，不同的学科对"传承"有不同的认识。学界的探讨与考证，主要是从文化的角度，即从文化传承的视角对传承予以界定和论述。

"文化传承"概念在中国台湾学界使用得更普遍，有关"文化传承"的

学术著作接踵而出。其"文化传承"，涵盖传统文化、宗教、精神、艺术、文学、民俗等"大文化视野"。有学者认为，文化的传承演变是一个非常复杂的过程。19世纪中叶起，就有人类学、民族学学者对这一问题进行专门的研究。进化论者认为，传承不仅被看成人类对"遗存物"的因循守旧，还表现出人类文化在进步与发展中的理性选择。而播化论则认为，传承应被看作"文化的传播"，即文化在空间上居于不同区域的群体之间相互采借。历史学派则指出，传承是文化的年代学的继承形式，意即文化在特定历史情境中不断继承和变化的历史事实。①

祁庆富在对国内外关于传统文化传承的研究进行简略的评述后，认为在中国，传承一词出现得较晚，也是首先运用于民俗学研究中。如民俗学家张紫晨认为：

> 传承文化，又称传统文化，是指在一种文化类型中保持并不断延伸的文化因素。它有狭义和广义之分。从狭义上说，传承文化的核心传承，即指民俗……把传承与文化联系起来，便使传承获得了广义的意义。它不仅代表着传承的事象的本身，而且代表着一种文化过程。②

该定义一方面描述了作为名词的传承所表达的内容——传承的事象本身；另一方面，简明扼要地指出传承作为动词所承载的意蕴——代表着文化类型保持并不断延伸的一种文化过程。

值得关注的是，民俗学家乌丙安在其《中国民俗学》中关于传承的论述，他指出：

> 传承性是民俗的重要特征。传承性是民俗发展过程中显示出的具

---

① 姜又春：《民俗传承论》，《青海民族研究》2012年第7期。
② 张紫晨编《中外民俗学词典》，浙江人民出版社，1991，第224~225页。

有运动规律性的特征。这个特征对民俗事象的存在和发展来说，应当说是一个主要特征，它具有普遍性。民俗，是世代相传的一种文化现象，因此，在发展过程中有相对稳定性。好的习俗以其合理性赢得广泛的承认，代代相传，不断地继承下来；恶习陋俗也往往以其因袭保守的习惯势力传之后世，这种传袭与继承的活动特点正是民俗的传承性标志。[①]

在这里，传承被高度概括为民俗作为文化的一部分所具有的重要的特征，它具有文化的运动规律性：相对稳定、广泛承认、习惯势力、代代相传。

姜又春在考察了国内外学者关于"传承"的相关研究之后，从民俗学的角度界定了传承的基本内涵：

> "传承"是人类所创造的一切物质和非物质的民俗文化发展变化的运动形式。它在历时性的向度上既是指各种民俗文化从产生起在一定民族或族群内部代代相沿、在一定历史时期保持稳定并不断延伸的运动过程，也是指各种民俗文化经过几代甚至几十代的历史发展仍然被后人所继承并保持基本形貌的文化状态；在共时性的向度上，是指产生于一定民族或族群中的民俗文化在空间上被他民族或族群所采借，并在他民族或族群中相互沿习、代代相传的运动过程和状态。[②]

本书以上述民俗学者的认识为基础，从广义的文化视角，认为文化传承是文化经过习得、继承，保持其相对稳定的连续性，并不断创新、发展的运动过程。文化传承兼具历时性和共时性两种维度。从历时性的维度考察，文化传承表现为特定族群的文化经世代相传，在该族群内部继承、演变的时间

---

① 乌丙安：《中国民俗学》，辽宁大学出版社，1985，第36~37页。

② 姜又春：《民俗传承论》，《青海民族研究》2012 年第 7 期。

性的过程。就共时性维度而言,文化传承则指特定族群的文化被该族群之外的人所习得并在空间上不断散播的过程。其强调同一时间维度下,文化在不同族群之间习得、采借的空间性传播。

祁庆富指出,对"传承"的认识应当从更宏观的"大文化"视野拓宽、加深理解,特别是人类学、民族学的理解,即不仅充分注意到传承文化的"民间性",还要重视其民族性、群体性以及传统性与现代性交织在一起的文化变迁性。[①] 从这一意义上讲,文化传承与文化变迁二者应当是文化运动过程中相互交织、相互整合的两个面向。故而,文化传承是在保持文化的稳定性和连续性之中的延伸与发展,内含着文化的变迁;而文化变迁则是以文化传承的相对稳定性为前提的创新与变革,包含着文化的传承。申言之,文化传承与变迁二者相互包含。其中,文化传承强调文化运动过程当中的稳定性和连续性的保持;而文化变迁则更侧重于描述文化运动的创新与变革。本书即是基于这样一种理论前提,对藏族传统生态习惯法文化的传承与变迁展开论述。

(二)文化的传承体系

文化,唯有实现传承,方为"传统"。换言之,文化须保持其时间上和内容上的连续性,而得以成为"传统"就必须经过"传"与"承"这一延伸与发展的过程。正因如此,"传承"这一文化过程的实现,是文化发展变迁的复杂的过程体系。关于文化的传承体系,学者们亦存在不同的认识。有学者认为,中华优秀传统文化传承体系是一个复杂的系统,其构成要素主要有:传者与受者、传承场、传承内容、传承方式、保障体系等。[②] 亦有民俗学者指出,传承的发生至少需要三个要素:传承主体、传承客体和传承场。[③] 关于民间文化的传承体系,也有学者比较宽泛地认为,这一传承体系内容无

---

① 祁庆富:《论非物质文化遗产保护中的传承及传承人》,《西北民族研究》2006 年第 3 期。

② 段超:《中华优秀传统文化当代传承体系建构研究》,《中南民族大学学报(人文社会科学版)》2012 年第 2 期。

③ 姜又春:《民俗传承论》,《青海民族研究》2012 年第 7 期。

比丰富，涉及民间文化的传承特点、传承主体、传承方式、传承场、传承与传播的关系等。[①]

就上述学说而言，一则，文化传承如果缺乏有效的传承方式则无法实现，因而，传承方式是文化传承的构成要素之一。二则，文化传承的良性运行固然需要制度、法律、政策以及运行机制、监控与评估体系等保障体系，然而，欠缺保障体系并不必然导致文化传承的中断与终止。申言之，保障体系就其实质而言，并非文化传承的构成要素。三则，文化传承体系的内容固然非常丰富，然而，若将传承的特点、传承与传播的关系等均纳入该体系的构成要素，则未免过于宽泛。基于上述分析，本书认为，文化的传承体系应当至少包括以下要素：传承的主体、传承的客体、传承场、传承的方式。

1. 传承的主体

即实现文化传承的传授者与习得者。特定族群的文化在传承过程中，传承主体因其在传承过程中的作用不同，而呈现多层次的特点。如统治、领导阶层通过制度、政策、法律等手段成为文化传承的主导力量。而乡绅、部落老人等精英分子则往往在社区担负着传统文化的弘扬与传播的重任，并在国家与地方社会之间建立衔接与沟通。普通民众则是传统文化得以传承的重要基础性主体。民族心理、民族精神的形成无疑离不开广大民众的参与。

2. 传承的客体

即文化传承过程中传授和习得的特定族群的文化本身，亦即文化传承的内容。特定族群的文化在其发展演变的运动过程当中，部分会逐渐被特定主体所淘汰、抛弃，部分会完好无损地得以保留并世代沿袭，部分会得以传承，但继承、沿袭的过程中会发生或多或少的演变，即在继承中变迁，在演变中保持。应当讲，完好无损地得以保留的部分极少，而遗弃的和演变的则

①　张福三:《论民间文化传承场》,《民族艺术研究》2004 年第 2 期。

居多。

当前学术界关于传承的内容尚存在分歧，主要集中于特定文化发生传承的，究竟是哪部分内容。比如，段超认为，任何民族的文化都有优劣之分，中华文化的传承内容应是其优秀、精华部分，包括中华文化代表性的民族伦理精神、文化符号、民族艺术、社会制度、知识体系、节日习俗、生活方式等。[①] 而民俗学家乌丙安则指出，好的习俗因袭传承是因其合理性赢得特定主体的广泛承认而代代相传；与此相对应的是，恶习陋俗也会因为其因袭保守的习惯势力被不断继承。[②] 即传承的文化就其内容而言，并不局限于优秀的或精粹的部分。而且，优秀与否，在不同的族群、不同的时代会有不同的判断与解读。姜又春则从民俗传承的角度，认为传承最终体现了人类对传统的理性选择，人类在生产生活实践之中，总是会根据生存需要和社会经济环境的变化，在习得社区民俗文化的同时，也会将不利于自身生存和发展的民俗文化传统逐步抛弃，从而传承那些有利于自身生存和发展的民俗文化传统。[③] 即他认为民俗传承，是以"有利于自身生存和发展"作为传承的标准的。因为文化的传承是伴随人类生存发展的进程的，故而本书赞同该观点。

3. 传承场

传承场，姜又春从民俗学的视角指出，是民俗发生传承的空间，既包括物质空间，也包括隐喻的空间，即布尔迪厄所说的"社会的背景结构……位置之间客观关系的网络或图式"[④]。张福三则认为，传承场是民间文化传承的中介实体，是民间文化传承和发展的空间、平台，是自然场、社会场和思维场整合的结果。[⑤] 赵世林指出，传承是指人习得文化和传递文化的总体过程，

① 段超：《中华优秀传统文化当代传承体系建构研究》，《中南民族大学学报（人文社会科学版）》2012 年第 2 期。

② 乌丙安：《中国民俗学》，辽宁大学出版社，1985，第 36~37 页。

③ 姜又春：《民俗传承论》，《青海民族研究》2012 年第 7 期。

④ 转引自姜又春《民俗传承论》，《青海民族研究》2012 年第 7 期。

⑤ 张福三：《论民间文化传承场》，《民族艺术研究》2004 年第 2 期。

所以一切人与人、人与社会接触的空间组合都可以是传承场。[1]

引用《辞海》中关于"场"的相关释义,"传承场"是指传承的"空间区域本身"。[2] 由此,综合上述学者的认识,本书认为,传承场应当是文化传承这一文化过程发生的空间。既包括自然场(即姜又春所谓物质空间,具有物理属性,与社会场相对应),又包括社会场[3](可分为社会经济环境和社会制度环境)[4]。

至于有学者所概括的思维场,其实质是特定的文化在特定的自然场和社会场下,发生传承这一文化运动的过程中,传承主体(传者和受者)关于传承客体(文化本身)的思考与反映的过程。脱离主体与客体任何一方,就不存在人类(主体)的思维,因而,传承的客体正是藉由传承主体的思维,实现其传承,这一思维过程正是传承作为文化运动过程的要旨所在。申言之,思维不应当是传承发生的空间条件。当具备主体要素、客体要素、特定的自然场和社会场的空间条件,文化传递的思维过程,其实质即是特定文化发生传承的过程。基于以上分析,本书将传承场分为自然场与社会场两个层面。

4. 传承的方式

传承的方式意指文化发生传承的形式、方法、途径等。特定族群的文化发生传承,除了具备主体、客体、传承场,还需要藉由适当的方法、形式、途径等。如姜又春将传承的方式,按照传承的途径,分为口头、行为、心理、书面传承等;依据传承主体的多寡,将传承方式分为群体性传承与个体性传承;又根据传承的组织形态,分为血缘传承、地缘传承、业缘传承。[5]

---

① 赵世林:《民族文化的传承场》,《云南民族学院学报》1994 年第 1 期。
② 《辞海》,上海辞书出版社,1989,第 1392 页。
③ 冯天瑜等在谈文化生态的时候,也涉及社会场这个概念。他们把社会场分作两个方面:社会经济环境和社会制度环境。前者指人类加工、改造自然以创造物质财富所形成的一套生产条件,包括工具、技术、生产方式等;后者指的是人类创造出来为其文化活动提供协作、秩序、目标的组织条件,包括各种社会组织、机构、制度等结合而成的体系。参见冯天瑜《中华文化史》,上海人民出版社,1990,第 10 页。
④ 张福三:《论民间文化传承场》,《民族艺术研究》2004 年第 2 期。
⑤ 姜又春:《民俗传论》,《青海民族研究》2012 年第 7 期。

二 藏族传统生态习惯法文化的传承体系

(一)传承的主体

就其本质而言,习惯法是不同于国家法的另一种知识传统。① 而其之所以能代代相"传",离不开习惯法传承过程中的主体:传者与受者。

正因为习惯法是独立于国家制定法之外,依据某种社会权威和社会组织,具有一定的强制性的行为规范的总和,因此,地方性、民间性是习惯法不同于国家法的显著属性。这决定了习惯法文化传统的传承这一文化运动过程,主要发生于特定的民间社会。在传承主体层面,下文主要考察习惯法的传授者。

藏族传统生态习惯法文化的传授主体,依照其在习惯法文化的传承过程当中不同的作用,主要包括:部落权威、宗教领袖、家族(庭)权威以及民间传承人。

其一,部落权威无疑是藏族生态习惯法文化的主要传承主体。藏族传统生态习惯法文化的地方性特征集中体现为,这一习惯法文化体系所追求和体现的法的正义是"部落的正义",因而,作为民间权威的部落头人和部落老人们是本部落习惯法规则的确立者与制定者。同时,一旦某种规则被确立为部落的习惯法规则,部落头人和部落老人们对于该项规则的教化、执行均具有无可置疑的支配权。从这种意义上讲,这些部落权威既是"立法者""执法者",又是"监督者",同时,又是"普法者"。

其二,藏族传统习惯法文化与宗教文化不可剥离的内在联系性,决定了宗教领袖在习惯法文化的形成以及发展过程当中的重要传承作用。一方面,宗教领袖承担着习惯法规范的阐释与固化功能,对符合统治需要和宗教精神的习惯法文化提供文化解释与仪式象征,进一步巩固政教合一的统治。另一

---

① 梁治平:《清代习惯法:社会与国家》,中国政法大学出版社,1996,第 1 页。

方面，在藏族传统社会，寺庙是进行传统文化教育传承的主要场所。宗教领袖以寺庙为宗教文化教育传播的场所，在传播宗教文化的同时，其宇宙观、生态伦理观同样得到传承。这种生态伦理观的教化与引导，无疑深刻影响到广大僧众以及信众的行为模式，从而深化符合宗教文化精神的生态习惯法文化的权威性和强制力。

其三，家族（庭）权威是藏族传统生态习惯法文化重要的传授主体。在藏族传统部落发展过程中，血缘关系始终是维系部落团结和稳定最重要的纽带。正如前文关于藏族部落的组织结构部分所论述的[①]，藏族部落的基础层和基本层大都具有一定的血缘关系。在这种血缘关系组成的部落结构中，家族的权威，大都属于上文所述的部落权威，因而，无疑是主要的传承主体。除此之外，在部落（联盟）中未能成为部落权威的那部分家族或家庭权威，亦属重要的传承主体。家族（庭）权威藉由其在家族（庭）中的不可置疑的权威性，完成其对部落习惯法文化在家族（庭）的传授。

其四，民间传承人是藏族传统生态习惯法文化得以传承的重要主体。学术界多从民俗学以及非物质文化遗产保护的角度，对传承人予以界定。如有学者认为，非物质文化遗产传承人应是：在有重要价值的非物质文化遗产传承过程中，代表某项遗产深厚的民族民间文化传统，掌握杰出的技术、技艺、技能，为社区、群体、族群所公认的有影响力的人物。[②]我国《非物质文化遗产法》第二十九条规定了非物质文化遗产代表性项目的代表性传承人认定的三项条件：一是熟练掌握其传承的非物质文化遗产；二是在特定领域内具有代表性，并在一定区域内具有较大影响；三是积极开展传承活动。综合相关学者的观点以及现行法律的相关规定，本书认为，传统文化的传承人是指在特定的传统文化传承过程中，因其熟练掌握所传承的特定的传统文化，而在一定的区域内具有广泛影响力的人物。

---

① 参见本书第二章"藏族传统生态习惯法文化体系（上）"中关于传统藏族部落的论述。
② 祁庆富：《论非物质文化遗产保护中的传承及传承人》，《西北民族研究》2006年第3期。

与部落权威、家族（庭）权威主要通过制定、宣传、执行藏族部落习惯法的具体规范的传承方式不同，民间传承人主要通过熟练掌握蕴含着习惯法文化的民族文化形式（如史诗、格言、绘画等），依赖其精湛的传统文化的技艺、技能，在民间社会予以演绎与传播，从而实现传统习惯法文化在民间社会的传授与承继。

藏族传统生态习惯法文化，主要通过口耳相传的民间文学以及绘画等方式实现，因而，民间传承人承担着民族文化非常重要的传承功能。民间传承人对于《格萨尔王传》、唐卡等民族文化的代代相传，无疑具有重要的意义。

比如，被誉为"藏族古代社会的百科全书"的英雄史诗《格萨尔王传》，其中蕴含丰富的习惯法文化。《格萨尔王传》的说唱传承已经有一千年的历史。2006 年 1 月 1 日，史诗《格萨尔王传》被文化部列入国家非物质文化遗产保护名录。2009 年 9 月 30 日，《格萨尔王传》的口头传统被联合国教科文组织列入非物质文化遗产名录。史诗《格萨尔王传》的口头传统由此得到了有效的保护。

我国自 20 世纪 80 年代初，在史诗广为流传的西藏、青海、甘肃、四川、云南、内蒙古及新疆等七个省（自治区）进行的史诗格萨尔的调查资料显示，在西藏与四省涉藏州县共发现百余位民间艺人，包括 26 位优秀的巴仲（能说唱 10 部以上的文盲艺人），搜集到的版本有 289 部。根据手抄本、木刻本陆续出版了史诗铅印本 70 余部，加上后来不断出版的艺人说唱本（桑珠本至今已出版了 35 部 38 本，计划出版 45 部；扎巴本已出版 11 本）以及《格萨尔》精选本，共出版藏族史诗 140 部之多。[1]

全国藏区《格萨尔》说唱艺人自报能够说唱的《格萨尔》篇目多达千余条，经过去同存异，共有独立存在价值和意义的篇目达 226 部。无

---

[1] 杨恩洪：《格萨尔口头传承与民族文化保护》，《青海社会科学》2012 年第 1 期。

论是篇幅，还是诗行、字数，比世界上最古老、最著名、最长的五大史诗的总和还要多，称之为"世界史诗之最"毫不为过……从根本上讲，众多活跃在民间的《格萨尔》说唱艺人，是这部史诗至今流传在民间的重要依据，也是史诗依然以活的形态传唱的现实基础。①

最后，藏族部落的普通民众是最基本、最广泛的传承主体。部落生态习惯法文化其实质是地方性的民间知识体系；传统习惯法文化要实现在部落内部的代代相传，其传承过程无疑离不开部落民众相互之间口耳相传的传授、传播与承继。

（二）传承的内容

亦即传承的客体。从法人类学的角度考察，藏族生态习惯法文化传承的内容主要包括生态伦理观和生态行为习惯性规范。

藏族原始信仰以及宗教文化中的宇宙观、自然观以及关于人与自然关系的价值观体系共同构成藏族的生态伦理观体系。而藏族世代承袭的各种自然禁忌、自然崇拜以及被称为"习惯"的、在生产生活中逐渐积累、巩固，并与自然生态密切相关的行为模式和准则，都因为其在藏族社区的社会行为规范和社会控制作用，从而成为藏族生态习惯法文化体系重要的内容。

在法学家和法人类学家的视野中，关于"习惯""法律"以及二者关系的理解存在诸多分歧。一般地，法学家亦认可"习惯是一种不仅最古老而且最普遍的法律渊源"②。

对于法人类学家而言，法律是所有社会形态所共有的一种普遍现象，原始部族的习惯与法没有明确的分野，因而将二者视作同一种社会现象予以考

---

① 次旺俊美：《西藏〈格萨尔〉抢救工作及其研究前瞻概述》，《西藏研究》2002 年第 4 期。
② 〔美〕H. W. 埃尔曼：《比较法律文化》，贺卫方、高鸿钧译，清华大学出版社，2002，第 32 页。

察，认为部落社会没有严格意义的司法或科学地解决纠纷的程序，其社会秩序正是依靠社会习惯的强大力量予以维护与保障。

藏族传统部落生态习惯法文化源远流长，主要包括生态伦理观以及藏族生产生活过程中维护人与自然生态秩序的生态习惯法规范。游牧部落的生计方式因其与当地独特的自然生态环境高度适应而世代相传，自然禁忌、自然崇拜、生态习俗无时无处不在，有效维持着该地区的生态平衡。生产生活中发生的有关自然资源的争端与纠纷则按照习惯法，请富有公信力和权威的部落老人从中调解并执行。对于一些较严重的案件，则由部落首领按部落习惯法予以审判和裁决。部落民众保护生态的行为习惯久而久之形成部落普遍遵守、具有权威性和制裁性的习俗，并渐渐融入习惯法规则之中，演变为部落生态保护习惯法的内容，并且世代相传。

（三）传承的方式

因部落习惯法文化属于藏族传统文化体系，因而，溯源藏族传统文化，尤其是藏族传统文化的本源——本教的传承形式，成为考察生态习惯法文化传承方式的必要前提。

关于本教的传承，石硕在对相关藏文资料反复考证的基础上，指出：

> 以藏文史籍记载，虽可泛称从聂赤赞普至囊日伦赞时的三十一代赞普均以本教治其国，但就其本教内容的演变而言，前后却存在明显的差异。七赤天王时的本教内容主要应是原始本教；从止贡赞普和布德贡杰时起随着来自象雄的雍仲本教的传入，出现了新的"仲"和"德乌"之本教内容。因此从布德贡杰起吐蕃的本教内容发生了明显变化。[①]

刘立千认为布德贡杰时期传入的"朗本"，

---

① 石硕：《吐蕃政教关系史》，四川人民出版社，2000，第83页。

此派主要是以歌咏来祭神祈祷，有各种赞歌。朗本还有仲、德乌之法。仲，是神话和掌故；德乌，是隐语和谜语，这些都是用歌咏的方式来讲说的。本教中有一类说书人，说他若被鬼神附体，则能唱出种种神话故事和祖宗的往事轶闻。……本教中的巫师为人作占卜时，也是用歌唱方法唱出隐语和谜语，来为人指示祸福休咎。[①]

人类社会早期，在文字出现之前，民间文化传承的普遍规律即是以便于记诵的口头文学的方式如歌咏、传说、诗歌等形式达到传播文化的目的。从这个意义上讲，雍仲本教作为藏地早期社会的宗教文化，以歌咏之方式来讲说各种神话、掌故以及各种占卜的隐语和谜语，亦符合人类文化传承发展的普遍规律。而待其传入藏地并逐渐深入、扎根于民间社会，并成为藏族文化的本源，这一过程无疑对藏族文化的传承与发展起到重要而深刻的建构作用，并使得富有音韵美又便于广泛流传的歌咏成为藏族民间文化传承的重要载体。即使在藏文字产生之后，这一民间的口头传承方式仍然是藏族传统文化传播的重要方式。

从民族文化传承的视角，藏族传统生态习惯法文化的传承形式主要表现为两大类传承形式，即非文字形式的传承方式和文字形式的传承方式，总体上呈现出以非文字的口碑文学形式为主，以文字传承形式为辅的显著特点。

每个民族的文化都是群体共享的，每个群体的个人所获得的文化都是习得的。民族的传统文化传承的最基本的运载工具和传递手段则是象征符号。[②] 德国哲学家恩斯特·卡西尔（Emst Cassirer）曾经指出："人是使用符号的动物"，"人不再生活在一个单纯的物理宇宙之中，而是生活在一个符号宇宙之中。语言、神话、艺术和宗教则是这个符号宇宙的各部分，它们是组成符号之网的不同丝线，是人类经验的交织之网。人类在思想和经验之中

---

① 阿旺·罗桑嘉措：《西藏王臣记》，刘立千译注，西藏人民出版社，1992，第146页。
② 宋蜀华、陈克进：《中国民族概论》，中央民族大学出版社，2001，第189页。

取得的一切进步都使这符号之网更为精巧和牢固"。①

民族文化传承的符号系统,最基本、最重要的是语言符号系统,文字、绘画属于图像符号系统,此外,表达某种意义的行为、习俗、仪式,还有一些器物、衣饰、建筑物等都可能成为传承民族文化的符号。因而,这些承载着特定的民族文化信息的民族传承的象征符号系统成为考察民族生态习惯法文化传承形式的重要依据。

藏族在创造藏文字之前,民间文化的传承形式即以非文字形式,主要是通过语言,通过祖祖辈辈口耳相传,由部落首领及老人将部落生态保护的习惯法文化通过格言、谚语、寓言、传说、史诗等喜闻乐见的口碑文学的形式传授给全部落民众。即使在藏文字产生以后,上述这些口头传承形式仍然是藏族生态习惯法文化在民间传承的最主要形式。

格言作为一种民间广泛流传的文学形式,简洁明快,将丰富而抽象的法律文化凝练为富有哲理且吟诵流畅的行为规范。藉由格言的民间性、广泛流传性,格言所承载的行为规范得以在民间广泛倡导并引导人们的生态伦理观念和生态行为模式。

藏族在漫长的社会发展中沉淀了丰富而珍贵的格言文化。藏族人群中最广为流传的《萨迦格言》就包含了丰富的生态习惯法文化内涵:

> 哪个有情和哪个有联系,
> 全是前生宿生所注定的。
> 请看鹫鹰要背负土拨鼠,
> 水獭要向猫头鹰献供物。②

高原藏族认为,在人与自然生态的关系中,存在前生后世的因与果。水草丰茂的地方是人类与自然相和谐的生态行为所导致的;而当地与自然不相

---

① 〔德〕恩斯特·卡西尔:《人论》,甘阳译,上海译文出版社,1985,第33页。
② 南文渊:《藏族生态伦理》,民族出版社,2007,第106页。

和谐，甚至破坏自然生态的恶劣行为会激怒、触犯当地各种神灵鬼怪，从而出现妖魔作怪或者天灾人祸等情形。

在藏族生态习惯法文化领域，谚语亦是最为常见的口碑文学形式之一。藏族早期社会中，在自然生存竞争中，不断摸索、不断试错，积累了丰富的生态习惯法文化知识。如藏族将观察天象、动植物自然规律的经验总结为简捷易记诵的谚语，即物候法，观察"星和风雪的羌塘（ བྱང་ཐང་ ）法""观察禽鸟和植物是珞门（ ཀློ་མོན་ ）法"即是天象物候的观测经验法。[①]

藏族在长期的生产生活中积累、凝结了丰富的生态习惯法文化，在民间广泛流传着富有生态智慧的法文化谚语。比如不同季节与气候环境下牧业生产经验的总结："夏季放山蚊蝇少，秋季放坡草籽饱，冬季放弯风雪小。"牧民根据草地的位置以及气温等环境条件总结出放牧的经验："先放远处，后放近处；先吃阴坡，后吃阳坡；先放平川，后放山洼。"要根据四季气候、草地以及牲畜的不同状况来精心照料和保护牛羊："春天牲畜像病人，牧人是医生；夏天好像上战场，牧民是追兵；冬季牲畜像婴儿，牧人是母亲。"

寓言亦是藏族广泛流传的口碑文学形式，很多倡导人与自然和谐共处的生态伦理思想经常蕴含于喜闻乐见的寓言之中世代相传。

藏族广泛流传着这样一则讲述自然万物和谐共处的寓言，故事取材于宗教传说：

大象、小猴子、山兔、羊角鸡相互依存、和睦相处，共同生活在有山有水、鲜花盛开、绿草如茵的仙境里。果实累累的吉祥日子里，慈祥的大象让机灵的小猴子爬上自己的背，小猴子托举起灵巧的山兔，山兔又托起羊角鸡，由轻灵的羊角鸡摘下树枝上鲜美的果实，大家一起分享。

这一寓言故事由于其中所蕴含的生态和谐的深刻内涵而广泛流传，并被绘制成有名的《善友本生图》，又称为《和谐四瑞图》，在藏族聚居区可谓妇

---

① 黄明信：《西藏的天文历算》，青海人民出版社，2002，第13页。

孺皆知，随处可见。

藏族关于人与自然和谐共存的传说与史诗异常丰富，亦成为生态伦理重要的传承形式。比如，民间关于吐蕃最早的国王的来历与成长经历的传说：

> 传说中，印度护狮王的第三子生下后，其貌不扬，护狮王下令将其扔进河里。后来，被一对老夫妇捡到后放在森林里。森林里的野兽们为他送来食物和水，飞鸟盘旋在他的上空看护守候，并且婉转地为其唱歌陪伴他。周围的花草树木向其致意，于是，在野兽、飞鸟树木的帮助与保护之下，这个小王子渐渐长大，最终，从贡布神山顶上走下来，成为吐蕃人的赞普。①

史诗《格萨尔王传》是藏族民间文学的典型代表，其语言优美、气势雄浑，内容广博，其间关于人与自然和谐共存的生态伦理观的表述俯拾皆是：

> 天空日月星辰运机好，
> 中间人畜兴旺年景好，
> 地上水草丰茂季节好，
> 三重吉祥日子结良缘，
> 是我们共同昌盛的预兆。②

当天空、草地、人畜都呈现出吉祥和谐的景象时，方为荣昌的良好预兆。

> 上玛地荡漾着一湖泊，
> 宽阔的水面上翻金波，

---

① 南文渊：《藏族生态伦理》，民族出版社，2007，第 45 页。
② 南文渊：《藏族生态伦理》，民族出版社，2007，第 111 页。

> 金色天鹅嬉水起又落，
>
> 这是长系的寄魂湖泊。
>
> 中玛地荡漾着一湖泊，
>
> 宽阔水面翻起翡翠波，
>
> 松石色水牛其中卧，
>
> 这是中系的寄魂湖泊。
>
> 下玛地荡漾着一湖泊，
>
> 宽阔的水面上翻银波，
>
> 雪白的海螺其中乐，
>
> 这是幼系的寄魂湖泊。①

这段唱词讲述的是岭部长、中、幼三辈人的灵魂寄托在三地湖泊之上。藏族自然观认为山、水、树以及各种动物都可能成为人的灵魂寄托处，因而，藏族在与自然万物的共生共存关系中，都十分珍惜生存环境中的自然万物，并以种种自然崇拜和自然禁忌制约、规范自身的生态行为，或者祈求神灵护佑人畜吉祥，或者言行谨遵习俗规范，以免惹恼触犯各种精灵鬼怪遭受自然的惩罚。因而，保护自然万物便是对于人类自身的保护。正是这种蕴含于藏族原始信仰和宗教文化中的、人类源于自然的理念，制约了人类过度开发利用和恣意浪费毁坏等不合理的生态行为，保障了自然界免遭人类过度的干扰行为之侵害。

除了极其丰富的口碑文学形式，藏族生态习惯法文化的非文字的传承形式中，还有各种美术形式，比如绘画、雕塑以及石刻等。

藏族生活区域广泛张贴着许多色彩艳丽明快的绘画，其中深蕴着人与自然万物和谐共存的深刻伦理，比如上文提到的《善友本生图》即是一例。而《六长寿图》则描绘了人、仙鹤、岩石、流水、松树以及鹿友好、安闲地共

---

① 青海民间文学研究会编《格萨尔王全传·征服大食之部》，青海民族出版社，1983，第317页。

同生活在一起的和谐图景，喻示了人与自然界万物（包括鸟、岩石、流水、草木以及兽类）祥和安乐地共同依存于世间。这些和谐安乐的图画在藏族聚居区僧俗民间普遍悬挂，寄托人们对于吉祥和谐生活图景的憧憬与向往，其所表达的自然价值观与藏族传统的人类源于自然、与自然互依共存的生态伦理观形成一脉相承的体系。

此外，藏族生态习惯法文化传承的非语言文字的象征符号系统还包括某些赋予其文化内涵的器物、自然物等。

> 拉卜楞寺任命各部落的郭哇时，会由活佛亲手将念过经的一条红色丝带，藏语称"香德"（ཕྱག་མདུད་），[①] 系戴在即将上任的郭哇脖子上，同时在丝带上打个结，念诵咒语后，吹口气，使之从此有了灵气，并祈愿佛祖护佑他在任期内吉祥如意。如今，桑科乡各村委会选举出的村委会成员上任前要到拉卜楞寺的活佛处去发誓，保证秉公办事，主持正义。活佛也会给每个人的脖子上系一个"香德"，祈愿佛祖护佑于他。（访谈对象：完某，47 岁，藏族，甘南州夏河县拉卜楞镇人。时间：2011 年 6 月 20 日。地点：甘南州夏河县桑科乡政府。）

拉卜楞寺活佛任命部落头人郭哇的场域中，"香德"成为部落头人郭哇的身份象征符号，宣示着拉卜楞寺对于部落政教合一的管理体制。值得关注的是，伴随藏族社会历史的演变，"香德"作为习惯法文化的传承物演变为当代民间权威的身份象征，同时也显示出拉卜楞地区习惯法文化与宗教文化二者交织渗透的密切联系。在这种意义上，"香德"无疑属于生态习惯法文化传承符号系统的范畴。

藏族聚居区的山神崇拜作为一种佛本相融的宗教文化仪式亦是藏族生态习惯法文化传承的符号系统。标识神山的"拉则"、神湖附近系着羊毛的经

---

① "香"是手的意思，"德"是指布条或细绳上打的结。"香德"意指经活佛亲手系上的、表示祝福的绳结。

幡、天地之间经放生的牲畜脖子上所系的念过经的彩带，放过生的树木所系着的洁白的羊毛……这些标识符号都是无字的禁令，不仅昭示了神山、神湖、放生物的存在，更重要的是警示人们对神山、神湖以及放生物必须谨遵各种禁忌，从客观上起到了保护神山、神湖以及放生物的生态效应。

藏族传统时期各部落均以山脊、河流等自然物作为部落之间的草场分界标志。山脊、河流本是自然界的客观存在，其本身并不是文化元素，但是，当它表征着两个部落草场的分界处时，就因为其所蕴含和表达的意义而成为一种文化传承符号。当相邻的部落之间因为草场而产生纠纷并经过成功调解而明确了边界处时，习惯上由两个部落共同在明确划定的边界处挖一深坑，在坑内倒入显著区别于周边草地的红土或者木炭，填埋平整后，在地面上用石头垒起或者修建一个嘛呢堆作为两个相邻部落的草场分界线，于是，这个嘛呢堆亦因为它所承载的"部落草场分界标记"这一意义而成为文化符号。

放生节、插箭节、娘乃节等传统节日习俗，都可以视为藏族对于传统生态习惯法文化记忆、传承的符号过程。

正如源远流长、生生不息的习惯法文化一样，藏族生态习惯法文化的传承符号系统呈现出形式多样、生动鲜活的特点，并历经岁月的积累与沉淀，汇集融合成为本土生态习惯法文化体系的有机部分，在生态保护领域发挥着法律文化的指引、评价、教育、预测、强制等规范功能。

（四）传承场

任何一种文化传承的发生都是在一定的空间区域内，因而，传统文化的传承场即是特定文化传授、习得的环境。理论上，文化的传承场既包括具有物理属性的自然场，又包括作为文化传承的非物理环境，即社会场。然而，就文化发生传承的空间环境而言，绝非自然场和社会场这样的机械理论分类可以简单予以概括的。通常，文化发生传承的空间环境，必然同时包含自然场和社会场，二者互为条件，互相交融。比如，村落被相关学者归类为民间

文化传承的社会场①，然而，村落作为民俗传承的生活空间②，无疑是具有物理属性的土地、房屋以及树木等自然环境与村落社会经济环境的综合体。民间文化在村落这一文化场中，离开自然环境和社会环境中的任何一方面，都无法实现其自身的传承活动。因而，很难简单、机械地将村落归类为自然场或者社会场。正是从文化传承的实践意义上，对于藏族传统生态习惯法文化的传承场，本书不遵循将其区分为自然场和社会场，进而分类予以描述的研究进路；而是，从传承场作为文化发生传承运动的空间这一整体论的视角，从其社会功能的进路，予以论述。

1. 部落是藏族传统生态习惯法文化最重要的传承场

分布于农区和牧区的藏族，在长期的历史发展进程中形成了差异显著的农耕文化和游牧文化。然而，无论是从事农耕或者游牧生计，藏族均以部落为基本的组织单位，并在漫长的历史发展中，产生民族共同体的文化认同，面对相同的自然生态环境，逐渐建立起共同的生产生活行为规则。由此，藏族传统的组织形态——部落，是形成并发展、传承民族生态习惯法文化的基本组织，亦是藏族传统文化最重要的传承场。

刘铁梁从民俗学的视角，以"中国的民俗文化根本上说具有农耕社会的性质"为前提，基于"民俗传承"的概念，把村落看作紧密结合的小群体，也是在其内部互动中构成的一个个有活力的传承文化和发挥功能的有机体。③在藏族社会里，村落亦是藏族传统文化重要的传承场。今天所谓的自然村或行政村，无论是地缘的，或者是血缘的，历史上均表现为藏族在农、牧区的部落组织。

一方面，部落是藏族生产生活的基本组织单位，因而成为藏族传统生态习惯法文化最重要的传承场。农耕社会由于农业生产和生活基本都以农地为

① 张福三：《论民间文化传承场》，《民族艺术研究》2004 年第 2 期。
② 刘铁梁：《村落——民俗传承的生活空间》，《北京师范大学学报（社会科学版）》1996 年第 6 期。
③ 刘铁梁：《村落——民俗传承的生活空间》，《北京师范大学学报（社会科学版）》1996 年第 6 期。

中心展开，因而，形成了迥异于以游牧为生的藏牧区的文化形态。农业生产的组织管理、农耕活动的开展、部落民众之间生产生活过程中的协作与互助以及各种以繁荣农业生产为根本目的的节日习俗等，都以部落为基本单位。传统文化的传承，亦主要发生在部落这一文化土壤中。与农业生产方式形成鲜明对比，藏族在长期与高原自然环境相调适的过程中，创造并发展了逐水草而居的高原游牧文化。游牧部落成为牧区民众生存、生产、生活的基本单位，游牧的生产生活行为规则也在这一场域中逐渐积累、形成，并不断变革、创新，实现其世代承继。

另一方面，藏族传统的民间习俗、节日等，都以不同层级、规模的部落组织为基本单位而展开，而内含于其中的生态习惯法文化也在部落这一组织形式内得以传承。藏族的神山、神湖等自然崇拜的仪规，放生节、天葬等各种习俗，都以部落为单位而进行。民族习俗中蕴含的丰富的生态习惯法文化亦通过部落这一组织形式得以传承、发展。如拉卜楞地区的神山崇拜——插箭仪规，即由部落的全体男性成员共同参加，在部落共同的神山上完成。而实施放生的娘乃节，各种节日习俗活动集中在部落的公共场所内进行，典型的如甘南州霍尔藏部落的民间社区"戎亢"。[①]

值得说明的是，藏族的部落组织，具体可依其组织结构分为不同的层级，如前文"近代藏族部落的组织结构"章节所述，最底层的基础层和基本层大多是血缘组织，其部落成员大多属于具有血缘关系的同一家（氏）族。因此，作为最重要的传承场的部落，其中涵盖了表现为基础层或基本层部落的家（氏）族这一传承场。

2. 寺院是藏族传统生态习惯法文化主要的传承场

在藏地，寺院不仅是宗教文化教育传播的中心，同时，也承担着传承藏族传统文化的学校教育功能。

李延恺先生认为，藏族具有现代意义上的学校教育肇端于清代中叶和民

---

① 王丽娟、丁鹏：《传承、更新与借助：对藏族"戎亢"的解读——以甘肃省甘南藏族自治州夏河县麻当乡为例》，《民族研究》2018 年第 6 期。

国年间。此前，藏族的教育史上，除了贵族子弟可以被送往域外求学，劳动人民子弟要识字学知识，就得送子弟出家入寺为僧，否则是学不到文化的。所以出家的制度历史上在藏族中很盛行。群众普遍认为：送子弟出家入寺为僧，就是令子弟接受教育。藏族的文化教育、文学艺术、天文历算及医药卫生等诸方面的全面昌盛，绝大部分都是在藏传佛教寺院进行的，故被称为"寺院教育"。[①] 宗教寺院不独是宗教中心，而且成为政治中心、经济中心，特别是文化教育的中心，广大僧伽也就成了藏族的知识分子。所谓"舍寺院外无学校，舍宗教外无教育，舍僧侣外无教师"之说，就是对过去藏族社会教育状况的高度概括。[②] 正是从这一意义上讲，寺院教育绝不仅仅是佛教文化的传播教育中心，更是藏族传统文化的教育、传承中心。藏族丰富而发达的天文历算、医疗卫生、药剂配方、建筑技巧、地震测验以及历史、地理、文学、绘画、雕刻泥塑……都蕴藏在寺院浩繁的卷帙当中，经由寺院教育而实现传统文化的传承。

寺院因此而成为民族文化教育最主要的传承场，而和谐统一的自然—人文生态伦理观以及各种宗教习惯法规范都产生于斯、发展于斯。高原藏族的信众在传承宗教文化的同时，在与高原生态环境长期的文化调适过程中，建立并承继了藏族丰富的生态习惯法文化。

3. 家庭是藏族生态习惯法文化最基本的传承场

无论是农区抑或牧区，藏族传统生态习惯法文化的代代传习，离不开最基本的组织单位——家庭。家庭这一最基层的社会组织单位，不仅意味着一处家庭成员共同居住的房屋或帐篷，还意味着家庭成员这一小的群体以及作为最基本单位的家庭组织类型。因而，家庭这一传承场，既是传统民族文化传承的自然场，又通过家庭说教、信息沟通、贯彻部落规范等传承形式而兼具社会场的特征。

部落习惯法文化的规范对象是全体部落成员，于是，家庭成为部落组织

---

① 李延恺：《再论藏族寺院教育》，《中国藏学》1992 年第 4 期。
② 李延恺：《历史上的藏族教育概述》，《西藏研究》1986 年第 3 期。

与其成员之间的桥梁。家庭是每一个部落成员物质和精神生活的归宿，部落的各种习俗、集会对部落成员的各种规范和要求，最终都会分解到每个家庭中去，通过家庭这一组织平台，形成每个部落成员的行为规则，部落习惯法文化由此形成，进而通过每个家庭的教育功能实现代代沿习、继承。

4.集市是藏族生态习惯法文化传承的重要空间

藏族部落社会的集市活动经历了从以物易物到商品买卖的不同发展阶段。不容置疑，藏族传统部落时期，商品经济并不发达。尤其是相对封闭的牧区，就地理位置而言，气候高寒且交通极为不便，因而，比之农区，物物交换与商品买卖活动相对简单、落后。在不同的历史时期，不同的统治政策之下，藏族部落与部落之间、农区与牧区之间以及汉藏民族之间的物品交换和货物买卖活动尽管时有兴衰，但总体上，物品交换和买卖的集市活动在各地普遍存在，且已然形成诸多关于交易时间、地点、方式以及手续的习惯性的集市交易规则。

大凡民间分散性交换，一年四季均可进行，各地并无严格的限制。然而，各地经常在区域性群众集会、宗教庙会期间组织集市贸易活动，因而，集中的贸易活动一般都呈现出时间（季节）性的特征。此外，每年9~10月间，正值庄稼成熟，牲畜长肥的时间，农（牧）民则往往用土特产互相换取自需物资。很多地方逢腊月置办年货，如果货币紧缺，也会选择用土特产换取年货。这些季节性的集中交换，通常在交通便利、人口集中的集镇、寺院附近等固定的地点进行。①

从文化人类学的视角，集市成为藏族传统文化传播与承继的重要空间区域。在这一场域下，人与人在物物交换、商品买卖的过程中，部落文化、民族文化相互濡染、交流，内含于其中的生态习惯法文化也藉此空间场域得以传承。

---

① 张济民主编《寻根理枝——藏族部落习惯法通论》，青海人民出版社，2002，第285页。

第六章　藏族生态习惯法文化传承中的
当代变迁（上）

美国社会学家戴维·波普诺基于社会和文化变迁的研究指出："社会学家和人类学家已经注意到引起社会变迁的七种主要原因：物质环境、人口、技术、非物质文化、文化进程、经济发展和促进变迁的有目的的努力。"①改革开放以来，这七种引起社会和文化变迁的主要原因，错综复杂，对藏族传统习惯法文化产生巨大的影响。

伴随20世纪80年代新的政治体制和经济体制的出现，严格意义上的国家正式法律大规模进入广大农村社会。以市场为导向的经济体制改革促进了经济、政治、法律和文化环境的变迁……在市场经济化和政治民主化的进程中，中国的治理结构正在发生深刻的变革，国家权力逐渐向上回缩，国家与社会的关系得以重塑，公民个人的经济活动、话语表达、自我组织、自我管理的空间逐渐被释放。正是在这样的宏观背景下，藏族生态习惯法在出现"文化回潮"态势的同时，其自身的文化体系在传承中发生着重要的变迁。

---

① 〔美〕戴维·波普诺：《社会学》（第十版），李强等译，中国人民大学出版社，1999，第621页。

本书综合运用法人类学①、法学、法社会学的研究方法，考察藏族生态伦理观、自然崇拜与自然禁忌在当代发生的传承与变迁②。

一　保持与变革：藏族生态伦理观之当代传承与变迁

著名历史学家汤因比曾深刻地指出，近代科学的发展以及人们关于人与自然和谐共存的传统价值观念的丧失，是导致现代生态危机的重要根源。面对生态环境危机，变革人类伦理成为现代最紧迫的根本课题。③作为人与自然生态之间关系的观念形态以及价值体系的人类生态伦理观经历了从人类中心主义伦理观到非人类中心主义伦理观，再到可持续发展观这样一个曲折而复杂的演变轨迹。人类生态伦理观总是在对旧价值观的不断扬弃中变革，并在不同的历史阶段为生态环境法律提供伦理学基础，通过具体的制度，规范

---

① 本书关于藏族生态习惯法文化当代传承与变迁的法人类学田野调查始于 2011 年 6 月，截至 2016 年 8 月。笔者曾先后多次进行深入、广泛且形式多样的田野调查。田野点选取西藏、青海、四川、甘肃等省（自治区）的藏族聚居农区、牧区以及半农半牧区。在藏族人群中间开展田野调查，必须面对并克服两个方面的障碍。一是语言文字交流不畅。尤其是牧区，中老年人几乎不认识汉字，不懂汉语，亦不识藏文，因而田野调查时需要借助藏族本地人进行文字、语言翻译。二是牧民居住分散导致的调查样本分布广泛。鉴于以上因素的考量，笔者尽可能灵活选取田野调查方法，以保障调查资料的信度和效度。主要采取深入访谈、座谈会与问卷调查相结合的调查方法，辅之以必要的现场观察。深入访谈与座谈会，由当地富有声望的藏族学者做翻译，形式灵活多样，主要以方便调查对象为原则，在草地、河边、院落、炕头等进行。问卷采取了访问的调查方法，即聘请藏族大学生为访问员，进入藏族农牧户家中，根据被调查者的口头回答填写问卷。访问的问卷调查方法，其优势在于富有弹性、回卷率高，能够比较精确地了解受访者的真实态度。然而，这种调查方法，无论是人力、物力的经济成本，还是调查的时间成本均十分高昂。由此，笔者谨慎聘请了青海、四川、西藏、甘肃的农区、牧区藏族大学生做访问员，并进行了必要的调查培训。要求每个访问员在对调查对象充分了解的基础上，入户访问调查。因此，问卷的样本总数相对较少，然而，问卷调查与深入、扎实的深入访谈、座谈会、现场观察等方法的结合与相互补缺，保障了社会调查的信度、效度以及 100% 的回卷率。问卷调查共发放 220 份，全部收回，其中问卷的有效率为 99.5%。问卷样本的区域分布分别为：农区（82 份）、牧区（60 份）、半农半牧区（60 份）、其他（18 份）。而"其他"是指已经举家进入城市生活的藏族受访者。

② 本书关于"当代变迁"的论述，将时间范围限定为改革开放以来的历史时期。

③ 〔日〕池田大作、〔英〕阿·汤因比：《展望 21 世纪——汤因比与池田大作对话录》，荀春生等译，国际文化出版公司，1999，第 37 页。

人类对待生态环境的行为。

藏族生态伦理观在当代的传承与变迁，需综合宗教信仰、传统文化观念以及生态伦理观三个层面予以考察。首先，宗教信仰构成藏族生态伦理观的思想基础，因而，宗教信仰无疑是考察藏族生态伦理观变迁不容回避的内容。其次，在改革开放以来的40多年里，在市场经济化和政治民主化的历史进程中，文化涵化构成藏族文化变迁的主要形式。生态伦理观作为藏族文化的重要组成部分，欲探索其变迁的脉络，就需要对当代藏族传统文化观念的演变进行调查分析。基于此逻辑，本书关于藏族生态伦理观当代变迁的考察，将从三个维度展开，即宗教信仰的变迁、传统文化观念的变迁、生态伦理观的变迁。

（一）藏族宗教信仰的当代传承与变迁

传统生态伦理观作为藏族在悠久的历史长河中积淀的宝贵的文化财富，无论其精神基础，还是内容体系，都建立在藏族宗教信仰的基础之上。因而，藏族民间以宗教信仰为精神基础的自然崇拜与自然禁忌伴随宗教政策的演变而发生着变迁。毋庸置疑，考察藏族传统生态伦理观的变迁无法脱离宗教文化的语境，亦不能脱离藏族宗教信仰的精神基础。而梳理当代藏族宗教信仰的变迁脉络，就必须于西藏与四省涉藏州县政治、宗教以及习惯法文化交织互动的密切关系中解读改革开放以来，国家在这一地区实施的宗教政策之演变。

中共十一届三中全会以后，宗教信仰自由的国家政策得以恢复，藏族聚居区的各项宗教工作逐渐步入正轨。一系列宗教人士的冤、假、错案得到纠正与平反，各种宗教场所恢复开放。国家的宗教信仰自由政策在藏族农牧区普遍而广泛地得以宣传。而伴随宗教政策的恢复，习惯法文化出现"回潮"现象，并逐步成为藏族民众生产生活实践中重要的行为规范。

本次田野调查中，受访者信仰藏传佛教及其教义的信仰情况统计分别见表6-1、表6-2。关于"您信仰藏传佛教吗"这一问题（回答缺失样本1人），98.6%的被访者回答"信仰"；回答"不信仰"的仅有1人，占总样本的0.5%。表示"不信仰"的受访者，其基本资料如表6-3所示。2位被访者回答"说不清"，占总样本的0.9%，其基本资料见表6-4。

表6-1　受访者对藏传佛教的信仰调查

您信仰藏传佛教吗

		频率	百分比	有效百分比
有效	不信仰	1	0.5	0.5
	信仰	215	98.2	98.6
	说不清	2	0.9	0.9
	小计	218	99.5	100
缺失		1	0.5	
	总计	219	100.0	

表6-2　受访者对藏传佛教教义的信仰调查

您是否信仰藏传佛教的教义

		频率	百分比	有效百分比
有效	很完美，应当虔诚信仰	150	68.5	70.1
	经常相信	53	24.2	24.8
	说不清	7	3.2	3.3
	有一定迷信，较少相信	4	1.8	1.9
	小计	214	97.7	100
缺失		5	2.3	
	总计	219	100.0	

表 6-3 　表示"不信仰藏传佛教"的受访者的基本资料

年龄	性别	职业	文化程度	生活区域	家庭结构	家人是否出家
19~40 岁	男	学生	大学	半农半牧区	四代同堂	没有

表 6-4 　关于"你信仰藏传佛教"回答"说不清"的受访者的基本资料

年龄	性别	职业	文化程度	生活区域	家庭结构	家人是否出家	是否信仰佛教教义
19~40 岁	男	学生	大学	农区	二代同堂	没有	说不清
19~40 岁	男	学生	大学	半农半牧区	二代同堂	没有	有一定迷信，较少相信

关联问卷资料显示"不信仰"藏传佛教和"说不清"是否信仰藏传佛教的受访者（分别见表 6-3 和 6-4），都是男性，文化程度均为大学。其中，1人在农区，2 人在半农半牧区，家中均无人出家。对是否信仰藏传佛教表示"说不清"的 2 名受访者，关于是否信仰佛教教义 1 人表示"说不清"，另 1人认为"有一定迷信，较少相信"。统计结果显示，一则女性藏民对于藏传佛教的信仰，坚定而明确；二则，大学生接受高等教育后，显然影响到其自身传统的宗教信仰文化，其认知态度略有犹疑，无法准确地界定自己的宗教信仰。

关联考察受访者关于藏传佛教教义的信仰程度。认为藏传佛教教义"很完美，应当虔诚信仰"的，有效占比 70.1%。选择"有一定迷信，较少相信"的，有 4 人，有效占比 1.9%。而表示"说不清"的，有效占比 3.3%。申言之，尽管有效占比 98.6% 的受访者表示信仰藏传佛教，然而，其中，仍然有部分人对于藏传佛教的教义持有犹疑。因而，这部分人群的宗教信仰很可能在某种特定的情境下发生动摇。

总体上，统计数据显示，当代藏族民众仍然虔信佛教，其传统的民族宗教信仰没有明显的变化。

（二）藏族传统文化观念的当代传承与变迁

关于藏族心目中的"藏族传统文化精华的代表"，受访者的选择排在前五位的分别是：藏传佛教（占 84.9%）、藏文字（占 65.1%）、唐卡（占 64.7%）、藏戏（占 53.2%）、游牧文化（占 42.7%）。而该问题的选项"藏族传统文化没有精华"，统计频率为 0。显然，藏族民众普遍对于民族传统文化有充分的骄傲与自信。

关于藏文字掌握程度的调查，牧区有 22.8% 的人回答"不熟练"或"不认识"。在农区，则有 13.4% 的人表示"不熟练"或"不认识"。半农半牧区仅有 1 人（占 1.7%）表示"不熟悉"。而其他区域的受访者则全部掌握藏文，显示出这部分受访者所生活的城镇，藏文字得到广泛普。上述统计结果显示，藏农区相较牧区，文字推广得更为广泛。笔者在实地调研中发现，中年以上，尤其是老年藏族牧民，大多不识藏文字，与问卷调查结果相一致。

问卷设计了藏族群众中间流传最为广泛的民间口头文学《格萨尔王传》的故事，以考察藏族民众对于该说唱艺术的了解程度。其中表示"不了解"的受访者，占 15.2%。关于藏戏，有 5.3% 的受访者表示"从不看"，75.2% 的受访者表示"偶尔看"，选择"经常看"的占 19.5%。综合上述统计结果予以分析，现代生活中工作、学习、生活的压力加大，时间、精力不能很休闲地自由分配；再者，自媒体时代，文化娱乐的形式丰富多样，导致大多数藏族民众选择"偶尔看"传统藏戏。总体而言，藏族传统文化仍然受到大多数受访者的推崇与热爱。

综合藏文字掌握程度和《格萨尔王传》了解程度的调查，即使有部分受访者不识藏文，然而，其对于《格萨尔王传》的熟悉程度，反证了藏族民间说唱艺术的广泛流传。在藏族集中生活地区，尤其是牧区，口耳相传是藏族传统文化传承的最主要的形式。

从文化涵化的角度考察藏族传统文化可能受到的影响与冲击。关于是否掌握汉字的调查显示，农区受访者表示对汉语"不够熟悉"或"不懂"的，占 22%；有 25.6% 的人表示对汉字"不够熟练"。牧区有 42.3% 的受访者回答"不够熟悉"或"不懂"汉语；对汉字"不够熟练"的达 53.3%。半农半牧区受访者关于汉语、汉字的熟悉程度的调查结果显示，选择"不够熟悉"

或"不懂"的，分别为 1.7%、11.9%。历史上牧区相对偏远，交通不便，与汉族交往的广度与深度均受到一定限制，导致受汉族文化影响相对较小，进而比较完整地保留了本民族传统文化。上述统计结果与这一历史事实相一致。而在其他区域的受访者，基本都懂汉语，只有 1 人表示对汉字"不够熟练"。再一次印证了城镇藏族居民与汉族文化的充分交流与融合。

关于最喜欢的服饰，有 82.4% 的受访者选择藏族传统服饰，有 36.6% 的受访者表示也会选择流行服饰。这一统计结果与笔者进行的现场观察及访谈的调查结果一致，即中青年生活方式并不固守藏族传统，而倾向于追求时尚与新潮。另一方面，笔者采用现场考察和个别访谈等方式对藏族民众生病后就医途径的选择进行了调查，充分显示出，藏族能够根据病情的需要，理性选择各级公立医院和传统的藏医院，这也显示出藏族对于现代科技的普遍适应与认同。

藏族传统文化博大精深，源远流长。口耳相传是其最主要的传承方式。当代经济、社会、文化的发展，交通设施的持续改善，强化了汉藏文化的交流与涵化。藏族民众对于民族传统文化的认知态度，于承继与发展之中，亦有不断的扬弃与纳新。

（三）藏族生态伦理观的当代传承与变迁

现代性的进程中，藏族神、人与自然一体的生态伦理观无疑经历着扰动、自省与反思的变迁过程。问卷设计一方面考察当代藏族对于不同历史时期生态环境演变及其原因的认知；另一方面，探寻当代市场经济下，藏族对于神山采矿、水电站建设等各类开发利用自然资源的工程的认知态度。（将于下文"衰落与调适：藏族自然崇拜与禁忌之当代传承与变迁"部分予以论述。）

受访者关于"草原生态环境最为良好的历史时期"的观点统计显示（选项分六个历史阶段：1949 年以前、1949 年~1958 年、1959 年~1965 年、1966 年~1977 年、1978 年~土地承包前、土地承包后至今），认同度较高的三个阶段分别为：1949 年以前（占 38.8%）、土地承包后至今（占 19.3%）、1978 年~土地承包前（占 15.80%）。仅有 10.4% 的受访者选择 "1959 年 ~1965 年"。

关于近年来生活环境的生态演变，有 50.5% 的受访者认为 "日趋恶化"，有 31.3% 的人则认为 "逐渐好转"，有 17.8% 的人表示 "没有明显变化"。

以上统计结果表明，藏民认知中的生态环境最为良好的历史时期是 1949 年以前的传统部落时期。而土地承包后至今的生态环境也得到了较多受访者的认同。然而，具体到受访者当前的生活环境，有约一半的受访者认为呈现出日趋恶化的总体趋势，亦有约 1/3 的受访者表示自己的生活环境在逐渐好转。合理的解释是，不同地理位置生态环境的演变，有些地方趋于好转，有些地方则有恶化趋势，该项统计结果符合我国生态环境状况局部好转，总体恶化的总体趋势。关于生活环境中生态环境问题的主要表现形式，在允许多选的情况下，统计结果排在前六位的是：生活垃圾增多、挖山取石、野生动物减少、植被破坏或减少、野生植物减少、土地退化（其频率及占比详见表6-5）。

表 6-5　关于生态环境问题的主要表现形式的调查

生态环境问题的表现形式	频率	有效百分比
生活垃圾增多	166	75.8
挖山取石	135	61.6
野生动物减少	126	57.5
植被破坏或减少	121	55.3
野生植物减少	102	46.6
土地退化	98	44.7
建筑垃圾增多	98	44.7
水污染	96	43.8
空气污染	89	40.6
河道采砂	63	28.8
畜禽粪便污染	27	12.3
其他	15	6.8

农牧民关于生境中生态环境状况的认知，最为直观的感受来自土地、牧草的生长状况以及各种野生动物生存状态。笔者以个别访谈的形式，针对不同的田野点进行了必要的考察。

> 我小时候，（20世纪）五六十年代那会儿，狼、狐狸、野山羊、鹿、野兔、野鸡、黄羊，这些动物在山沟里随处可见的。现在，鹿、黄羊都几乎不见了。其他寻常见的野生动物也都很少见到了……（访谈对象：道某，72岁，藏族，甘南州夏河县甘加乡人。时间：2012年8月11日。地点：甘南州夏河县甘加乡哇代村。）
>
> （20世纪）50年代初那会儿，（草场上的）草有1米高，骑在马上，草大约在膝盖处。我记得那时如果天气晴朗，便经常有人将衣服铺在草上，人躲在衣服下，能够撑起一顶"遮阳伞"。（访谈对象：丹某，69岁，藏族，甘南州玛曲县欧拉乡人。时间：2011年10月4日。地点：甘南州玛曲县欧拉乡曲合村。）

进一步追问"发生生态环境问题的根本原因"，表6–6是按受访者的认知情况做的统计，其中，政府措施不力、民众环保意识弱化、人口增长、定居工程、过度放牧、草地承包，是受访者认同度较高的主要原因。

下文充分结合藏族民众关于当前生态环境问题以及造成生态环境问题的根本原因的认知调查结果，从生态伦理观变迁的视角予以分析。新型生活垃圾增多，典型者如白色污染、废弃电子用品等，无疑是城镇化进程中出现的突出的生态环境问题，是藏族生态习惯法文化这一地方性知识体系所面临的新问题，它自身尚不能形成新的规则予以应对和破解。

一方面，提供适当的公共设施以妥善处理这些垃圾，则无疑应当是政府的职责所在。由此，"政府措施不力"成为受访民众认知当中，造成生态环境问题的首要原因。另一方面，由于藏族习惯法作为传统知识体系对于新型"生活垃圾"应对乏力，作为习惯法文化传承主体的藏族民众，典型的反应是"不作为"（其实质是不知道如何作为）。换言之，当生活中突然出现了大量的白色垃圾、电子废弃品等，身边没有有效的垃圾处理设施，藏族民众面对这种超出传统知识范围的新问题，除了不作为，别无选择。正因如此，受访者将"民众环保意识弱化"归结为造成当代生态环境问题的第二位原因。

表6-6　关于造成生态环境问题根本原因的认知情况

根本原因	频率	有效百分比
政府措施不力	128	59.0
民众环保意识弱化	79	36.4
人口增长	60	27.6
定居工程	56	25.8
过度放牧	42	19.4
草地承包	34	15.7
气候变化	33	15.2
农地过多使用化肥	32	14.8
纯属自然环境退化	18	8.3
农地过多使用地膜	14	6.5
其他	8	3.7

综上，关于受访者对造成环境问题及其根本原因的认知，充分结合政府和民众两个面向才是较全面和合理的解读。

夏河目前有个污水处理厂，专门处理县城的污水。县城的生活垃圾统一在指定的地点填埋，至于各乡镇的垃圾，则由乡（镇）政府找地点填埋。藏族很少焚烧垃圾，因为怕污染"神山"；在牧区，冬天还害怕草场失火。所以，填埋最普遍，填埋地点当然要远离水源地和河滩。所有的生活垃圾都是填埋，包括废弃电子用品、塑料袋，还有死畜等。（访谈对象：完某，52岁，藏族，甘南州夏河县拉卜楞镇人。时间：

2016 年 8 月 4 日。地点：甘南州夏河县拉卜楞镇。）

综上，改革开放以来，在市场经济的冲击以及科学技术的渗透作用下，大部分藏族民众的宗教信仰仍然虔诚；其传统文化，比如饮食、服饰等在一定程度上受到民族文化涵化的影响；藏族生态伦理观正悄然发生变迁。而引发这种变迁的原因，主要来自两个方面。其一，诸多新型环境问题突破了藏族民众传统上关于自然生态的地方性知识体系，对这些全新的问题领域，传统的伦理观无法容纳、解释，从而导致民众在认知上的无所适从。比如，农（牧）村生活垃圾的处理，按照传统的自然伦理观，焚烧垃圾是违反自然崇拜禁忌的，因而，农（牧）村普遍选择远离水源和河滩的填埋方式。至于这种处理方式，其中含有的电池等废弃电子用品填埋后是否会严重污染土地，则由于超出其传统地方性知识体系，而缺乏科学的因应措施。其二，经济利益的驱动以及时尚、新潮的消费观念渐入民心，都无疑将引致藏族传统生态伦理观发生变革。比如，部分年轻人已经不再恪守传统的饮食禁忌，再如，下文将展开讨论的，藏族民众关于在神山采矿的认知态度的调查，都反映出藏族关于人与自然关系的认知体系，正经历着一场缓慢然而清晰的变革。

二 衰落与调适：藏族自然崇拜与禁忌之当代传承与变迁

问卷调查选取藏族的神山、神湖崇拜以及与自然崇拜联系紧密的节日习俗作为考察对象，探寻当代藏族民众自然崇拜与自然禁忌信仰可能发生的演变脉络。

（一）神山崇拜与禁忌之当代传承与变迁

神山崇拜在藏地非常普遍。笔者在设计问卷时主要考量了与藏族神山崇拜紧密联系的两种现象——采矿及挖虫草予以考察。

矿产资源的开发与利用给当地藏民的神山崇拜造成一定的干扰。关于"神山采矿"的态度调查，结果如表6-7显示的，主张"保护神山，即使是合法勘探开采，即使矿厂能够合理予以经济补偿，也明确反对矿厂进山"的，计有166人，有效百分比为77.9%；选择"如果矿厂是合法勘探、开采，虽然因为保护神山而心里反对，但会默许"的，共36人，有效占比16.9%；有效占比5.2%的人选择"不管是不是合法勘探、开采，只要矿厂能够合理地给予乡里和相关农（牧）户经济补偿，就同意"。显然，大多数（有效占比77.9%）的藏民仍然坚定地认为不论合法与否，亦不管矿厂是否给予经济补偿，神山是神圣不可侵犯的。值得关注的是，其中，有效占比16.9%的受访者对于"合法采矿者"则选择默许，显然是其法治意识的折射。同时，有11人则仅以矿厂是否能够合理地给予经济补偿作为其是否同意在神山采矿的条件，显示出受市场经济利益的驱动，部分藏民的神山崇拜已然弱化。

表6-7　受访者关于神山采矿的态度

	频率	百分比	有效百分比
保护神山，即使是合法勘探开采，即使矿厂能够合理予以经济补偿，也明确反对矿厂进山	166	75.8	77.9
如果矿厂是合法勘探、开采，虽然因为保护神山而心里反对，但会默许	36	16.4	16.9
不管是不是合法勘探、开采，只要矿厂能够合理地给予乡里和相关农（牧）户经济补偿，就同意	11	5.0	5.2
小计	213	97.3	100.0
缺失	6	2.7	
总计	219	100.0	

在当前，挖虫草是冲击藏族神山崇拜的又一事象。如表6-8所示，受访者关于"您或者家人挖虫草吗"（回答缺失样本22人）的问题，选择"每年挖"者，有效占比26.4%；选择"有时挖但不是每年挖"者，有效占比29.4%；选择"从来不挖"者，有效占比44.2%。显示出当前雪域高原挖虫草确属比较普遍的现象。

表 6-8　受访者关于挖虫草的态度

	频率	百分比	有效百分比
每年挖	52	23.7	26.4
有时挖但不是每年挖	58	26.5	29.4
从来不挖	87	39.7	44.2
小计	197	90.0	100.0
缺失	22	10.0	
总计	219	100.0	

　　20世纪80年代没有见过有人挖虫草；90年代以后挖虫草的就比较普遍了。挖虫草在玛曲主要是在三、四月（农历，笔者注）间，大约有两个月的时间吧。主要有两种形式：一种是包给人挖，只要交5000元，这两个月的时间就可以进入草地挖虫草；另一种，是草地承包户雇人挖虫草，包吃住，所雇的人将挖的虫草以低于市场价的价格卖与草地承包户，算作挖虫草的劳务费。我家就是雇人挖虫草的。这几年虫草的利润空间大，那是家里主要的收入来源。大家都说，是神灵护佑我，才让我家的草地上虫草产量比较多。（访谈对象：索某，47岁，藏族，甘南州玛曲县欧拉乡人。时间：2012年8月5日。地点：甘南州玛曲县欧拉乡克庆村。）

　　根据实地调研，由于虫草市场存在高额的利润空间，若承包到的草地虫草较多，则承包户会成为"幸运的"挖虫草的专业户，虫草当季时若人手不够，甚至会雇人来挖。从这一角度来分析，统计结果中有效占比44.2%的受访者"从来不挖"虫草的原因尚需进一步调查，其中不排除自己所承包的草地上可能很少或者没有虫草而导致事实上没有虫草可挖的情形，而不能因此就轻易地得出这部分受访者"具有良好的生态保护意识，为了草地生态平衡而放弃自身高额的经济利润"这样的结论。

从传统藏族自然观的视角看，挖虫草势必触犯山神、土地神等，因而，为自然崇拜所禁止。而挖虫草已然成为当前比较普遍的现象，甚至认为是因"神灵护佑"才有幸承包到虫草产量较多的土地，进而招致乡民的羡慕。对于挖虫草，从自然崇拜所禁忌到感恩神灵护佑，这一心理过程，无疑是藏族生态伦理观在市场经济下的演变，是当代藏民在巨大的市场利诱与传统的自然崇拜信仰之间，为自身挖虫草的行为所找到的最合理的解释。唯此，方能一面用神灵信仰安顿好自己因触犯自然禁忌而不安的心；另一面，则以神灵护佑的名义放心追逐挖虫草带来的诱人的经济利益。

（二）神湖崇拜与禁忌之当代传承与变迁

藏族普遍有神湖崇拜的文化传统。现代性的进程中，与神湖崇拜联系最为紧密的，无疑是水资源的开发利用。问卷中专门设计了关于水电站建设的认知态度的问题，以考察当代藏族关于水电站建设的态度。

关于"是否支持政府在黄河上建设水电站"，如表6-9所示，有效占比37.7%的受访者支持；有效占比31.9%的受访者表示反对。进一步关联考察受访者做出上述选择的原因，表示支持的受访者，在回答自己做出如此选择的理由时，表示主要是因为电力资源对藏民生活和当地的经济发展有益，且电能属于清洁能源。而主张反对的受访者则表示建设水电站会污染河流、破坏环境。值得关注的是，有效占比30.4%的受访者表示"无所谓"，就其理

表6-9　受访者关于建设水电站的态度

	频率	百分比	有效百分比
支持	77	35.2	37.7
反对	65	29.7	31.9
无所谓	62	28.3	30.4
小计	204	93.2	100.0
缺失	15	6.8	
总计	219	100.0	

由而言，有受访者表示"与我家乡没有关系"。亦有部分受访者未填写理由，从而无法全面准确地分析其表示"无所谓"的心理状态。

政府建设水电站一方面给当地民众的生活和当地经济发展带来极大的便利；另一方面，也造成了生态环境的污染和破坏。下文从生态伦理观的层面加以考察。藏族传统的自然观认为，大山就是大自然的骨骼，河流就是大自然的血液。因而，建造水电站的一系列工程，比如架设机械、河道取沙、洗沙以及山体上打隧道等，将造成对大自然这一有机统一体的破坏，无疑与藏族传统的神山、神湖自然崇拜文化相冲突。

关于"是否支持政府在黄河上建设水电站"这一问题的问卷调查统计结果显示，支持者略高于反对者，反映出对于这样一项对当地藏民而言有利亦有弊的工程，藏族民众复杂的认知态度。

（三）饮食禁忌的变迁

藏族的自然崇拜与自然禁忌还表现为饮食方面的禁忌。调查中，受访者将自己拒绝相关食物的原因归结为"宗教信仰"和"藏族传统饮食文化的要求"的，合计达86.6%。这一调查揭示出，绝大部分藏族民众仍然会遵从传统文化中的自然禁忌选择饮食。值得关注的是，有13.4%的受访者称其拒吃某种食物，则是"个人的口味偏好"，排除传统文化的因素。藏族的饮食禁忌显然呈现出一种弱化的趋势。笔者在调研中，曾与农区的一家藏民（三代同堂）一起吃火锅，年已古稀的奶奶拒吃鱼肉[①]，她看着身旁津津有味地吃鱼的儿子、儿媳和孙子，无奈地叹口气说："现在的年轻人，吃饭都没啥禁忌了，啥都吃……"

改革开放以来，市场经济的冲击以及科学技术的渗透，使得藏族的生态伦理观正在发生急剧的变迁，当代藏族自然崇拜信仰文化总体上呈现出弱化

---

① 忌食鱼类是藏族传统的饮食禁忌之一，据称是担心所食之鱼腹中有鱼子，而食用一条鱼则会杀生过多。

且艰难调适的趋势。正如田野调查结果所显示的，尽管宗教信仰仍然坚定而虔诚，然而，当经济利益与生态利益、信仰利益发生冲突时，有部分藏民会选择经济利益至上，甚至于内心传统的宗教信仰也会因此发生妥协。传统上，藏族民众生态行为的强制力主要来自内心的神灵信仰，即坚信任何有违自然崇拜及自然禁忌的"冒犯""冲撞"的行为必将遭受神灵鬼怪的报复与惩罚。然而，不可否认，传统的自然禁忌、自然崇拜意识呈现出弱化的趋势。造成这一趋势的可能原因主要表现为：一则由于现代教育以及科技知识的普及，关于违背传统部落习惯法与遭受神灵惩罚之间因果关系的信任感逐渐趋于弱化，导致习惯法的信仰强制力减弱；二则，市场经济严重冲击着当代藏民的自然崇拜信仰，传统的信仰文化开始动摇。在对财富的追求与对神灵的敬畏交织、冲撞之下，许多藏族民众艰难地徘徊在"经济理性人"与"神灵信仰者"之间。

第七章 藏族生态习惯法文化传承中的
当代变迁（中）

20 世纪 21 世纪之交，政府主导的西部大开发战略将扎实推进生态建设和环境保护、实现生态改善和农牧业增收列在首位。在这样的宏观背景下，雪域高原因为其重要的生态安全区位，成为一系列发展经济和保护生态的政策性工程的重点实施区域。在当代西藏与四省涉藏州县的生态领域，一方面，在国家权力所推进的法治进程中，国家法主要以制度、政策的形式予以调控，国家生态立法出现了前所未有的繁荣；另一方面，习惯法在当代藏族社区生产生活中显现出鲜活灵变的调适力。藏族自然资源利用与管理的习惯法在与国家法的认知与调适过程中，不断获致自身的重构与再生。而深蕴于藏族风俗中的生态习惯法文化，因其与自然共生互存的价值观念与国家生态保护的法治理念高度契合，从而展现出其与国家法协同治理的价值功能。

一 调适与重构：藏族自然资源管理与利用习惯法之当代传承与变迁

在当代西藏与四省涉藏州县以土地资源为核心的自然资源利用与管理的法律实践中，国家法与习惯法时有交汇补缺，时有矛盾冲突，呈现出二者并存调控的复杂图景。

（一）土地承包：习惯法的承继与重构

自 1978 年以来，政府主导实施了农村土地承包制度。就土地权属制度而言，我国《宪法》《物权法》《农村土地承包法》《草原法》等法律明确规定土地所有权属于国家或集体，而农牧民拥有土地承包经营权。而从农牧民利用管理土地资源，即行使法定的土地承包经营权这一视角考察，面对国家法关于土地资源权属的强制性规定，藏族传统的习惯法文化在实践中不断进行调适，于承继当中不断发生流变。其在当代的变迁，表现为与国家法的调适过程中的承继、重构与再生。

1. 国家法的视角：土地权属及其流转的制度演进

改革开放以来，我国通过土地资源立法，对土地管理与利用制度进行了法律规范。

一方面，从法律①的视角考察，我国先后出台了《森林法》（1984 年通过，1998 年修正，2007 年修改）、《草原法》（1985 年通过，2002 年修订，2009 年、2013 年修正）、《土地管理法》（1986 年通过，1988 年修正，1998 年修订，2004 年、2019 年修正）、《矿产资源法》（1986 年通过，1996 年、2009 年修正）、《农村土地承包法》（2002 年通过，2009 年、2018 年修正）、《物权法》（2007 年通过）、《民法典》（2020 年通过）等法律，土地管理的法律体系已经建立并日趋完备。

另一方面，西藏与四省涉藏州县以本地区的社会、经济条件为背景，通过地方立法的形式，先后制定并实施了土地资源管理与开发、利用的法律规范性文件。以甘肃省草地和畜牧业管理地方立法为例，出台了《甘肃省草原条例》《甘肃省甘南藏族自治州草原管理办法》《甘肃省甘南藏族自治州草畜平衡管理办法》《甘南藏族自治州草原承包经营权流转办法》《夏河县草原禁牧休牧管理办法（试行）》《夏河县围栏草场管理办法（试行）》《玛曲县草畜平衡管理办法》《玛曲县退牧还草工程禁牧休牧管理办法（试行）》等，各级各类政策文件更是繁复多样。

土地承包制度是我国土地管理与开发、利用的基本制度。自中共十一届三中全会以来，我国渐进式地对西藏与四省涉藏州县农、牧业经济体制进行

---

① 此处的法律，系指狭义上的法律，即由全国人大及其常委会通过的法律。

一系列调整和改革，逐步完善了农牧业土地承包制度。

（1）藏农区土地承包的政策演进

中共中央《关于进一步加强和完善农业生产责任制的几个问题》（中发〔1980〕75号），关于加强和完善农业生产责任制做出了明确的规定，各涉藏农区对文件的精神进行了广泛的宣传，并相继实行了多种形式的农业生产责任制。

以青海省为例，考察藏农区土地承包制度的演进。[①] 包产到户政策开始实施之初，针对部分干部和群众的不同看法，1981年8月，青海省委在乐都召开民和、乐都等20个县、市领导同志参加的联产承包责任制现场会，要求各地根据群众自愿，加以引导，进行试点，因地制宜地逐步推行多种形式的联产承包责任制。青海省委曾两次组织农村工作部部长赴安徽凤阳、四川、河南等地，对包产到户、包干（交够国家的，留足集体的，剩下都是自己的）到户形式，进行实地学习和考察，极大地推动了家庭联产承包责任制的发展。至1983年3月，全省1.7万个生产队实行了家庭联产承包责任制（即包干到户），占生产队总数的99.5%。除了西宁郊区个别蔬菜队实行定额管理和小段包工，农业区已全部实行了家庭联产承包责任制。

农业生产责任制克服了人民公社时期管理过分集中、劳动"大呼隆"、分配"一拉平"和吃"大锅饭"的弊端，在坚持土地等生产资料公有制的同时，采取统一经营和分散经营相结合的原则，生产得到优化组合，有效推动了农业生产和农村经济的发展。藏族农民赞颂这一富民政策时说："政策数现在好，人心数现在顺，产量数现在高。"

1984年3月，青海省委发出《全省农村牧区工作会议纪要》（以下简称《纪要》）规定："耕地的承包期一般可延长20年以上，果园、林木等生产周期长的项目和开发性生产，可以延长30年以上，鼓励土地向种田能手集中，逐步实行土地分等定级作价。"1987年4月，在海东地区民和县进行了"土

---

① 参见青海省地方志编纂委员会编《青海省志·农业志、渔业志》，青海人民出版社，1993，第80~82页。

地分等定产、升奖降罚"的试点。同年 10 月，青海省农林厅派工作组到平安县洪水泉乡落实、完善农业承包合同的试点工作，进一步明确了发包方和承包方的权利和义务，促进了土地承包工作的完善。至 1988 年春，青海全省农村有 145 个乡镇、1896 个村实行了"土地分等定产、升奖降罚"（分别占所在地区乡镇总数的 78.6% 和总村数的 74.5%），从而促进了农民增加土地投入，改变了掠夺式经营和弃耕撂荒现象。全省不断贯彻《纪要》规定，推动家庭联产承包责任制向林、牧、工、商拓展，完善承包办法。逐步允许农户之间转包土地，农村有些乡、镇建立了合作经济组织，在行政村一级成立了合作经济组织，在户营经济基础上产生和发展起来一批专业户、重点户和新的经济联合体。

（2）藏牧区土地承包的政策演进

以甘肃省甘南州为例，梳理藏牧区草原权属制度的发展演变。

1980 年，甘南州确定了"以牧为主、牧林农结合、因地制宜、综合发展"的生产方针，以发展全州畜牧业。1984 年，甘南州委六届一次会议决定在牧区实行大包干到户的生产责任制，推行"牲畜归户、私有私养、自主经营、长期不变"的方针，从而鼓励了牧民的生产积极性。在牧区实行大包干责任制，是甘南州牧业发展过程中的一次大变革，尚无先例可循。实行大包干责任制后，承包者除了上缴农业牧业税、征购任务和公积金、公益金，其余收入全归其所有。牧业承包责任制的建立，改变了劳动计酬上的平均主义，调动了广大牧民的生产积极性，促进了牧业生产的恢复与发展。①

玛曲县从 1981 年起，开始实行主要生产资料集体所有、个人承包经营的生产责任制。自 1984 年开始的牧业承包责任制，首先实行了牲畜承包到户，从不联产到联产，从联产到承包到户，将 614729 头（只、匹）牲畜作价归户，实行私有私养，户均 150 头（只、匹），人均 29 头（只、匹），实

---

① 夏河县志编纂委员会编《夏河县志》，甘肃文化出版社，1999，第 339 页。

现了牧业经营体制的巨大变革①。

甘南藏牧区实行牲畜归户、自主经营的大包干责任制后,与牧民生产积极性普遍提高相伴而生的,是由于牧业生产最基本的要素——草地没有同步固定到户而日益突出的草畜矛盾。甘南州为解决超载过牧等导致的草地退化问题,开始在全州试点以草定畜的草畜双承包责任制,以实现草畜平衡,克服草畜矛盾。草原承包是在牧区推行的以家庭联产承包为主要形式的"畜草双承包责任制",将草地使用权固定给牧户,以草畜平衡为原则,明确草地使用、保护以及建设等方面的权、责、利。为了保障草原承包划分的界线清楚明晰,政府引导牧民自筹资金建设草地围栏。承包到户的草地仍然结合草地的具体情况,采取不同形式的划区轮牧,并加强干草、青贮料的加工及贮藏工作,以科学的管理模式改善甘南藏牧区冬春饲料匮乏的困境。

草原承包制度通过明晰草地产权极大地鼓励了牧民从事牧业生产的积极性,牧民对于五十年内确定承包给自己的草地给予了更多的养护与管理。

夏河县自 1984 年开始,对草原承包进行了认真调查和试点工作。首先核实草地面积,然后根据地貌、水源条件、草场类型、产草量、帐圈定居情况,明确乡与乡、队与队、村与村之间草山的四至界线,本着"大稳定、小调整"的原则,充分和群众商量,一次划清了草场界线。据统计,到 1990 年,夏河县已承包到户、联产的冬春牧场 495 万亩,占全县冬春牧场总面积的 72%,夏秋草场 405 万亩,占全县夏秋草场总面积的 64%。

玛曲县经过前期的试点和宣传动员,于 1990 年全面实施草畜双承包责任制。根据草地的所有权归国家所有,使用权一次划包到户,允许牧民自愿联户承包草地。根据谁承包、谁管护、谁受益等原则,确定各乡草地的四至界线、面积、载畜量,完成了勘测、登记、丈量、划界、立卡建档等工作。

---

① 玛曲县志编纂委员会编《玛曲县志》,甘肃人民出版社,2001,第 303 页。

至 1996 年，全县 1335.48 万亩草地全部承包到户[①]。

甘南州在牧区实行草原承包的同时，各牧业县根据本县具体县情，制定了草场管理、使用和建设的规章制度，并建立健全了县、乡、村三级草原管理组织。牧区草原承包后，由县级以上地方政府进行登记造册，发给承包者草原使用权证。

（3）藏族农牧区土地承包制度的重要意义

综上，从国家法的角度分析，渐进地建立并日益完善的土地承包制度对西藏与四省涉藏州县的农牧业生产无疑产生了深远的影响。藏族农牧民摆脱了传统社会中等级森严的身份制度，从原来的习惯法规范下，无论是人身还是财产均隶属、依附于部落头目，变革为国家法的土地资源公有制度前提下，作为国家公民享有各项土地权益，进而通过承包及流转合同取得属于自身的合法的土地权益，实现了"从身份到契约"的重要变革。国家法所实行的土地承包制度，对藏族的重要意义主要体现在以下几个方面。

第一，国家法明确了农牧民对于承包土地长期稳定的土地使用权。所谓"有恒产者有恒心"，长期稳定的土地使用权必将激励农牧民对于土地资源的可持续发展与利用。土地确权，尤其是牧民对于草地的长期承包经营使用权，促使牧民从草畜平衡的角度权衡长期可持续发展畜牧的问题。草地使用权人为了自身长远的草地权益，必然理性地限制草地载畜量，这在一定程度上缓解了草地过牧给草原植被所带来的生态压力。明确而稳定的草原权属制度，激励牧民对于自己所承包的草地进行合理有效的管护，有利于草地生态系统的恢复与保护。

第二，国家法建立并逐步完善了土地承包经营权的流转制度，激励农牧民通过形式多样的流转方式实现增收。以草地流转制度为例，在草原承包之前的传统游牧时期，草地大多实行部落共有。有的牧民家庭经济条件基础好，拥有较多数量的牛羊等牲畜，因而可以利用公共牧场无限制地发展；而

---

① 玛曲县草原站：《玛曲县退化、沙化草场综合治理情况（2011 年）》（政府部门工作报告），2011 年。

有的牧民即使有能力，却由于牲畜少、缺资金等客观原因无法发展自有的畜牧经济，只能眼睁睁地看别人一步步走向致富路。而实行草原承包以及草原承包权流转制度①后，较为贫困的牧民会有更多发展牧业的选择，比如，可以在自有的承包草地上放牧牲畜，亦可将承包的草场以转让、出租、转包、互换、合作等形式依法有偿自愿合理地流转。②

第三，国家法明确规定土地承包应当遵循公正、公平的程序。③相比较藏族传统农牧业生产中的土地权属制度，公开、公平的土地承包程序制度，使得每一个农牧民享有了程序上的公平，即享有了平等的权利与机会，从根本上变革了传统部落时期土地制度中曾经存在的贫富不均与机会不等。程序的公平与正义，作为"看得见的正义"，对于推动社会进步、促进藏族权利意识、发展农牧业均具有重要而深远的意义。

2. 习惯法的视角：面向土地权益的理性实践

正如前文所述，在西藏与四省涉藏州县的生态领域，国家法与习惯法呈现出并存调控的多元法律文化格局。在土地资源利用与管理领域，土地承包

---

① 各藏牧区关于草原承包经营权流转的自治条例、政府规章等参见——《西藏自治区实施〈中华人民共和国草原法〉办法》第十八条规定：原承包经营权可以按照平等、自愿、有偿的原则依法转让。《青海省草原承包经营权流转办法》第二十四条规定：本办法所称流转是指采用转包、出租、互换、转让、股份合作等形式流转草原承包经营权的行为。《四川省〈中华人民共和国草原法〉实施办法》第七条规定：在承包期限内，草原承包经营权可以按照自愿、有偿的原则依法流转。流转的方式包括转包、出租、互换、转让等。《甘肃省甘南藏族自治州草原管理办法》第九条第二款规定：草原的承包经营权可依法有偿自愿合理流转，包括转让、转包、合作等。

② 参见滕军伟、张亚东《草场流转助推西藏那曲牧民增收》[EB/OL]，中华人民共和国农业农村部草原监理中心官网，2010年11月25日，http：//www. grassland. gov. cn/grassland-new/ShengCheng/zfjd/zfdt/2010/11/25/1043352581. html；《农牧村土地（草场）流转促进甘南州农牧民增收》[EB/OL]，甘肃科技信息网，2015年12月15日，http：//www. gsinfo. net. cn/xhkj/detail. php？dir=/省中心/甘南&n_no=112883。

③ 我国《农村土地承包法》第七条规定："农村土地承包应当坚持公开、公平、公正的原则，正确处理国家、集体、个人三者的利益关系。"第十九条规定："土地承包应当遵循以下原则：（一）按照规定统一组织承包时，本集体经济组织成员依法平等地行使承包土地的权利，也可以自愿放弃承包土地的权利；（二）民主协商，公平合理；（三）承包方案应当按照本法第十三条的规定，依法经本集体经济组织成员的村民会议三分之二以上成员或者三分之二以上村民代表的同意；（四）承包程序合法。"

制度进入藏区的实施过程当中，围绕重要的土地权益，习惯法以其灵活的流变性和鲜活的生命力展现出其作为地方性知识的实践理性。

［案例］承包与共有的博弈与补缺

　　不同位置的草地牧草的生长情况不同，有的草场牧草长得好，有的草场"黑土滩"比较多，鼠害严重，草场情况比较差。还有，水源是固定的，有的草场离水源近，有的草场远离水源。这些因素都决定了草场自然条件有优劣之分。大家都想要块好草地，草场承包时，为了公平，都是将村里原有的草场按承包的总户数进行均分，然后，由承包人抓阄。好与不好，抓到啥就是啥，认了。由于划分的草场有好有坏，所以，有些村，虽然草场承包到户了，但是也有同一个"日古尔"内，承包了相邻草场的几户牧民，原本都是有血缘关系的亲戚，大家互相帮扶，相互照应，会在相互协商的基础上，自行将各自承包到的草场合并，还按以前那样由这几户共同使用草场。这样能够解决有些牧户承包的草场离水源较远，或者草场植被不好的问题。（访谈对象：班某，65岁，藏族，甘南州夏河县科才乡人。时间：2011年6月21日。地点：甘南州夏河县科才乡科才村。）

　　由于草地的自然禀赋（水源涵养、植被盖度、地理位置等）存在差异，草原承包中基本都采取对划定面积的草地进行标号、抓阄的方式米确定承包人，以保障承包程序的公开与公平。毋宁说，这种通过统一的、民主决定的承包方案在实践中采取标号、抓阄等实现的程序公开与公平，是一种典型的形式上的公开与公平，它建立在民间"凭运气""愿赌服输"的传统民主形式的理解之上。这一传统的形式上的民主决策方式无可避免地会产生若干"运气差"的承包人，即抓到自然条件较差的草地标号的牧民。这部分人发展畜牧业的基础条件无疑将处于客观的天然劣势，从而导致形式公平的承包程序下出现了实质上的不公平。

　　为了平衡这种情况，藏族牧区一些乡或村在实践中仍然共用一个公共的牧场。这种做法一方面使公共草地范围内草场的自然条件差异得到一定程度的平衡；另一方面，多户共用草场，使得草原承包制度成为虚设，同时，共有草场内，各牧户之间草场产权不明晰可能导致公共牧场的"公地悲剧"[①]，因而可能存在牲畜超载、过牧的现象。

　　而对于青藏高原牧区，共用草地是否存在基于"公地悲剧"理论的超载过牧现象，无论是牧业实践领域还是学术界尚存在争议。

　　比如草业科学界有学者指出，草原承包前，牲畜的放牧路径按照春季增水膘，秋季增油膘的理念设计，这样逐水草而牧的游牧方式与牧草的生长和牲畜的采食，其时空差异性特征非常吻合，牲畜在"动"中繁衍，而草地在"静"中休养生息，草与畜之间张弛有序。然而，草原承包后，基于牧草时空分布特点的牧业生产方式不复存在，取而代之的是对固定草地进行划区轮牧的草地经营方式，牲畜的移动性因此降低。[②]这种小牧业生产既不利于牲畜的时空采食，又使草地践踏频繁，草地生态系统自我调节机制受到强烈干扰，无法实现自然修复，从而引起牲畜与草地的双重退化。有学者称这种退化为"没有公地的悲剧"。亦有学者基于实证分析指出：草地利用方式不当才是造成草地退化的真正原因，现阶段的草原承包制度对草地带来的破坏更为严重。[③]

　　笔者在田野调查中，针对这一现象和争议，对牧户们进行了深度访谈。

---

① 1968 年，美国环境保护主义者加勒特·哈丁在《科学》杂志中以寓言的形式，给我们讲述了一个生动的故事："一片草原上生活着一群聪明的牧人，他们各自勤奋工作，增加着自己的牛羊。畜群不断扩大，终于达到了这片草原可以承受的极限，每再增加一头牛羊，都会给草原带来损害。但每个牧人的聪明都足以使他明白，如果他们增加一头牛羊，由此带来的收益全部归他自己，而由此造成的损失则由全体牧人分担。于是，牧人们不懈努力，继续繁殖各自的畜群。最终，这片草原毁灭了。"这便是我们常说到的"公地悲剧"。可见，如果一种资源的所有权没有排他功能，那么这就会导致公共资源的过度使用，最终使全体成员的利益受损。

② A. K. Julia：《北亚草地对气候变化的脆弱性》，北亚牧场贫穷、脆弱性和弹性研讨会论文，2009。转引自曹建军《青藏高原地区草地管理利用研究》，兰州大学出版社，2010，第 46 页。

③ 曹建军：《青藏高原地区草地管理利用研究》，兰州大学出版社，2010，第 44~47 页。

结果显示，不同的牧户，对于几户共用草地的利与弊，依然存在认识差异。

> 草场承包到户后，草场相邻的几户或者一个"日古尔"合并草场共用的情形较为普遍，一般不会发生过度放牧的情况。同一个"日古尔"内大多都有血缘关系，是亲戚。大家共有的草场，谁家有多少牛羊大家眼里看得见，心里都清楚。人与人之间最基本的均等、互惠的规则，大家都不会轻易触犯。（访谈对象：班某，65 岁，藏族，甘南州夏河县科才乡人。时间：2011 年 6 月 21 日。地点：甘南州夏河县科才乡科才村。）

问卷统计结果显示，对于草原承包与传统自由放牧模式合理性的分析与判断，不同的牧民有不同的偏好。有 46.2% 的被访者认为草地承包更为合理，而 33.3% 的藏族牧民认为传统的自由放牧方式更具合理性。

现行国家法明确规定草原承包制度，并允许牧户对于承包的草地可以灵活的方式予以流转，因而，依照国家法，偏好承包的牧民可以选择不同的经营方式，以满足其牧业生产的需要。然而，对于偏好传统自由放牧的牧民而言，在现行的国家法制度框架内选择了国家法的形式（依法承包草地），习惯法的内容，即行为模式（共有草地放牧）。其实质是，在当代藏区，习惯法在国家法的制度框架下，力求以灵活调适的方式实现与国家法的相互补缺，以调整牧区生产生活秩序。

藏牧区草原承包制度的实施过程中，所出现的民间协商共有草场的现象，揭示出作为地方性知识的生态习惯法与代表精英文化的国家法相遇交汇之际，在调整畜牧生产秩序方面所具有的契合性，以及习惯法所特有的流变性与补缺性。

牧民们面对一项新的法律制度时，从自身利益最大化的角度出发，根据自身的实际需求，灵活而充分地利用国家法和习惯法资源，并谨慎而巧妙地在国家法（草原承包）与习惯法（草地共用）之间以自身利益最大化为原则，做出理性选择。正如上文案例所揭示的，牧民们依法签订草原承包合同，领取草地使用权证，形式上表现出其对于国家法的遵守；而面对牧业生产的实际需要，偏好传统放牧模式的牧民则以自治的形式按照利益最大化的原则，以传统的牧区生态习惯法巧妙地替代了正式的法律制度。面对草地利用与管理法律制度的重大变革，习惯法与国家法保持了最大的默契，各自在自己最为适合的领域发挥其秩序功能，并且相互衔接、补缺，在新时期的社会变迁中共同构建出迥然不同于传统习惯法文化的新型民间秩序。

［案例］土地流转：在国家法与习惯法之间 [①]

　　青海省共和县某村的贡布将自己承包的农地租给了同村但不同部落的多杰。双方请部落老人做见证人，并签署了一份简单的书面出租合同。出租期间，贡布了解到国家退耕还林政策给退耕地的承包户有补助，遂决定违约，要求收回土地，不再出租。多杰不同意，双方因此发生争端。多杰请作为见证人的老人调解未果，无奈之下，聘请律师与贡布打官司。（讲述人：完某，52岁，青海省仁和县人。讲述时间：2015年1月19日。讲述地点：青海省西宁市。案例中当事人的姓名经过处理。）

　　该案例反映的是农牧区的农（草）地承包经营权流转形式中，最为普遍的出租现象。本书将在比较国家制定法与习惯法的相关制度的基础上，从三个方面对这一案例进行考察：土地承包经营权出租过程中，出租合同的形式、出租合同纠纷的解决方式以及合同履行过程中，可能引发的承租户对土地的滥用问题（如草地租牧可能导致的过度放牧）。

　　其一，考察土地承包经营权出租的合同形式。

　　国家制定法明确规定了土地承包经营权流转的方式及其程序。我国《农

---

　　①　亦即土地承包经营权的流转。为便于论述，本书中所称的土地流转、土地出租均指土地承包经营权的流转、土地承包经营权的出租。

村土地承包法》第三十六条规定，承包方可以自主决定依法采取出租（转包）、入股或者其他方式向他人流转土地经营权，并向发包方备案。该法第四十条规定，土地经营权流转，当事人双方应当签订书面流转合同。为规范土地承包经营权流转过程中出现的合同签订和流转程序不规范的现象，西藏、青海、甘肃、四川都先后以地方立法的形式，明确规定了土地承包经营权流转的程序，强化了流转合同的管理和备案制度。以藏牧区草原承包经营权的流转为例。《青海省草原承包经营权流转办法》第九条规定，草原承包经营权流转，承包方与受让方应当协商一致，签订书面流转合同。草原承包经营权流转合同应当向发包方、乡（镇）人民政府和县级以上草原监督管理机构备案。《四川省〈中华人民共和国草原法〉实施办法》第七条规定，在承包期限内，草原承包经营权可以按照自愿、有偿的原则依法流转。流转的方式包括转包、出租、互换、转让等。流转应当经发包方同意，双方当事人签订书面合同，草原承包经营的有关权利、义务随之转移。第八条规定，乡（镇）人民政府应当将草原承包、调整、流转等情况及时报县级人民政府草原行政主管部门备案。《甘南藏族自治州草原承包经营权流转办法》亦规定了草原承包经营权流转合同的备案与管理。

然而，正如本案所揭示的，国家法关于土地承包经营权出租合同的制度规定，在实践过程中却呈现出国家法与习惯法交互融汇的复杂图景。

在西藏与四省涉藏州县，农牧村土地承包经营权的出租往往遵照藏族习惯法，即出租方和承租方邀请双方认可的本村（若属同村村民之间的出租）或相关村（若属不同村的村民之间出租）富有威信的老人或者亲戚作为见证人，传统上并无签订书面合同的习惯。同一部落内藏族亲戚、朋友间的土地出租，基本上均不签署书面合同。据某畜牧局的一位管理干部的经验：

虽然出台了草原承包经营权流转的管理办法，明确规定草地流转应当签订合同，还规定了合同的管理和备案制度。实际上，牧民租牧一般不会签订合同，全县（指夏河县，笔者注）至今都没有任何人来备案。

但是就我们掌握的情况而言，民间租牧的情况比较普遍。（访谈对象：王某，42 岁，汉族，甘南州夏河县拉卜楞镇人。时间：2011 年 6 月 17 日。地点：甘南州夏河县畜牧局。）

藏族传统习惯法中，部落内亲戚、朋友之间达成协议后，应当邀请部落老人做见证人，则双方的约定即具有了不容置疑的拘束力和强制力。传统习惯法中并不需要书面形式的合同。藏族民众中间广泛流传的民间谚语"男人说话像金子"，恰与"一诺千金"不谋而合。由此反映出社会活动中，人们彼此严守口头承诺，也深信对方将信守承诺。这正是习惯法所具有的预期性的具体体现。

本案中的合同当事人系同一村的朋友，由于隶属不同部落，彼此的信任度相比较同一部落的亲友而言，相对较弱。因而，为强化合同的拘束力和强制力，双方采用了国家制定法（签订书面合同）与部落习惯法（邀请部落老人见证）的双重保险模式。

其二，考察土地承包经营权出租合同的纠纷解决方式。

国家制定法明确规定，一旦发生合同纠纷，当事人可以选择协商、调解以及诉讼、仲裁等方式主张自己的合法权益。而根据藏族传统习惯法，当事人解决民间纠纷最主要的方式，是请部落老人居间调解。

具体到本案，发生纠纷时，被违约人多杰先是寻求部落习惯法的解决，即请作为见证人的部落老人予以调解。经调解未果后，多杰转而寻求国家法的救济途径即起诉。作为当事人，当纠纷发生时，不是固守传统，陷入习惯法的窠臼，而是先遵循习惯法，再寻求制定法，在习惯法与制定法之间，多途径寻求救济。由此彰显出当代藏民的法治意识不断增强，法制宣传确已渗透"下乡"。

其三，考察土地出租合同履行中，承租人对于承租地的滥用问题。

土地出租后，承租人在较短的承租期内，能否谨慎、合理地对土地交流进行使用、收益，无疑是出租人最为关注的焦点问题。

鉴于近年来，草原租牧情况下可能导致过度放牧问题相对突出，故本书基于原农地出租的案例，主要针对草地出租可能引发的过牧问题进行拓展性分析。

有学者指出，在草地出租的情形下，承租人在较短的租期内，为最大限度地利用所承租的土地，可能会过度放牧，导致草地因过载而退化。笔者实地调研的结果显示，藏族牧民对租牧是否会引发过度放牧这一问题的思考，呈现出不同的认知。

> 租别人的草地放牧，这在我们村子里并不少见。常见的是同一个日古尔内的牧民之间租牧。出租户和承租户之间就租牧的期限、价款等商谈好条件就算成交，一般不签合同。大多都是亲戚或者一个村子里的熟人，彼此信得过。基本不需要担心租牧超载而导致的草地退化。大家都是熟人、亲戚。你租人家的草地，租牧到期，草地毁坏了不好交代，真那样的话，人家下次就不租给你了。而且大家对放牧都很有经验的，都知道什么样的草地该放多少牲畜。在牧区，租牧草场主要发生在熟人和亲戚们之间，你说的那种过度放牧的情况应该很少，至少亲戚、熟人之间很少发生。（访谈对象：毛某，62岁，藏族，甘南州夏河县桑科乡人。时间：2011年6月19日。地点：甘南州夏河县桑科乡桑科村。）

在传统的部落游牧生计下，藏族传统的习惯法文化所具有的神灵制裁、部落制裁与诚信善良等民族道德规范、部落舆论制裁等相辅相成，共同构筑起民间秩序，实现有效的社会控制。而当代，依法治国的战略自上而下深入藏族民众生活，市场经济日益发展，藏族生态伦理观不断发生变迁，尽管大多数藏族民众对传统民族文化仍然自信，然而，正如上述案例所展示的，藏族社区内，所谓亲戚、熟人之间简单的"信得过"，已经无法制衡彼此之间的权利与义务关系，亦无力再如传统历史时期的习惯法那样承担起强制当事人履行责任义务的重任。因而，承租户在多大程度上能够尽到"善良管理人"的义务，而不至"过牧""滥用"短期承租的土地，需要国家法与习惯法之间的协作，亦需要法律、道德等诸多社会规范协同调整。

综上所述，上述土地出租纠纷案揭示出：在市场经济的冲击下，藏族传统习惯法中关于土地流转合约的形式、合约的纠纷解决以及合约的拘束力和强制力，均悄然发生着变迁。

一方面，习惯法根植于藏族的社会文化背景之中，其在新的历史条件下，仍然不断地得到适用和遵守。在土地出租制度的法律实践中，国家法做了精巧的制度安排（应当签订合同和合同备案），然而，在实施的过程中，却轻易地被农牧民们所规避。与之相反，习惯法却因其与所处的社会文化环境高度适应而得到默守。在农牧民的心目中，一个村或者一个"日古尔"内亲戚和熟人之间彼此熟悉，仅凭这一共同体的道德伦理判断和社会舆论就足以产生有效的强制力。而国家法所设计的合同制度对于大多不熟悉国家法，甚至不识字的农牧民而言，常常显得程序冗杂而实效微弱。从秩序功能的角度看，在自然资源的管理与利用中，习惯法仍然承担着重要的秩序规范功能。

关于自发秩序，哈耶克有过深入的研究，他深刻地指出："这种显见明确的秩序并非人的智慧预先设计的产物，也并非出自一种更高级的、超自然的智能的设计……乃是适应性进化的结果。"[1]

正是在社会自发秩序的意义上，生态习惯法作为地方性知识体系，在复杂急剧的社会变迁中，经由不断的文化适应，其自身亦在传承中不断发生变迁与发展。

另一方面，伴随全面推进法治化的进程，藏民的法治维权意识正日益得到增强，并适时在国家法与习惯法之间做出自身利益最大化的理性选择。本案中双方当事人就土地出租事宜达成协议，在邀请部落老人见证的同时，订立了书面的出租合同，从而同时具备了国家法和习惯法对这一行为模式的规

---

① F. A. Hayek, *The Constitution of Liberty*, Chicago : University of Chicago Press, 1960, p. 59.

范要求。国家土地管理政策（退耕还林政策）带来的经济利益，成为出租人贡布违约行为的诱因，也阻却了习惯法文化以及传统民族伦理道德文化对于当事人的规范和制约。在这一场国家法与习惯法的较量中，由于显著的土地权益，习惯法被违反和抛弃。而被违约人多杰则先是求助于习惯法，邀请作为见证人的部落老人出面调解，未果。无奈之下，依法聘请律师打官司即是其在合法的土地承租权益遭受侵害的情形下，所做出的理性选择。

　　这一土地出租合同纠纷案的典型意义在于其揭示出，当代藏族地区，在市场经济、依法治国的宏大时代背景下，经济、法律、文化诸多因素互相影响、制衡。藏族传统法律文化自身正在经历不断的调适与变迁，藏族自身的信仰以及行为模式均呈现出复杂的现实图景。正如本案例所展示的，关于土地的管理与利用，尽管国家法与习惯法规范的行为模式迥然不同，然而，农牧民们的选择是纯粹理性的，不存在固守传统、刻板地因循习惯法，亦不存在一味地遵守国家法。当事人对国家法和习惯法均有较充分的认知，并在合同订立以及纠纷解决时灵活地在国家法和习惯法之间进行了理性选择。从合同订立之初兼采习惯法与国家法的形式，到合同实施过程中出租方了解国家退耕还林政策带来的土地权益后的违约行为，以及纠纷发生后承租人先是仰赖习惯法，请有威望的老人调解，调解未果转而寻求国家法的救济，聘请律师打官司，这一民事土地权益纠纷典型地演绎了习惯法与国家法的交汇与较量。

[案例] 为桑曲让路的桑达公路

　　大夏河在藏语中称"桑曲"（གསང་ཆུ།），桑科乡就是由桑曲而得名。其发源于桑科乡的吉合浪塘。桑曲历史上一直都被桑科七部落尊为鲁神居住的地方，因而，当地藏族民众每年都到源头处行祭祀礼，藏语称"戴尔"或者"煨勒桑"。神湖有很多自然禁忌，比如，不得随意挖泉、开渠，不能污染水源，禁止在水源地洗涤污秽物品，不能随意向河里扔不洁的东西等，唯恐冒犯鲁神而遭到惩罚。20世纪70年代以前,水源地的湿地草长得约有1米高,水源很丰富。后来,桑曲源头处经常出现断流。距离桑曲源头20多米,有一条历史上自然形成的供人畜通行的便道。当年设计修建桑(科)—达(久滩)公路时,将这条自然便道进行了加宽,以连接公路。施工队伍对便道进行拓宽时,因为施工现场距离桑曲源头过近,遭到了当地藏民的强烈反对。乡政府接到村民反映后,上报到县上有关部门,并聘请了环保专家,对水源地的施工现场进行了勘查和评估。为保护水源地的湿地,经甘肃省交通厅批准,将原来设计好的桑达公路的施工线路进行了改道,绕行到远离桑曲源头约300米的地方。因为当时施工挖到水源地,大家都担心冒犯鲁神。桑科乡的老人们便请拉卜楞寺的活佛在水源地做法事,桑科的牧民都自发组织去祭祀鲁神,还将水源处的湿地用铁丝网围起来,禁止随意靠近或破坏。(讲述人:罗某,男,65岁,甘南州夏河县桑科乡人。讲述时间:2011年6月19日。讲述地点:甘南州夏河县桑科乡地仓村。)

土地资源因其重要性成为国家自然资源法和生态习惯法调整和规范的共同核心。土地资源的管理与利用,不仅关乎土地权益的分配,而且围绕土地开发与利用,公共利益与公共利益之间,公共利益与私权益之间,常常出现交涉与冲突。

这一案例的典型意义在于,在土地资源利用与管理领域,当两种公共利益(水源地保护与公路基础设施建设)之间发生冲突,即当习惯法所维护的公共利益(桑曲水源地保护)与国家法所保障的公共利益(公路建设用地开发利用)发生紧张与冲突之时,传统生态习惯法规范以其独有的灵变性予以调适。

规范只有放置于秩序的语境中才具有意义,因而下文将本案习惯法规范的考察置于藏族社区秩序当中予以考察。

根据哈耶克的界定,

所谓"秩序"，我们将一以贯之地意指这样一种事态，其间，无数且各种各样的要素之间的相互关系是极为密切的，所以，我们可以从我们对整体中的某个空间部分或某个时间部分（some spatial or temporal part）所作的了解中学会对其余部分做出正确的预期，或者至少是学会做出颇有希望被证明为正确的预期。[①]

显然，秩序能够藉由各种要素之间密切、稳定、有机的联系带给人们正确的预期。从秩序的视角考察这一案例，在桑达公路修建之前，当地藏民由于崇信桑曲中居住着主宰健康、财富、平安的鲁神，因此，祭祀鲁神，遵从对鲁神的自然禁忌，这是为当地藏民所普遍接受的传统习惯性规范。由于藏族生态习惯法文化所具有的神意性特点，藏族民众自然地将桑曲的草地茂盛、水源丰足与对鲁神的祭祀、禁忌等行为建立起必然的因果联系，认定只有通过崇拜与禁忌行为取悦于鲁神，才会达致水源丰足、草地繁盛，这是对习惯性规范行为模式的稳定的预期。这正是哈耶克所谓"秩序"的功能意义所在。然而，桑达公路的建设对这一传统秩序造成了强烈的干扰，当施工进入习惯法规范设定的桑曲源头的禁忌区时，这种背离习惯法规范的行为模式导致对既有民间秩序的破坏。为修复原有民间习惯法秩序，藏族民众一方面强烈反对桑达公路的进一步施工，以避免对鲁神更深的冒犯；另一方面，由作为民间权威的老人们出面邀请拉卜楞寺的活佛做法事，以禳灾祛邪，同时，民众自发组织进行了大规模的煨勒桑活动，以取悦鲁神，祷告祈福。"煨勒桑"的集体行为隐含着藏族盟誓[②]习惯法的运作，众人面对活佛、鲁神，口诵煨桑颂词，即是以神灵为监督，彼此建立禁止冒犯、破坏桑曲水源

---

① 〔英〕弗里德利希·冯·哈耶克：《法律、立法与自由》，邓正来、张守东、李静冰译，中国大百科全书出版社，2000，第 54 页。

② 《藏族传统文化辞典》"盟誓"条："联合、取信对方的传统习俗。盟誓有大有小，大的盟誓要到神山、圣地、神树、上师或寺院佛像前举行，向神山及三宝（佛、法、僧）起誓。"参见谢启晃、李双剑、丹珠昂奔主编《藏族传统文化辞典》，甘肃人民出版社，1993，第 755 页。

地的特殊契约。此外，还集体自发对水源地进行了围栏保护，以示警诫。如果说，在传统时期，藏族集中生活地区生态秩序仅仅依靠共同体成员内心对于自然禁忌的崇信、对于宗教权威的信仰即可获得维系，那么，面对当代复杂的社会变革，人们的生态行为还须予以外在的强制与制约，这也许正是该案中除了传统习惯法文化因素（活佛、煨勒桑），牧民还自主用铁丝网围住水源地这一强制性保护措施所寓示的当代生态习惯法文化在认知之后的调适与重构。

在这一场域下，活佛、鲁神、老人以及围栏这一系列象征符号共同构筑起习惯法文化的权威性与强制性。它仿佛一则无字的禁令，为共同体成员内心所信仰、所遵从。面对当代生态文化环境的变迁，关于桑曲水源地保护的习惯法规范在修复被破坏的旧的秩序的过程中，得以再生。

而这样由共同体共同确认产生的习惯法规范，对于当地藏族民众保护水源地的生态行为的规范与制约功能远胜于各种"送法下乡"形式宣传的，诸如《土地管理法》《草原法》等正式的生态法律制度。该个案再一次印证了伯尔曼的名言："法律必须被信仰，否则将形同虚设。"因此，即使产生习惯的初始动机与原因已然被淡忘，习惯法却由于其所蕴涵的人道性、合规律性、实用性及普遍适用性等自身属性而被共同体成员所信仰，并获得普遍性遵守。[1]国家法在水源地保护领域的规范性只能是原则性、概括性的，它可能足够理性、足够体系化，但显然无法细微地照顾到桑科乡民对于桑曲鲁神的原始宗教信仰，而习惯法文化具有的地方性知识的优势能够充分关照到藏族民众的自然崇拜与禁忌。由于当地藏族民众对于神灵的信仰远胜于对国家制定法规范的理解与掌握，习惯法正是借由超自然的神秘力量实现其规范社会秩序的功能。

这一个案展示出的重要意义还表现为：依法修建公路这样的公益性政府行为在其实施过程中，在遭遇习惯法抵制的情形下，采取了沟通、合作的态度，并通过专家论证的形式，依据我国《公路法》中"公路建设项目的设计

---

① 谢晖：《法律信仰的理念与基础》，山东人民出版社，1997，第47页。

和施工，应当符合依法保护环境、保护文物古迹和防止水土流失的要求"的规定，为国家法与习惯法、正式制度与非正式制度提供了对话的空间和途径。申言之，在当代全面推进法治的背景下，自上而下的国家法如何能够与作为地方性知识的习惯法实现沟通与对话？这一过程显然至少需要具备两个必要条件：一是对话与沟通的桥梁与平台；二是两套不同体系的规范性知识寻求对话的"翻译"。当习惯法规范与国家法之间发生冲突时，正是作为传统习惯法代表的部落老人以及国家法实施所依赖的村委会、乡政府等基层组织，在熟悉两套规范性知识的基础之上，穿行于习惯法规范与国家法规范之间，寻求两套规范性知识之间对话与和解的情、理、法依据——给政府一个"合法"的依据，同时，给牧民一个"合乎社情民意"的说明。

（二）生态补偿：习惯法的暗合与补缺

1. 生态正义：国家法与习惯法的暗合与差异

（1）国家法视阈下的生态正义

正义是法律最基本的价值之一，生态正义亦因此成为生态法追求的首要价值。由于不同的文化有不同的正义观，建立在不同文化观基础上的正义的内涵和标准自然存在不同。当代国家生态立法所追求的生态正义的价值目标，基实质是基于可持续发展理论的生态正义观。

可持续发展既不是单指经济发展，也不是单指生态持续，而是指自然—经济—社会复合系统的可持续性，是能动地调控自然—经济—社会复合系统，使人类在不超越资源与环境承载能力的条件下促进经济发展、保持资源永续和提高生活质量。可持续发展包括生态持续、经济持续和社会持续这三大特征。它们之间相互关联而不可分割：生态持续是基础，经济持续是条件，社会持续是目的。①

从法理学分析，可持续发展思想的核心主要是规范两大基本关系，即

---

① 汪劲：《环境法律的解释：问题与方法》，人民法院出版社，2006，第 230 页。

"人与自然"之间的公正关系、"人与人"之间的公正关系。当代国内外的法律实践发展主要表现为：在"人与自然"之间的公正关系方面，提倡自然物的权利，保护自然资源系统的生态效益；而在"人与人"之间的关系准则方面，提倡环境权的保护，决策中注重衡平不同地区之间的协调发展和人类的代际利益。[①] 基于可持续发展观的生态正义蕴涵的价值追求主要包括生态公平与生态安全。

生态公平主要指代内公平、代际公平以及人类与自然生命体的权利公平。[②] 代内公平是指处于同一代的人们对来自资源开发以及享受清洁和健康的环境这两方面的利益都要有同样的权利，它体现在国家层次和国际社会层次。代际公平是指在人与自然的关系中，每一代人都有相同的地位。全人类在过去、现在以及将来共同拥有地球环境，当代人和后代人对其赖以生存和发展的生态资源有相同的选择机会和相同的获得利益的机会。这意味着当代人有权使用生态环境，并从中受益，也有责任为后代保护环境。人类与自然生命体的权利公平则指人与自然界的权利公平，这意味着确认包括人与非人在内的生命主体及其权利，亦即所有生命主体都有不受危害的权利。生态安全则是指人的环境权利及其实现受到保护，自然环境和人的健康及生命活动处于无生态危险或不受生态危险威胁的状态。[③]

（2）习惯法与国家法视阈内生态正义的契合性

藏族生态习惯法文化因其与自然生态环境的有机统一以及与所处社会文化的整体背景的相互契合，在生态伦理观、秩序功能等方面与当代国家生态法关于生态正义的价值取向存在暗合与共通。藏族生态习惯法文化视阈内的生态正义至少在以下方面与国家法追求的生态正义存在共通与暗合。

首先，承认并尊重自然的内在价值。以宗教文化为其精神基础的藏族传

① 汪劲：《环境法律的解释：问题与方法》，人民法院出版社，2006，第234页。
② 吕忠梅：《环境法新视野》，中国政法大学出版社，2000，第222~228页。
③ 王树义：《可持续发展与中国环境法治——生态安全及其立法问题专题研究》，科学出版社，2007，第1~11页。

统生态伦理观认为，自然界的所有生物都有其生命价值和生存权利，因而，人类应该崇敬自然、尊重生命。一方面，藏传佛教以生死轮回、因果报应的思想解释生命的现实与未来的关系，认为人与各类动物会因为业报不同而在不同的境界中相互轮回，因而，人类与动物是平等的生命体，区别仅在于作"业"不同而得到的不同的报应——成为人或者成为动物。另一方面，藏族自然观认为，在高原的山石、草木、湖泊、溪流，到处都栖息着各种神灵鬼怪，因而，自然万物都是神圣的，都应当崇敬，不能冒犯，高原藏族的自然崇拜、自然禁忌由此而来。正因如此，藏族生态习惯法文化承认自然的内在价值，并通过自然崇拜、自然禁忌建立了尊重自然的伦理价值观和行为规范。

其次，保护自然系统的生态效益。藏族生态习惯法文化的保护对象涉及雪域高原的各种生态要素，以各种象征符号构建起自然—人文生态系统。这一地方性知识体系尊重自然万物的内在价值，以维护各种生态要素之间有机联系的生态系统性为根本目标，并充分认识到自然环境、人类社会活动以及神灵体系之间相互依存的有机统一性。藏族长期积累、凝结的生态习惯法文化所主张奉行的和谐、节制的生活方式强调对自然万物尽可能少的干扰以减少对于寄身于山石草木间的神灵鬼怪可能的冒犯与冲撞，其实际效果则是力求尊重自然生态规律，以维持高原整体的生态平衡。

再次，保护人类的代际利益。藏族关于生命的轮回、果报思想以及人与自然的关系的认知（即人来源于自然，并与自然相互依存），不仅成为藏族崇敬、珍惜自然的思想基础，而且有效规约着藏族民众的行为模式，其根本目的在于以和谐、节制的生活方式保护人类世代永续和谐共存于自然界。

（3）习惯法部落生态正义的局限性

尽管藏族生态习惯法所蕴藏的生态正义与国家法相互契合，然而，就生态正义的实现而言，藏族生态习惯法作为一种地方性知识，与国家法在效力范围方面存在显著的差异性。

首先，就法对人的效力而言。习惯法以属地主义为主，并与属人主义与保护主义相结合。申言之，藏族生态习惯法适用于传统部落组织所管辖地域范围内的所有人。由于藏族传统部落组织成员基本上都生活于本部落地域范围内，某人一旦被逐出本部落的地域范围，则自动丧失其部落成员的身份。因而，习惯法对人的效力表现为主要适用于本部落组织内部成员，且以维护本部落的利益作为适用部落习惯法的依据，任何侵害了部落整体利益的人，无论是否为本部落成员，都要受到部落习惯法的严厉制裁。其次，就法的空间效力而论，习惯法适用于部落组织的整个管辖范围，即习惯法对于本部落组织管辖范围内的所有人都有约束力。

基于此，生态习惯法仅对本部落管辖范围内的人适用，其所蕴涵的生态正义亦只能在部落范围内得以实现。申言之，这是一种部落的生态正义。

应当看到，当代生态领域，伴随民族地区的生态环境趋于恶化，由于生态问题的系统性，跨区域的生态环境问题日渐突出。由于重要的生态功能区位，西藏与四省涉藏州县生态环境的变化已不再仅仅局限于本地区的生态平衡与和谐，而是直接关系到该地区之外的区域，乃至全国的生态安全。面对这种跨区域的生态问题，部落习惯法显然鞭长莫及。从这个意义上讲，生态习惯法受其效力范围的制约，无法对当前跨区域的、全球化的生态问题发挥其生态法文化的规范和制约功能，以调控和平衡不同地区之间的协调发展，从而实现整个社会的生态正义。这凸显出在当代跨区域生态问题方面，国家生态法治重要的调控与规范功能。

2. 草地生态补偿：国家法对习惯法的吸纳与补缺

（1）生态补偿的法律涵义

经济学的生态补偿概念最早用来解决环境污染和生态环境破坏所产生的外部不经济性问题，以促进环境污染和生态破坏外部成本内部化。伴随生态环境问题从早期突出表现为区域性的环境污染（如20世纪30年代至60年代发生的一系列严重公害事件）发展到跨区域、跨国界的全球性生态环境问题（如酸雨、臭氧层破坏、全球性气候变化、生物多样性锐减、土壤退化、海洋污染等大规模生态环境危机），人类对于环境问题的解决路径从先污染后防治的"末端控制"转变为预防为主、防治结合的"全过程控制"，各国更加重视和强调对于地球生态系统的保护，经济学理论的生态补偿概念突破其原有的矫正外部不经济性的涵义而得到拓展，对保护生态环境者给予合理回报，以补偿其生态保护行为的外部经济性，成为生态补偿的应有之义。

生态补偿是防止生态环境资源配置扭曲和效率低下的一种经济手段，具体来说是指通过一定的手段实行生态环境保护的正外部性的内部化，让生态保护产品的消费者支付相应的费用，生态保护产品的生产者获得相应的报酬；通过制度设计解决好生态产品这一特殊公共产品消费中的"搭便车"现象，激励公共产品的足额提供；通过制度创新解决好生态投资者的合理回报，激励人们从事生态环境保护投资并使生态资本增值[①]。

以国际新兴的生态综合管理这一方法论为理论基础，依据我国最能反映生态综合管理理念和原则的生态功能区划制度，本书界定生态补偿的法律涵义为：为了恢复与保护生态系统的生态功能以维护生态平衡，在一定的生态功能区，针对该区域的特定生态系统服务功能所进行的补偿，包括两部分内容，一是对恢复和保护该区域特定生态系统服务功能的直接投入，二是该区域内居民为恢复和保护特定生态系统服务功能而牺牲的发展机会成本。这一概念界定从狭义的生态补偿出发，即强调对生态保护者的外部经济性行为进行补偿。由此，尽管我国现行生态环境立法体系中有关排污费以及各自然资源单行法中有关资源管理、保护的资源税（费）也不同程度地反映出经济学上生态补偿的性质，上述生态补偿的法律涵义仍然与排污费、资源税（费）等制度安排区别开来。理由如下。一方面，构建生态补偿机制的目的正是弥补我国当前生态环境领域的政策与法律均呈现出结构性缺位这一不足（即我国过去一直重视建立调整环境污染和资源开发利用的政策与制度，而关于生态保护和建设的政策及制度严重不足），因而，当前我国构建生态补偿激励机制的制度目标应当聚焦于生态保护与建设行为予以补偿，而将排污费排除在外，以避免概念的外延过宽而可能引致的混乱。另一方面，为克服我国传

---

① 李爱年、彭丽娟：《生态补偿机制及其立法思考》，《时代法学》2005 年第 3 期。

统按自然资源要素管理和保护的方式［如资源税（费）即以此为依据］所存在的不足，生态补偿应当强调生态综合管理（其宗旨是针对主导生态功能进行保护）的新兴、科学理念。充分考量我国的生态现实及生态补偿的特征[①]，以生态功能区划制度为依据，通过补偿特定区域的特定生态系统服务功能，将"生态效益"（即生态系统服务功能）特定化（即根据生态功能区划制度，按照特定区域的主导生态系统服务功能予以补偿）。由此而界定的生态补偿法律关系，合理地解决了"由谁补""补给谁""补偿途径""补偿标准"等重要的实践问题。比如，黄河首曲甘南州玛曲县的草地生态系统，具有多项生态系统服务功能，[②]但是，由于人类对于生态系统服务功能认知的有限以及受当前社会发展水平限制，实践中不可能对玛曲草地所有的生态系统服务功能进行补偿，而应当立足我国当前的社会经济发展水平，针对该区域特定的生态系统服务功能——依据《全国生态功能区划》所界定的该区域的主导生态功能，即水源涵养功能——进行补偿。

（2）草地生态补偿的法理分析

青藏高原具有重要的生态功能区位，其丰富的草地资源对我国的长江、黄河、澜沧江等大江大河具有极其重要的水源涵养功能，青、藏、川、甘等省（自治区）的草地资源被《全国生态功能区划（修编版）》确定为水源涵养重要区。

草地资源的水源涵养生态服务功能具明显的公共性：其一，消费的非排他性，即草地生态保护区（江河源头地区）不能阻止下游地区对于江河水资

---

① 生态补偿具有以下特点：第一，生态补偿的概念界定具有发展性；第二，生态补偿具有生态功能区位上的差异性；第三，生态补偿与特定的社会经济发展水平密切相关。参见常丽霞、吕志祥、陈海啸《生态效益补偿的法理辨析》，《农村经济》2011 年第9 期。

② 借鉴国内外关于自然资源生态经济学的相关理论与方法，采用生态功能效益价值化的评估方法，玛曲草地生态服务项目主要包括了气体调节、干扰调节、防风固沙、涵养水源、水土保持、废物处理、生物多样性保持、食物生产、原材料和娱乐文化功能等11 个方面。参见玛曲县草原站《玛曲县退牧还草工程建设及效果监测评价（2003 年～2008 年）》，政府部门工作报告，2010 年。

源的无偿消费；其二，供给的不可分性，即江河源头地区草地保护所产生的水源涵养功能为全流域各地区提供生态服务功能。由此，围绕草地生态系统这一公共物品，在生态保护过程中产生了江河上游地区进行水源地生态保护，而中下游地区无偿消费水源涵养生态功能的不公平现象，导致生态效益及相关经济利益在上、下游地区之间的扭曲分配，并严重阻碍上、下游地区的协调发展。这一现象显然背离生态正义关于代内生态公平的内在要求。草地生态补偿正是为了平衡上、下游的生态效益及相关的经济利益，通过经济手段对江河上游地区的水源保护行为（主要是保护草原植被及其水源涵养生态功能）进行补偿，以调整上、下游地区之间因为水资源保护与利用而产生的生态及经济效益的不公平分配。

近年来，气温、降水等自然因素的变化和不合理的人类活动导致青藏高原的天然植被退化日趋严重，植被面积锐减，生物多样性遭遇破坏，水资源枯竭，河流径流量减少，水土流失加剧等生态问题。其水资源涵养功能急剧减弱，给江河补给的水资源大量减少，导致江河中下游广大地区旱涝灾害频繁、河水断流，工农业生产受到制约，直接威胁到整个流域的经济社会可持续发展和生态安全。有关资料显示，山东省1997年断流造成的直接经济损失达100亿元，其中，20多亿元是由甘南及其以上地段，尤其是黄河首曲的草原退化、水源涵养能力下降等因素造成的。① 整个黄河流域的水资源供需矛盾日益尖锐，对流域各省区的经济发展造成严重影响。因此，恢复和保护该地区的自然生态环境，增强其涵养水资源功能、强化其水资源补给功能，是关系江河中下游地区和国家生态安全的重大战略问题。

一方面，江河源头地区，生态相对脆弱，经济十分贫困。为了江河流域的生态安全和向下游提供可持续利用的水资源，该地区投入了大量的人力、物力和财力，甚至以牺牲当地的经济发展机会为代价，进行源头地区生态环境的恢复与保护。另一方面，下游地区的水资源开发使用者享有巨大的经济

---

① 甘肃省林业调查规划院：《甘肃甘南黄河重要水源补给生态功能区生态保护与建设规划（2006~2020）》，2005，第28页。

效益。江河下游地区人口和城镇密集，其经济发展对江河水资源具有更强的依赖性。这种状况使得流域生态效益及其相关的经济效益在生态保护者（源头地区）与受益者（中下游地区）之间出现不公平分配。出于对江河水源地的保护，国家和地方政府对水源地的资源开发、产业发展做出各种限制，其实质是限制或者剥夺了源头地区的发展权。这种生态保护与经济利益关系的扭曲，使源头地区作为生态保护者得不到应有的经济激励，严重影响上、下游地区之间的公平、协调发展，有悖于可持续发展对于生态正义的内在要求。因此，必须建立生态补偿机制，以调整生态效益以及相关的经济效益在生态保护者与受益者之间的分配关系，实现对于生态投资者的合理回报，从而激励生态环境这种"公共产品"的足额提供。

由于全流域生态问题跨越行政区划，而藏族生态习惯法所追求的部落生态正义存在效力局限性，无力回应和调整，因此，唯有以国家法强大的国家权力构建生态补偿机制，方能协调江河上、下游地区之间的生态效益及相关经济利益，以实现生态正义的宏观调控功能。

我国现阶段草地生态补偿主要通过公共财政手段，在全国主要牧区实施退牧还草工程以及草原生态保护补助奖励政策，对退牧还草实施区域给予必要的草原围栏建设资金补助和饲料粮补助，以解决草地的休养生息和恢复发展的问题。

2002 年 12 月 26 日，国务院批准启动退牧还草工程。国务院西部开发办、国家计委、农业部、财政部、国家粮食局联合下发的《关于下达 2003 年退牧还草任务的通知》指出，实施退牧还草的总体思路是：进一步完善草原家庭承包责任制，把草场生产经营、保护与建设的责任落实到户。实行以草定畜，严格控制载畜量。实行草场围栏封育；禁牧、休牧、划区轮牧，适当建设人工草地和饲草料基地，大力推行舍饲圈养；推行休牧、与轮牧相结合、放牧与舍饲相结合的生产方式。优化畜草产业结构、恢复草原植被，实现畜牧业的可持续发展，确保农牧民的长远生计。

退牧还草工程，以自然恢复草原植被，减轻草地压力，改善草原生态环境，促进生态效益、经济效益、社会效益的协调统一，实现草地资源的永续利用和畜牧业的可持续发展。退牧还草工程主要包括禁牧、休牧、补播改良模式，其中，禁牧是对沙化草地、极度退化草地长期封育；将鼠害极度危害形成"黑土滩"的地方封育禁牧10年，待植被恢复到一定程度后再进行季节性休牧和划区轮牧。在退化草地则以季节性休牧为主，在牧草萌发期和结实期休牧90天。补播改良是对禁牧、休牧和划区轮牧区的严重退化草场，在进行地面处理后，补播多年生优质牧草。

为了巩固退牧还草工程的生态保护效益，国家于2011年在全国主要牧区实施了草原生态保护补助奖励政策（以下简称"草原补奖政策"）。政策实施以草地承包到户为前提，是继2002年国务院启动退牧还草工程之后，在主要牧区推行的又一项草地生态补偿的政策实践。

政策的目标是通过实施禁牧补助和草畜平衡奖励，对牧民给予生产性补贴等一整套支持政策，基本达到草畜平衡，转变畜牧业发展方式，逐步实现草原生态保护和牧民增收的双赢目标。

（3）草地生态补偿政策的习惯法文化渊源

从宏观调控的角度看，退牧还草工程以及草原补奖政策的宗旨在于国家通过公共财政手段，为恢复与保护草地生态系统的生态功能，维护生态平衡，针对该区域草地的主导生态功能（水源涵养）进行补偿，以协调由此产生的生态效益及相关的经济利益在草地生态保护者与受益者（黄河下游地区）之间的公平分配关系，实现生态正义。从微观的政策实施内容分析，主要根据草地的退化程度以及生态区位分别实施禁牧、休牧以及轮牧等保护模式，实现草地植被的自然恢复，提高草地生态服务功能。国家草地生态补偿政策的思想基础无疑来源于牧区与自然生态环境高度适应的禁牧、休牧、轮牧等传统游牧生计。从这一视角分析，其正体现出国家法对于习惯法文化的吸纳与借鉴。

牧区传统的游牧生计最典型的特征是"逐水草而居"，即牧业生产生活方式遵循高原草地的自然生态规律而实行季节轮牧，在不同的季节、不同的气候条件下充分保护和利用处于不同生长期的草地。这种传统的轮牧方式以遵循高原草地的自然生态规律为基本原则，根据不同草场草甸在不同季节的不同生长情况，以避开牧草的关键性生长期——返青期和种子成熟期——为要旨，区分季节进行轮牧，其实质是分别对处于返青期和种子成熟期的草地进行休牧，保障牧草在返青期和种子成熟期得以合理地休养生息，以利于草地植被的更新和恢复。这种季节轮牧、畜群管理的牧业生产经验，充分体现出牧民们在脆弱的高原生态环境下，顺应自然规律，对草地自然资源的谨慎适应和合理利用。

牧民们将这种季节轮牧生动形象地总结为"冬不吃夏草，夏不吃冬草"。不同季节的草场在牧区分别被称为"暖季草场"和"冷季草场"。比如在甘南玛曲，冷季草场是当年11月初牲畜进入冬场起至第二年6月中旬牲畜达到饱青期之间的放牧时期，长达七个半月。暖季草场则指从6月中旬开始至10月底，利用时间四个半月。在冷暖两季的过渡时期，有相应的过渡草场，即春秋草场。在不同牧区，对于季节牧场的划分不尽一致，有的牧区只有冬春—夏秋两季轮牧；而有的牧区，则形成三季轮牧方式，这种轮牧方式又可根据对草场分季节利用情况的不同，分为冬春—夏—秋三季轮牧或者冬—春秋—夏三季轮牧方式。在季节草场内，则根据各类牲畜的不同放牧习性，因地制宜划分放牧地段，畜群在同一牧地、同一季节有"先羊、中马、后牛"的排牧习惯。其核心内容是根据不同季节不同草场的生长情况，按照牧草生长期进行转场轮牧，在牧草最关键的生长期给予其休养生息的机会，以维持草地资源的可持续利用。它是牧民长期在高寒草地牧居，利用不同草地，不同季节放牧的丰富经验的积累与凝结。

此外，在牧区，为了保护重要的水源地，部落内部的规约会禁止在水源地进行放牧，以防止污染或破坏重要的水源地。这些季节轮牧以及重要水源地禁牧的牧业生产习俗，构成牧区生态习惯法文化的重要组成部分。

从法理上讲，牧民为了增强草地生态效益而形成的禁牧、季节性轮牧等放牧习惯规范，是顺应自然规律，自愿奉行和谐、节制的牧业生产方式。其根本目的是保障草地生态系统的恢复与更新，有效维持草地生态系统平衡。客观上看，传统游牧习惯法正体现出牧民遵循草场的自然生长规律，主动牺牲一定的经济发展机会，以恢复和保护草地生态系统的生产智慧。因而应当予以合理的补偿，以激励牧民从事草地生态的保护与投资，保障草地生态服务系统这种"公共物品"的足额提供。政府主导实施的草地生态补偿政策，正是吸收了牧区季节轮牧和禁牧的习惯性经验。通过从两个方面补偿牧民——一是对草地禁牧、休牧等生态保护行为进行直接投资（如围栏封育），二是对牧民因保护草地而牺牲的部分发展机会给予补偿——实现对草地生态保护中存在的生态效益及相关的经济利益的不公平分配关系进行协调，以促进生态保护者与受益者之间的和谐、协调发展。

在草地生态补偿领域，国家法与习惯法呈现出吸纳与补缺的关系：一方面，国家法充分吸收了习惯法文化作为地方性知识的合理经验（如禁牧、休牧、轮牧等习惯法文化），将其整合内化为草地生态补偿法律关系的权利义务内容，使习惯法进入国家法的规范体系；另一方面，国家法弥补了习惯法效力范围的局限性（即习惯法难以调整跨区域的草地生态效益及其相关经济效益的公平分配关系），从国家宏观调控的角度，对草地生态补偿法律关系进行了规范和宏观调控。草地生态补偿政策机制对习惯法的吸纳与补缺，充分发挥了国家法与习惯法的不同效力优势，同时，弥补了各自所存在的局限性——国家法为实现法制统一而无法兼顾地方性差异，从而难免抽象、原则化，习惯法作为地方性知识贴近社区生活却终不能回避其在跨区域调整领域的局限性——通过二者的认可与整合，最大程度地实现了生态正义的实质内涵。

3. 草地生态补偿政策实践的法人类学检视

以黄河首曲甘南州玛曲县为例，基于法人类学的视角，从国家法与习惯法之间的关系的角度考察草地生态补偿政策。

玛曲位于甘、青、川三省交界，域内有"黄河九曲之首"，县境内为首曲湿地保护区的核心区域。黄河在玛曲境内流径 1.019 万平方公里，占甘

肃省境内黄河流域面积的59%，黄河在玛曲入境时水量只有20%，出境时水量达到65%。黄河上游径流量占总径流量的55%，而首曲湿地对黄河贡献了上游径流量的45%，有27条一级支流，300多条二三级支流汇入黄河，同时有丰富的地下水渗入黄河，因而，首曲湿地被誉为"黄河蓄水池"和"中华水塔"，是黄河源区的重要组成部分，沿岸形成的乔科滩、万延滩、贡塞尔客木道等滩地的45公顷水草沼泽地——首曲湿地，是青藏高原湿地类型中面积较大、保存最完整、状态最原始、特征最明显、物种资源最丰富、最具代表性的高原沼泽地，位列全国十大高原湿地之一。

玛曲县由于其重要的生态屏障作用，成为退牧还草首批项目的实施区域。2003~2008年退牧还草工程实施期间，玛曲县境内实施区域总面积达到1005万亩草地，其中，禁牧草地为265万亩，休牧草地为730万亩，轮牧10万亩。按照工程建设的要求，因地制宜地进行了围栏封育、禁牧、休牧等不同的草地恢复模式，同时，补播改良退化草地约165.2万亩。中央财政支持经费共计17697.5万元。

玛曲县退牧还草工程实施后，草原生态环境的自我恢复能力和草原植被的恢复速度得以提高，从而为该地区提供了良性循环的生态环境条件。首先，玛曲草地植被恢复状况有显著改善，草地植被覆盖度、高度和地上生产力显著提高。高寒草甸类禁牧草地的地上生产力和盖度比对照草地分别提高了21.39%和18.68%；休牧草地比对照草地分别提高了29.29%和22.76%；高寒沼泽类草地禁牧草地的地上生产力和盖度比对照草地分别提高了25.33%和20.00%，休牧草地比对照草地分别提高了13.65%和12.06%。其次，草地生态系统的生态服务价值有显著增加，未实施区的高寒草地的总生态服务价值为64.68亿元，实施禁牧后，总生态服务价值提高到78.62亿元，实施休牧的草地提高到83.32亿元。[①] 玛曲县因其黄河首曲，具有重要的生态区位，该地区生态环境的恢复与改善也为黄河下游地区的水资源利用和生

---

① 刘振恒、武高林、杨林平、班马才让：《黄河上游首曲湿地保护区退牧还草效益分析》，《草原与草坪》2009第3期。

态环境产生了积极的影响，有利于促进上下游地区的协调、和谐发展。

我国由政府通过公共财政手段（即公共购买）实施的生态补偿模式适用于生态功能服务面大，受益人数多，或者难以准确界定，即属于典型公共物品的情况。该模式有两大风险：一是由于信息不对称，政府购买可能支付了高于实际所需的费用；二是官僚体制本身的低效率、腐败的可能性以及政府预算优先领域的冲击等，都可能影响政府购买模式的实际效果。[1]

> 对于牧草的生长期而言，最重要的是牧草的返青期不能放牧，这正是休牧政策的总体思路。但是，对于不同自然气候环境下的牧草，返青期是不同的。比如，玛曲的高寒草地返青期大约在6月初，青藏高原在这个时间段，有一段最为严酷的时间，民间叫"倒春寒"。只有这个时间段过去了，才算慢慢进入返青期。但是，由于每年气候条件不同，所以，"倒春寒"究竟在什么时候不能确定。也就是说，不能预先确定每年的返青期。但是，政府的有关政策法规明确规定了休牧的起讫时间，比如，玛曲县就明确规定休牧期为5月15日—6月30日[2]，这是不符合牧区的生产实践经验的。如果强制性地执行，势必违背草地生长的自然规律，会因此影响政策的实施绩效。再比如，甘南州退牧政策中补偿金有一部分用于修建暖棚，以引导农牧区实行舍饲圈养。实际中，对于青藏高原的牲畜而言，比如牦牛，它的习性就不适合圈养模式，实验证明，牦牛长期圈养会生病的。在高原牧区，进行短期的舍饲是可以的，但是，长期圈养不利于畜种改良。所以，工程实施中，牧区修建的暖棚，大多数情况下是闲置的，结果造成补助资金的浪费。还有，围栏的后续管护也存在较多问题。国家用于围栏建造的投资很大，但是，安装到牧户后，由于不是牧民自己掏钱安装的，牧民们自己不操心，很

---

[1]　中国生态补偿机制与政策研究课题组编著《中国生态补偿机制与政策研究》，科学出版社，2007，第40页。

[2]　参见《玛曲县退牧还草工程项目实施暂行办法（试行）》，第二条。

多围栏损毁得很厉害，长期这样下去，最后就剩下草原上的一堆烂铁丝了……（访谈对象：刘振恒，甘肃省兰州市人，高级畜牧师，长期从事草地生态保护与草地退化沙化治理和修复的科研及科技推广。时间：2012年8月3日。地点：甘南州玛曲县草原站。）

就草原补奖政策的实践而言，草原禁牧补助和草畜平衡奖励要按照已承包到户的草原面积发放。因此，全面完成草原承包到户工作，是落实草原补奖政策的前提。因而，有些地方政府为了"切实地为牧民办好事、谋福利"，在原本不能放牧的湿地亦建起了围栏，按照承包的草地争取补奖资金。而在湿地上建造围栏是根本没有必要的，因为湿地原本就不能够放牧。因此，也造成了围栏资金的浪费，用基层专业技术人员的话说，"还不如把这钱（在湿地上建造围栏的资金）直接发给牧户，那才是真正意义上的造福百姓"。

上述草地生态补偿的政策实践中存在的问题，其根本原因在于政策制定与实施过程中的信息不对称。质言之，国家制定政策时，尽管吸收整合了习惯法的合理因素，然而，从国家的宏观层面，对于实际牧业生产的本地性知识无疑欠缺完善的认知，因此制定的政策可能存在以下不足。一是对于自然气候条件存在差异的地区采取了"一刀切"的做法，结果不可避免地造成"南橘北枳"的结果。二是欠缺与地方性知识的沟通，导致政策的民间不适用性，从而难以发挥应有的制度引导和规范功能，甚至出现诱导习惯法出现扭曲与混乱，发生不利于生态保护行为的负面效应，包括可能出现的低效、腐败等。这两种可能的弊端都将降低政策的实施绩效，阻碍政策预期目标的实现。

所谓"信息对称"是经济学的术语，在人类学的话语中，其实质是精英文化（国家法）与地方性知识（习惯法）的关系问题。两套知识系统如何沟通、互动成为社会治理必须考量的关键问题。一项政策制定、推行的过程中，不能单从国家自上而下的视角，更须保障自下而上的轨道畅通，唯此，两套知识系统之间的对接与互动方为可能。

草地生态补偿的政策实践揭示出两方面的经验。其一，国家法应当高度重视自下而上轨道的疏通，充分考量来自基层实践的观点和意见，给予基层社会充分的知情权、话语权以及自由裁量权，通过基层政府引导和鼓励基层自治组织（如村委会、老人会等）以双向互动的模式实现国家法宏观的调控宗旨以及惠民目标。具体而言，国家法应当切实通过程序立法的形式将公众参与原则渗透于政策及制度的制定、实施、评估等重要环节之中，以保障国家立法宗旨的实现以及政策制度的实施绩效。其二，生态立法最根本的原则是尊重自然生态规律，而习惯法具有历史属性的特征，即习惯法的形成应当具有足够长的历史，因此，生态习惯法的实践理性应当是最符合自然生态规律的。从这一意义上讲，国家法应当给予习惯法足够的尊重，并在二者的实践理性之间寻找可能的共通与差异，以此为基础，实现当代生态法治领域国家法与习惯法的良性互动。

（三）水电开发：习惯法的认知与调适

1. 水电站与藏族社区

雪域高原水资源丰富，水网密布。藏族传统的游牧生活方式基本是靠天养畜，因而，藏民对于水资源的利用仅限于生产生活之必需，主要是人畜饮水和生活用水。藏族生态习惯法文化中的鲁神崇拜以及诸多水资源利用与管理方面的自然禁忌和传统习俗，对藏区的水资源利用管理行为有强大的规范和制约功能，从而对珍贵的水资源起到了很好的保护作用。

西藏与四省涉藏州县经济、社会以及科技的快速发展，极大地推动了以当地政府为主导的水资源开发利用活动。近年来，各级地方政府大力兴建水电站，进行水电开发。以甘南州夏河县为例，始建于 1976 年的桑科水电站是该县第一个水电站，它有效地解决了拉卜楞镇及九甲、桑科、甘加各乡群众的生产生活用电需求。依据"夏河县大夏河（桑科—土门关）水电站梯级开发工程"规划，大夏河沿岸目前已建成水电站 5 座，在建 5 座（其中规划中的麻当和安顺两座水电站合并为一个水电站），未建 5 座。

水电站的兴建无疑推动了藏族生活地区资源管理与利用方式的革新。兴建水电站作为现代化的科技符号，将水资源转换成电能源，促进了藏区生产生活对新能源的利用，同时，对农牧民传统的生产生活方式产生了深刻的影响。目前，藏族生活地区已然实现了村村通电，电视机、电冰箱、手机、电脑等电器设备逐渐进入藏族农牧区。这不仅是现代科技的渗透，同时，通过电视机、手机、电脑等现代媒介，促进了现代科技、资讯以及观念、思想的传播。

与此同时，由于兴建水电站，河流失去了往日的美丽和安详，河道旁常有挖砂的机械在施工。建造水电站需要在附近的草山开挖隧道。施工机械过处，草地被无情地挖开，这一片狼藉反衬着广阔高远的天空，形成极不和谐的图景。

> 建水电站都是些外地的老板，他们赚足了钱，我们的草地却被破坏了。大夏河水越来越小了，河两岸挖砂点随处可见，我们的神山被挖成了洞子（指隧道，笔者注）。可是，我们却没有得到任何好处，就连电费也没有任何优惠之处！（访谈对象：万某，61 岁，藏族，甘南州夏河县麻当乡人。时间：2011 年 1 月 15 日。地点：甘南州夏河县麻当乡祁当村。）

充分结合田野调查的深度访谈以及问卷统计结果[1]予以考察，可以发现由于水电站建设作为当代社会发展进程中的新事物，超越了传统藏族生态习惯法文化的知识体系，同时，又背离传统生态习惯法文化（自然崇拜与自然禁忌）规范，因此，藏族民众对于政府主导的水电站建设正处于逐步的认知与调适当中。

---

① 关于藏族民众对于政府兴建水电站的态度的问卷统计与分析，参见本书第六章"衰落与调适：藏族自然崇拜与禁忌之当代传承与变迁"的相关论述。

2. 习惯法的抵触与国家法的因应

水电站建设与当地藏族民众的自然崇拜以及生产生活资源（河流、草山）的权益紧密相关。

从秩序构建的角度看，在政府的权力推动下进行的水电站建设，属于国家法调整的范畴。同时，这样的政府工程所开发利用的资源却与当地藏族社区民众的生产生活资源如草山、河流等息息相关。在发展的语境下，自然资源、政府公权力、农牧民的资源权益，在水电站的兴建工程中形成了权益交错的复杂关系。当代围绕自然资源、公权力、私权利之间的复杂关系，国家法与调整民间秩序的习惯法不期而遇。

从根本上，法律对秩序的调整是对相关权力与利益的均衡与分配。政府主导推进的水电站建设属于国家法调整的范畴，兴建水电站项目，其产值的分配方案中，国家和地方政府将增加利税收入，电力公司无疑是项目的获利者，但是，尽管水电站建设项目的申请材料中必然会以"造福当地藏民"作为项目建设的必要性理由，然而，项目审批、实施后的利润分配中却往往看不到藏族社区民众的席位。在水电站建设引起的一系列复杂的资源权益关系中，习惯法的秩序功能限于民间秩序，它能够影响并调整受项目建设影响的藏民的意识与行为模式（当地藏民对于水电站建设项目的认知、评价以及可能产生的支持或者对抗行为），却无力调整这其中主导开发利用自然资源的公权力以及由此产生的资源权益分配关系。然而，生态习惯法所规范调整的当地藏族民众的意识及行为模式却直接影响其所生活地域的生态和谐和民族稳定。因而，在诸如水电站建设这类由政府主导的资源开发利用项目（工程）产生的各种资源、权益关系中，国家法必须重视生态习惯法文化可能产生的间接的却无疑是重大的影响。

水电站项目建设的个案中，从项目规划、决策、实施都出现了公众的缺位。其一，水电站的建设规划往往对建站地点可能对藏族所崇拜的山神、鲁神的侵犯未予充分考量，因而可能伤害民众的宗教情感和自然信仰，引发社区农牧民的抵触。合理的进路是：应当充分考量项目规划与实施过程中可能遭遇的习惯法的抵制，并给予合理的预警与应对。从而，在项目推进的各个过程中，尽可能通过听证、补偿等途径吸纳公众意见，进而提供公众表达意愿、排解不满的有效通道；或者，通过各种灵活的方式给予其一定的补偿，从而尽可能地减缓其间由于民众抵触而可能引发的不稳定效应。其二，在建成后的资源利益分配中，藏族社区民众本应是这一建设项目中最直接的受益者，却最终遗憾地在资源开发利用的利益分配中缺位，国家法与习惯法的冲突由此而生。而解决这一冲突的根本途径则在于，国家法在调整开发利用自然资源的社会关系时，应当健全公众参与的机制。水电站建设的规划、实施的整个过程都应当鼓励受水电站建设影响的社区公众的参与，使受影响社区的农牧民面对水电站的开发建设有合理的知情权和话语权，有权利参与水电站建成后的资源利益分配（比如吸引沿岸藏族民众的就业、资源入股或者能够对沿岸社区民众的电费收取有所减免），使由于建设水电站而生态效益受损的民众得到合理的补偿，从而保障生态效益及相关的经济效益在水电资源开发利用者与受益者、生态环境受影响者之间的公平分配，以实现环境公平和社会公正，维护社会稳定和可持续发展。

（四）矿产开发：习惯法的冲突与妥协

西藏与四省涉藏州县拥有丰富的矿产资源。矿产资源开发仿佛一柄双刃剑，在对经济发展具有巨大推动作用的同时，也对这一地区脆弱的生态环境具有严重的损害性影响。在当代，藏族的矿产资源开发活动，由于深刻地影响到习惯法与国家法共同关注的生态安全，因而注定了二者在该领域的相遇与互动。

[案例] 神山上的采金者

甘南有很多土地下面都有金矿。草地承包到户的那几年，有南方来的挖矿的大老板，与承包土地的农牧民议好价，给村子里一些补偿，就可以挖矿了。后来，听说地矿局要来查，要罚款，那老板就跑了。留下一个挖开草皮的烂摊子，周围的草都死了，采矿的地方有毒水往外流。在附近放牧的羊，也不知是吃了那里的草还是喝了附近的水，死了很多。这几年政府管得严了，以前那种根本没有任何审批手续就乱挖矿的现象基本没有了。2008年，桑科乡有一南方来的挖矿的，倒是听说是经过审批的，有采矿证。由于他们的采矿点正好是在特布金格尔上，那是原德哇部落的神山，所以，德哇村的牧民不许他进山入场作业。由于特布金格尔是拉卜楞寺最重要的金柱，采矿的事被牧民们知道后，整个桑科部落，包括桑科乡的，还有其他乡的，都反对他进山采矿。双方僵持中，那个采矿主竟然开进采矿机械，想强行入场作业。当时矛盾激化到双方以武力相对峙，牧民们集体进行了围攻，将采矿的挖掘机和大卡车扣留下来。被扣下的卡车和挖掘机现在还在桑科乡政府大院里呢。（访谈对象：才某，62岁，藏族，甘南州夏河县桑科乡人。时间：2012年8月8日。地点：夏河县桑科乡桑科村。）

　　藏族传统文化里，会把矿产多的草地奉为神山，认为那是蕴藏宝物的神圣的地方。所以，藏族有山神崇拜。但凡挖草地，都要做"戴尔"（ གཏེར ），"戴尔"的藏文本意是"宝物""地下的宝藏""矿物"。像藏文的金矿、银矿两个词就是"金"（ གསེར ）、"银"（ དངུལ ）后加上"戴尔"组合而成的。所以，藏族人不是去神山挖矿，反而是以自然崇拜（"戴尔"）的形式，将自己的宝物藏到神山里，以取悦、供奉神灵。从传统民族文化的角度看，藏族人从来不会从神山挖矿。但是，这些年，确有一些藏民为了钱，同意一些采矿厂进入自家承包的草地挖矿。（访谈对象：旦某，42岁，藏族，甘南州夏河县拉卜楞镇人。时间：2011年1月12日。地点：甘南州夏河县拉卜楞镇。）

　　神山上的采金者案例呈现出甘南州矿产资源开发、管理过程中的两类典型案例，即非法开采和合法开采[①]。其一，藏民擅自同意非法采矿主进入

---

① 相关案例参见宋维国、张铁梁《甘肃甘南非法金矿危害生态，国土部门成保护伞》，新华网，2005年10月31日，http：//news.xinhuanet.com/legal/2005-10/31/content_3706392_3.htm。

其承包的草地采矿的案例生动地揭示出：改革开放之初，采矿主给予藏民一定的管理费和经济补偿，即使没有国家法认可的探矿证或采矿证，亦能进入草地采矿。这一现象表明，市场经济对于藏族民众生态伦理观以及传统的生态习惯法文化造成了明显的冲击。面对经济利益的诱惑，习惯法中自然禁忌的强制力逐渐减弱，牧民对于习惯法的信仰受到削弱。在生态问题已呈现全球化的今天，藏族传统生态伦理观受市场经济的冲击而弱化的这种变迁，意味着其价值观、生态伦理观将呈现出不利于生态保护的变迁趋势，应当予以足够的理性关怀和预警。其二，合法采矿主招致藏民围攻的个案中，由于其依法取得采矿许可的采矿点触犯当地藏族的神山，从而无法获得藏民的认同，结果被围攻而不能进场作业。这一个案显示出在矿产资源开发中，国家法与习惯法之间可能存在的根本性冲突。被国家法所认可的采矿行为，因与牧民奉为神圣的神山崇拜发生冲突，故而遭遇牧民的坚决对抗。国家法与民族宗教文化发生冲突，无疑将严重影响民族地区的稳定与安全。应对习惯法与国家法之间的这种对抗性冲突，最好的途径就是在熟悉国家法和习惯法两套知识系统的基础上，以一种高度的安全风险意识，防患于未然。可以从案例发生地（即甘肃省甘南州）的相关地方性立法进行考察。《甘肃省甘南藏族自治州矿产资源管理条例》比较详尽地规定了矿产资源开采的管理规范，而对于地矿主管部门颁发采矿证的这一行政许可行为，应否以及如何开展行政许可的听证，该地方性法规未做出具体、明确的规定，没有体现出地方性立法应有的民族文化特征，从而凸显出民族地区地方性立法的不足。具体到本案中，由于生态习惯法与其宗教文化之间互相渗透、互相建构，因而，为预防国家法与民族宗教信仰之间可能出现的对抗性冲突，民族聚居区的地方立法应当立足民族文化的特征，充分吸收习惯法的合理成分，以促进其与国家法两套知识体系之间的对接与整合。

改革开放以来，生态保护与经济开发的矛盾越发突出地呈现在欠发达的民族地区，民族地区的安全稳定、民族关系的和谐、民族传统文化的保护以及社会公平和环境公正都被广泛地关注和重视。在这样一种宏观的背景下，伴随诸多国家政策与制度在藏族生活地区规划、试点、实施，藏族传统的社会生产与生活体系卷入国家这一政治体系中，其传统的资源利用管理方式的变迁表现为在国家权力推动下藏族传统生态习惯法文化体系的调适与重构。

"环境的历史历来就是统治的历史"[①]，保障民族地区的发展权、保护生态环境、保障社会公正、环境公平，是民族地区可持续发展的应有之义。依此进路分析，综合各学科的认知，从社会、经济、文化、生态等各方面考察、评估现行相关政策与法律的实施及其影响，无疑将有助于民族地区的稳定与可持续发展，并对民族生态习惯法文化的调适与建构产生深远而有益的影响。

二 暗合与协同：藏族风俗中蕴藏的生态习惯法文化之当代传承与变迁

藏族风俗映射出藏族的生态伦理观、自然崇拜与自然禁忌以及生产生活惯例，其中蕴藏着丰富的生态习惯法文化。下文主要通过现场观察、问卷调查、深入访谈、座谈会等田野调查方法考察藏族传统风俗中所蕴藏的生态习惯法文化于传承当中发生的变迁。

（一）节日习俗中蕴藏的生态习惯法文化之当代传承与变迁

藏族传统节日以宗教节日为核心，内含着藏族民众崇尚人与自然和谐共生的生态伦理观。问卷通过调查当代藏族民众参加放生节、娘乃节、插箭节等传统节日的情况，考察节日习俗中蕴藏的生态习惯法文化的当代传承与变迁。

---

① 〔德〕约阿姆·拉德卡：《自然与权力——世界环境史》，王国豫译，河北大学出版社，2004，第10页。

关于参加每年传统节日习俗的调查（回答缺失样本2人）中，选择"无论如何都会参加"的，农、牧、半农半牧区以及其他地区分别占总样本的3.7%、5%、13.6%、6.3%；选择"经常参加"的，分别占55.6%、43.3%、57.6%、68.8%。而表示"不参加"的，分别占3.7%、1.7%、3.4%、0%。上述数据表明，只有极少数的藏族民众根本不参加传统节日。关联考察受访者的性别以及职业信息，回答"不参加"的6人，其中5人均为男性大学生，3人来自农区，2人来自半农半牧区；另有1人来自牧区，女性。作为大学生，不参加传统民族节日，可能的原因有二：一是受到学校上课时间表的限制和学业压力的影响，不能参加；二是作为大学生，所受到的教育弱化了其对于传统民族文化的信仰。需要说明的是，关于该问题的调查，关联考察女性受访者的回答，除上述来自牧区的1名女性回答"不参加"，其他女性受访者的回答均为"很少参加"。然而，并不能由此得出女性不注重传统节日习俗的结论。①

现场观察和深入访谈的结果亦显示，承载着藏族生态价值观以及审美文化的传统节日习俗，在当代民间得以保持与传承。笔者曾于春节期间赴拉卜楞地区考察，深切体悟到拉卜楞地区正月初八放生节的祥和喜悦和正月十三瞻佛节（又称晒佛节）的神秘庄严。而藏历四月十五的娘乃节，亦是藏族僧俗共有的节日。需要说明的是，藏族民众实施放生其实是常态化的，并不限定在放生节。因而，在雪域高原，经常会看到系有彩带的放生牛和放生羊，自由生长在高远的天地间，它们所系的彩带仿佛一道道"禁止任意宰杀"的禁令，宣示着人与自然和谐共生的价值理念。

---

① 部分藏族节日习俗对于参加者的性别有限制。比如，插箭节，仅限于部落成年男性。然而，正月法会、娘乃节、放生节则不限男女均可参加。问卷中关于该项调查的问题为："每年的藏族传统节日习俗，比如正月法会、娘乃节、插箭，您＿＿A无论如何都会参加；B经常参加；C很少参加；D不参加。"笔者在问卷回收进行统计、分析的过程中，发现该问题设计时未能充分考量插箭节等藏族节日习俗对参加者性别的限制，而将上述传统节日并列在同一问题中，导致对于女性受访者回答的统计结果无法进行准确分析。作为补正，本项调查充分结合了现场观察和深入访谈的调查方法，以期能够做出全面的考察和分析。

综上，生态习惯法文化深蕴于藏族传统的节日习俗中，藉由绚丽缤纷的节日习俗文化，使和谐一体的生态伦理观得以强化，人与自然共生互存的生态习惯法文化得以传承。

（二）天葬习俗中蕴藏的生态习惯法文化之当代传承与变迁

在当代，伴随着城镇化进程，藏族丧葬习俗在传承中发生着流变。正如前文所分析的，在土地退化日益严重的今天，藏族传统的天葬习俗因其不占用土地具有显著的环保功能。同时，藏族天葬习俗内蕴"天人合一"的生态伦理观，亦将助益于其所生活地区的生态和谐。

其一，从藏族天葬习俗制度化的视角考察。我国当前的殡葬管理制度坚持积极地、有步骤地实行火葬、改革土葬、节约殡葬用地、保护环境的原则以及尊重少数民族丧葬习俗的原则。藏族的天葬习俗无疑与国家法的上述原则高度契合，因而，部分藏族聚居区以立法的形式推动天葬事务管理的规范化和制度化，如《甘孜藏族自治州天葬事务管理办法（试行）》、西藏自治区民政厅制定的《天葬管理暂行规定》等。

其二，从藏族天葬习俗传承与变迁的现状考察。尽管各地区实行天葬、水葬、火葬、塔葬[①]等不同的丧葬仪式，然而，田野调查结果显示，那些举家迁入城镇生活的藏民，已经普遍认可了国家的火葬制度。而在农、牧区以及半农半牧区，则普遍因循惯例。如部分地区，因为有历史上形成的天葬台，至今仍然采用天葬的形式。

> 对于藏族民众而言，死，是人生的结束，是脱离痛苦、回归自然、寻求解脱的重要环节。佛教认为世间是由地、水、火、风四大元素和合而成，因此，无论以地、水、火、风中的任何一种元素的方式解脱和回归，都是一样的。因此，这四种元素所对应的土葬、水葬、火葬以及天

---

① 塔葬属典型的佛教葬俗，仅适用于当地富有名望的高僧大德，如活佛、高僧、寺院法台等。

葬，对于藏族人而言，没有什么根本的差别。所以，藏族民众对国家政策和法律规定的火葬并不排斥。（访谈对象：才让东珠，藏族，甘南州碌曲县人，甘肃省佛学院副教授，主要研究方向为中国少数民族史。时间：2016年8月5日。地点：甘南州夏河县拉卜楞镇。）

由此，作为藏族特有的、具有浓郁宗教色彩的丧葬仪式，天葬蕴含的生态习惯法文化，因其与当前生态法治高度的契合性，在当代得以传承。而藏族宗教文化中所蕴含的"天人合一"的生态伦理观，使得藏族民众对于死亡持有解脱痛苦与轮回往复的开放心态，因而，藏族民众亦能达观地认同并实行国家法普遍推行的火葬制度。这正是藏族生态习惯法与国家生态法治之间因其内在契合性而呈现出协同治理效能的典型体现。

（三）物候历算中蕴藏的生态习惯法文化之当代传承与变迁

藏族天文历算中最具本民族传统知识特色的当属物候历。其具有科学性、实用性、地方性等特征，并在民间社会发挥着历法、天气预报等功能，对藏族民众的生产生活具有重要的指导价值。

藏历是包括物候历在内的藏族天文历算的智慧结晶，而今仍广泛应用于西藏与四省涉藏州县，并为当地民众所崇信。从农业的春灌、春耕、春播、除草、夏灌、追肥、秋收，到牧区的接羔育幼、剪毛、牧场迁移等，民间社会均按照历书描写的节气和物候定时。① 以拉卜楞地区为例，该区域广泛流传由甘肃民族出版社出版、甘南州医药研究所编制的《气象历书》。此外，每年春节期间，拉卜楞寺统一张贴作为藏历重要组成部分的春牛图，以预报当年农牧业年成的丰与歉。西藏天文历算研究所仍然经常深入农牧民群众中，对研究所发布的气象预报的准确程度予以调研，同时虚心向民间求教，收集民间关于物候观测的最新经验。不仅藏族每户必备藏历，气象部门也把

---

① 觉安拉姆：《浅谈藏族天文历算的可持续发展》，《西藏大学学报》2006年第1期。

藏历作为天气预报的参考依据，西藏的新闻媒体更是播报来自气象部门和藏历的两种天气预报。①

藏族的物候历算作为优秀的藏族传统文化资源，是藏族长期适应雪域高原自然生态环境的过程中尊重自然生态规律的经验积累与智慧结晶，其间蕴藏的生态习惯法文化，与国家生态法治互为借鉴，协同建构生态善治。

---

① 觉安拉姆：《浅谈藏族天文历算的可持续发展》，《西藏大学学报》2006年第1期。

第八章 藏族生态习惯法文化传承中的
当代变迁（下）

"法律与其说是被规定，还不如说被实践。"①考察自然资源纠纷解决场域下习惯法的实践运作，能够为思考生态习惯法在当代的传承与变迁、探索习惯法的内生机制、透视习惯法与国家法的关系等重大问题提供有益可行的思路。

一 互动与再生：藏族自然资源纠纷解决习惯法之当代传承与变迁

在当前生态法治的推进过程中，藏区自然资源纠纷解决习惯法亦在不断发生变迁。就资源纠纷的解决方式而言，传统的部落审判无疑已经成为历史。自行和解作为私力救济的一种形式，自古至今均存在于民间秩序当中，并伴随人们的价值观、伦理观、法律观念等在不同的时代背景下发生变迁。本节将聚焦涉藏地区民间秩序中最重要的纠纷解决方式——调解，以调解习惯法与国家法二者在民间秩序中的互动关系为框架，从调解方式、调解人、调解场域等方面考察藏族自然资源纠纷解决习惯法的当代传承与变迁。

西藏与四省涉藏州县生态法治领域，国家法与习惯法之间存在价值目标（即追求生态正义）的契合，因而，二者在这些地区的秩序建构中，呈现出独特的双重调控的法文化格局。一方面，"依法治国"的各种法制宣传、各种形式的送法下乡活动自上而下地渗透到乡、村、户。藏民们对于"打官

---

① 强世功：《一项法律实践事件的评论》，载王铭铭、〔英〕王斯福主编《乡土社会的秩序、公正与权威》，中国政法大学出版社，1997，第514页。

司""请律师"不再茫然和陌生，对于国家法的认知在逐渐增强；另一方面，传统的习惯法在民间秩序的维系过程中仍然承担着重要的调整和规范功能。在当代藏族自然资源纠纷解决的不同场域下，习惯法与国家法之间呈现出吸纳与排斥相并存、冲突与调适共交织的复杂图景。

（一）权威与秩序：于保持中变迁的民间调解方式

［案例］跨省草山纠纷的跨世纪调解 ①

青海省循化县岗察乡与甘肃省甘南州夏河县甘加乡相邻，位于青甘两省的边界线。1979 年，两乡之间为界定草场分界线发生重大争执。1983 年 10 月，时任全国人大常委会副委员长的第十世班禅额尔德尼·确吉坚赞受中央领导委托，对甘加与循化之间的草山争执进行调解。在参照历史、照顾现实、实事求是、互谅互让、公平合理的基础上，班禅主持签订了《甘肃省甘南藏族自治州夏河县甘加公社和青海省循化撒拉族自治县岗察公社草山争执问题的协议书》（"八三班禅协议"）。1984 年 7 月，甘、青两省在夏河县召开会议（以下简称甘青夏河会议），将"八三班禅协议"确定的 13 个界桩增加为 32 个桩位。1984 年 9 月 13 日起进行的栽桩工作历时 45 天，甘加、岗察双方在部分界桩点位的认定上出现意见分歧，虽经多次协商均未取得一致，使定点栽桩工作无法进行下去，循化县和夏河县的（八三班禅）协议执行小组双方商定了《关于划定界线的栽桩工作出现分歧情况的联合报告》。夏河方面在报告中指出，甘青夏河会议上所增加的桩位中有 5 个桩位脱离协议所定界线的范围，与国务院批准的协议是相违背的，从而出现边界线地形图与八三班禅协议的文字不相符的情形。为此，甘加方面群众意见大，栽桩工作无法执行。此后多年，甘加与循化围绕草场边界线纠纷不断，越界放牧，打斗，抢、盗牲畜的事件时有发生。

---

① 该案例根据相关内部资料整理而成。

2004 年 9 月 10 日，甘加仁青村与循化岗察群众之间再次为草场和水源点发生冲突械斗。由于其中复杂的历史与现实原因，这一冲突一直未能得到圆满的解决。2006 年 1 月 1 日，双方因为草场边界争执致使矛盾再次激化。在甘肃省人大常委会副主任嘉木样的积极协调下，纠纷双方 46 名党政干部、调解人员以及群众代表在兰州市经过历时一个月的艰苦努力和积极协商，于 4 月 10 日至 4 月 11 日，在"尊重历史、照顾现实"的前提下，相继签订了草山纠纷调解协议书和民族团结友好县协议书。调解书规定，双方的边界线仍按照第十世班禅大师的裁决，以所立的 13 块石碑为界。至此，一起跨世纪的草山纠纷终于得以成功调解。

这是一起发生在当代的跨省、跨世纪的草山纠纷案，其最终获致圆满解决的全过程，揭示出资源纠纷民间调解习惯法文化在保持性与连续性中所发生的变迁。

其一，当代藏牧区草山纠纷领域，习惯法在民间社会具有重要的调解纠纷、规范秩序的功能，并在纠纷解决的实践运作过程中，实现其文化保持性和连续性。

在纠纷的发生及其解决过程中，无论是对涉边牧民的越界放牧行为所采取的习惯法的惩罚及处理方式（在越界的牲畜群中"抓羊"；互相驱赶牲畜；互相偷抢牲畜；以部落复仇的形式进行的械斗等），还是纠纷解决的实践运作，都充分体现出草山纠纷民间调解中传统习惯法的文化保持性与连续性。另一方面，作为牧区最重要的生产生活资料，草地资源其纠纷的解决仍然以习惯法的民间调解为主。纠纷解决习惯法重要的秩序调整功能，不仅为习惯法在当代藏族生活地区的实践运作不断强化，而且，也为国家法所充分认知。

本案中，在不间断的纠纷过程中先后产生过多个协议。从改革开放初期，再到依法治国方略确立后，各个历史时期都依照藏族生态习惯法，通过民间调解来解决草山纠纷。纠纷发生时，各级地方政府显然都充分认识到民间调解的重要秩序功能，故而按照藏族习惯法，邀请当地上层的宗教人士、富有威望的老人以及群众代表共同组成民间调解小组，依照传统民间纠纷解决习惯法规范运作，即推举调解人（上层宗教人士、有威望的老人、第三方代表）、选择调解地点（在纠纷地点之外的第三处）、"吃咒"承诺对调解协议的无条件遵守，最终达致纠纷的解决。

具体考察各微观调解阶段，能够更清晰地展现出基层政府对于民间调解草山纠纷重要功能的充分认知。比如，甘南州夏河县甘加乡关于上报冲突事件搁置的报告中指出：

> 我乡政府为了维护边界地区社会稳定，确保双方群众生产生活安全，派第三村群众万某主动与循化县岗察乡牧民贡某联系协调，旨在将此纠纷搁置一年……建议两县县委、政府组织并委托寺管会、第三村群众代表进行调解，搁置此纠纷……双方互相驱赶损失的牲畜数用法律手段难以确定，在确定双方群众损失的牛羊时，采用政府协调与民间相结合的方法，即在县、乡政府给群众做大量思想工作的基础上，双方选派有威望的老人，以民间方式确定双方牲畜损失数，根据实际损失数进行赔偿，解决双方群众因牲畜损失数而产生的分歧，调查处理此纠纷。

再如，青海循化、甘肃甘南州夏河两县政府就处理械斗事件所达成的相关协议中，亦明确指出，

> 械斗事件善后事宜采取宗教、民间等方式进行调处。具体由两县党委、政府全面组织，邀请两县属地寺管会等宗教组织参与，选出双方一致信任的第三村，各选派3至5名群众代表组成调解组对善后事宜进行调处。

纠纷两县共同协商达成的关于事件的搁置协议，就是依据习惯法，由

"两县党委、政府和属地寺管会、第三村（中立方）群众代表组成的谈判协调小组"在甘肃省临夏市经过充分酝酿和共同协商而达成的：

> 为从根本上解决械斗事件的善后工作，两县民间谈判协调小组，由两乡领导带队……请求嘉木样活佛出面主持调处械斗事件的善后工作……

最终调解协议即是在由相关寺院代表以及纠纷所涉村的村委会代表共同组成的调解小组的主持下达成的。

其二，当代多元法律文化的格局下，资源纠纷解决习惯法文化在认知、调适中不断变迁。

首先，习惯法谨慎调适并主动寻求与国家法相对接。

在草山纠纷解决的法律实践过程中，不再是纯粹传统意义上的习惯法的运作，而是展现出其对于国家正式制度的谨慎调适与靠拢的复杂表象。比如，调解协议书明确指出，涉边牧民将越界放牧的对方牧民抓来拘禁的行为，"这件事本身是违法的"，因而决定对其进行罚款并将罚款直接交与被拘禁者本人。此处所谓"违法"，显然是指违反国家法，而非藏族习惯法。值得关注的是，在一份按照习惯法达成的民间调解协议书中，习惯法对于当事人行为是否"违法"的判断，来自国家正式法律而非习惯法本身。显然是习惯法在当代法治背景下，对于国家法作为最高法律权威的认同。而对于该"违法"行为的惩罚，则采取了"罚款"的方式。"罚款"是国家法的法律语言，而协议书中直接交与被拘禁者本人的"罚款"显然是习惯法上对于被拘禁者的一种民事赔偿，而并非国家法意义上作为行政处罚的"罚款"。因为根据行政处罚法的规定，被罚款人应当依法到指定的银行缴纳罚款，即缴至国库，其性质是通过剥夺行政违法行为人一定的财产权，而实施的制裁。透视调解协议书的上述文字，在调解过程中，习惯法借用了国家法的语言（"违法""罚款"），其实质内容仍属习惯法规范。而在这一调解过程中，合法与否，如何制裁，如何赔偿，所有这些判断都基于调解人对于习惯法与国家法的交汇、融通式的理解与适用。纠纷解决习惯法力求在国家法所主张的合法性的框架内，实现对这一跨省、跨世纪草山纠纷的民间调解，最终使遭遇破坏的民间秩序得以恢复与稳定。凸显出当代藏族习惯法在法治化进程中充分认知国家法并寻求与之对接的努力。

其次，习惯法与国家法的互动过程中，科层权威、宗教权威、民间权威等多元权威融汇于纠纷调解的场域，共同调整、建构起民间秩序。这一互动、融汇的进程，显示出习惯法与国家法之间协作、妥协的两种不同面相。

一是习惯法与国家法相互调适后的协作、补缺。这一当代草山纠纷民间调解的场域凝聚了传统习惯法与国家法的全部权威象征。由于历史与现实的复杂关联，草山纠纷的调解依赖包括科层式权威、宗教权威、民间权威等在内的多元权威的良性互动与共同作用，推动习惯法与国家法深化认知、彼此调适，在纠纷解决的过程中，实现社会变迁进程中民间秩序的调整与保障。本案中，各级基层政府及职能部门、基层群众自治组织村委会，上通下达，积极组织由宗教上层人士、有威望的老人、村委会代表组成的民间调解小组，并全面协调、参与整个调解过程，表现出国家法对习惯法的认同与吸纳。而习惯法在纠纷调解过程中更是藉由民间调解人的法律实践智慧，积极、努力地与国家法衔接互动。

二是习惯法与国家法在调而不适的情况下，相互于妥协中达致沟通。习惯法与国家法两套法律规范知识，二者之间既存在暗合与共通，亦存在不相调适、互有冲突的空间（多见于二者价值追求与立法宗旨相互冲突的场合）。习惯法与国家法如何解决这一冲突？本案的成功调解能够为这一问题的分析提供一定的思路。

本案中械斗致人伤亡的行为，在国家法与习惯法的文化视野中，其价值取向及处理方式存在冲突。该行为无疑是国家法规范制裁的对象。而按照习惯法，在部落之间的草山纠纷中发生的致死、致伤案，基本上都通过部落之间互赔"命价""血价"①的方式处理，并不对凶手个人进行惩罚。调解人显然谙熟两套规范性知识，在依据习惯法进行调解的同时，对双方当事人的上述行为从国家法的立场进行了义正词严的否定性评价。如1989年在班禅的调解助理即三位活佛的主持下达成的调解协议指出：

> 本应对本次持枪致伤的凶手追究法律责任，但因这次调处是按民族形式进行的，因此，我们本着过去从宽，今后从严的原则，从粗做了处理，这一点双方当事人都应该加以明确……（八三协议）得到了国务院的批准……协议双方只有执行权，没有丝毫的变更权，如果有人在执行方面有一点不轨的行为，都将毫不含糊地受到法律的制裁……

调解协议中关于国家法立场的申明一方面对现场所有参与者进行了一场普法教育；另一方面，则传递出其中隐含着的两种意蕴。一是敦促纠纷双方达成并严格遵守调解协议。即暗示纠纷双方，如果不执行习惯法调解的协议，国家法将可能采取更为严厉的制裁。通过从正、反两方面进行法益分析，促成调解协议的订立与严格执行。二是获得国家法的默许。维护国家法制统一是民族地区实现法治的前提，然而，有时候，要调和习惯法与国家法这两种不同的法律与秩序几乎是不可能的。②在这一草山纠纷的调解过程中，调解人深晓国家法与习惯法对于械斗致人伤亡的行为有完全不同的价值评判与处理方式，然则，为实现平复冲突、调解纠纷、恢复地区稳定安全这

---

① 藏族部落习惯法经佛教精神的强化，对一般的杀人、伤害案都慎用死刑，其替代方式有少量肉刑和大量的命价血价赔偿制。命价，藏语称为"什吨"或"索什和吨"，取意为"千金难买一人生"。命价作为法律名词，早在吐蕃王朝时期就已启用，而且当时已有了比较健全的制度。后文中提到的"血价"是藏族部落习惯法因人身伤害行为而承担的财产责任形式。命价和血价制度以其影响之深远、根基之深固、范围之广阔成为藏族文化中的突出特点。参见张济民主编《寻根理枝——藏族部落习惯法通论》，青海人民出版社，2002，第333~334页。

② 梁治平：《乡土社会中的法律与秩序》，载王铭铭、〔英〕王斯福主编《乡土社会的秩序、公正与权威》，中国政法大学出版社，1997，第439页。

一国家法与习惯法共同的、首要的目标，调解人在遵循习惯法进行调处的基础上，以申明国家法应有的立场的方式（"本应对本次持枪致伤的凶手追究法责任""将毫不含糊地受到法律的制裁"）给了国家法一个"说法"。值得关注的是，国家法从其实践理性出发，对此持默许态度，亦只为妥善解决纠纷，以实现地区生产生活秩序的尽快恢复与稳定。这一默许，是国家法为了地区秩序的安全与稳定而做出的适度妥协。也因为这一妥协，国家法在民间纠纷调解中被规避。在这一情境下，国家法以其妥协被民间秩序所规避，却成就了民间重大纠纷的解决与民间秩序的调整与规范。从这一意义上讲，国家法不是在其适用过程当中，却是在其被规避的过程当中，实现了其价值与宗旨。这已经不是狭义上的国家法或者习惯法之间何者的胜利，而是包括国家法与习惯法在内的法律，作为秩序的规范者与调整者，在多元文化的格局下，在交互运作的实践中，因其价值与宗旨的圆满实现而获得的胜利。

有学者在对乡村都市化进程中习惯法与国家法的冲突情形进行调研与分析后，深刻地指出，

> 在乡村都市化中，冲突的结果是：国家法由于国家权力的介入而取得了胜利，民间制度被摧毁，但伤害了多数村民的感情，造成了这些村民对政府和法院的误解。因此，国家法的胜利并不说明纠纷的解决，法律结论的做出不仅没有解决矛盾，反而加深了矛盾，这种反复摩擦破坏了秩序，大大延缓了乡村都市化的进程。从这个意义上说，这种国家法已经与其价值和宗旨背道而驰，失去了法的初衷和意义。①

其三，历史因素构成资源纠纷解决习惯法的权威性和强制力的重要基础。

历史因素是习惯法形成的外部因素之一，也是习惯法内部要素的必要条

---

① 谬成忠：《中国乡村都市化中的民间法与国家法冲突》，《新疆社会科学》2006 年第 1 期。

件。"习惯性规范的权威来自特定的历史文化传统，长期的历史沉淀与文化认同赋予习惯性规范以权威和效力，使其变成一种群体记忆和集体无意识。"① 否定了历史因素，习惯法规范对共同体成员的权威性和强制效力是值得怀疑的。

本案中的草山纠纷从发生到最终获得解决，其间经历了两次具有根本意义的调解。一是 1983 年 10 月 27 日，产生了经第十世班禅大师所主持达致的边界纠纷调解协议书（"八三班禅协议"），这一协议是本案草山纠纷及其调解过程中具有历史意义的协议书。此后纠纷双方虽然冲突不断，但是从没有人质疑或者否定过该协议所确定的边界走向和 13 个界桩的合理性和合法性。分析其中缘由，主要有两个方面的因素。首先，经调解商定的协议书，其以习惯法（主要指历史上形成的"六〇协议"② 历史边界线）为依据，是在充分听取甘加、岗察纠纷双方群众意见的基础上，以尊重历史习惯为前提，对所争执草山历史边界线的再认定，符合藏族牧民关于草山边界的地方性知识。其次，时任全国人大常委会副委员长的第十世班禅作为调解人，因其具有的藏族宗教权威和科层式权威的双重权威身份，"八三班禅协议"因此具有了神圣性和权威性。二是 2006 年 4 月 11 日达成的最终调解协议书。"八三班禅协议"之所以被双方当事人否定和违反，根本原因在于协议书的文字描述与附图所描绘的草山边界线出现了不一致（其实质是"八三班禅协议"的附图脱离了协议书用文字所确认的草山历史边界线），导致了"八三班禅协议"后二十多年里，边界双方从各自利益最大化的角度出发，各执一词，并断断续续地展开拉锯式的草山争执，直至 2006 年由两省各级主管领导干部、宗教上层人士、群众代表共 46 人共同参与达成严格遵照"八三班禅协议"、尊重草山历史边界线的最终调解协议。这份协议所具有的新的历史意义在于，文字协议与附图都严格遵照"八三班禅协议"所确认的历史边界线，从根本

---

① 王新生：《习惯性规范研究》，中国政法大学出版社，2010，第 79 页。
② 1960 年 11 月 10 日，循化、夏河两县曾经根据两部落之间在长期的放牧实践中所形成的历史边界线，达成过一个文字协议，即"六〇协议"。该协议中双方商定的历史边界线，成为此后每一次纠纷调解所遵循的习惯法依据。

上消除了此前因"八三班禅协议"文字与附图不一致而导致的边界线分歧。

纵观本案民间调解协议的达成及其实施，"历史边界线"成为协议强制力和权威性的重要基础。由此揭示出，在当代藏族纠纷（尤其是长时段的自然资源纠纷）解决过程中，尊重历史、重视历史因素成为国家法与习惯法之间实现互动、协作进而解决纠纷的重要考量。

（二）斯哇：在国家与社会之间的民间调解人

［案例］邻村草场争执纠纷的调解

措尕村与祁当村是甘肃省甘南州夏河县麻当乡下属的自然村，两村共用一片几千亩的草场。1995 年，两村因为草场越界放牧发生争执，措尕村民在公用草场放牧时遭遇祁当村民的公然阻挠。双方械斗造成了措尕村 4 人死亡，致伤者两村合计 16 人。依据藏族传统习惯法，遇有部落之间因草场争执而发生的严重械斗，部落老人将召集本部落的全体成年男子集体煨桑。一是通过举行煨桑仪式，取悦、沟通神灵，以祈佑本部落在械斗中获胜；二是面对神灵，全部落共同起誓：部落组织内的成员要团结一致，并肩御敌。两村械斗发生后，县政府的"边界办"、乡政府以及群众代表（两村村干部和富有威望的老人）共同成立了专门调解小组。在事件调查中，纠纷双方出于对本村草场公共利益的维护，均无人对凶手进行指认，县公安局遂对祁当村四个为首的村民给予了劳动教养的处罚。此后长达五年的时间内，以县政府为首的专门调解小组多次进入两个村进行调查与处理。然而，纠纷当事人各执己见，就械斗中发生的村民伤亡的情况，终未达成调解协议。械斗未发生前，两村大多农户间互有嫁娶、互为亲戚。械斗发生后，由于纠纷始终未获得成功解决，两村之间互不往来，以前和谐的睦邻关系降至冰点。传统上，麻当乡属于青海省德尔隆寺赛仓活佛管辖的霍尔藏四部落。[1] 械斗发生五年

---

① 洲塔：《甘肃藏族部落的社会与历史研究》，甘肃民族出版社，1994，第 133 页。

后，德尔隆寺的赛仓活佛特别指示清水乡素有很高威望的扎西东珠老人召集霍尔藏四部落有威望的老人，调解处理这一草场纠纷。扎西东珠老人召集了霍尔藏四部落中每村各 5 名有威望的老人，各 4 名村干部，共计 18 人作为"斯哇"，成立调解小组。经多方沟通、说服，最终达成调解协议如下：一是对于因械斗死亡者，祁当村按命价每人 2 万元给措尕村受害者的家属；二是对于械斗致伤者，按每人 1000 元的血价予以赔偿；三是两村共有的草地调解给措尕村，而禁止祁当村在共有草地放牧。调解成功后，调解小组向县、乡政府做了汇报，并协调县、乡政府各级干部以及村干部集体对这起长达五年的草场纠纷予以裁决。裁决现场，邀请了拉卜楞寺的霍尔藏活佛和郭尔达活佛、调解小组的 18 名"斯哇"，还有两村的群众代表。两位活佛分别与措尕村和祁当村的群众代表谈话，并要求其现场"吃咒"起誓。纠纷双方正式签订草地纠纷调解协议，并在协议书上签字、按手印，并由县委、县政府盖章。一起长达五年的草地争执纠纷终于得以解决。（讲述人：万某，藏族，61 岁，甘南州夏河县麻当乡人。时间：2011 年 1 月 15 日。地点：甘南州夏河县麻当乡祁当村。案例中当事人的姓名经过处理）

本案例的典型意义在于：整个纠纷的调解过程揭示出在当代社会变迁中，民间调解人"斯哇"在民间纠纷解决过程当中，以其特殊的权威性，在国家法与习惯法之间，促进其互相认知、沟通，实现对于乡土秩序的维系与建构。

这起草场争执纠纷的解决过程，共分两个阶段，通过两个调解小组（官方的专门调解小组和民间调解小组）推进。整个调解过程呈现出习惯法与国家法交汇、互动的生动图景。

其一，第一个官方的专门调解小组在成立之初，即吸纳了村干部和有威望的老人。在藏族社区，村干部的身份兼具官方与民间的特点：他们了解相关国家政策与法律，又熟悉部落习惯法文化。因而，村干部对于沟通基层政府与藏族社区具有重要的桥梁作用。这一官方成立的专门调解小组，代表了国家法试图通过对藏族部落习惯法文化的认知努力，以实现对乡村秩序的规范与调整，然而，这种努力在本案中未获成功。

其二，第二次调解，即民间调解小组是"遵照赛仓活佛的指示"进行的。赛仓活佛在本案中以指示者的身份出现，其象征了传统部落习惯法中的最高权威。而"斯哇"扎西东珠在部落中颇具威望，以其为首组成的民间调解小组最终成功平息了纠纷，从而揭示出传统部落权威在藏族民间社会仍然具有深刻而广泛的影响；民间调解仍然在藏族社会具有重要的定纷止争的功能。

其三，民间调解小组调解成功后，该个案并未就此止步，而是经由民间调解小组的积极努力，赋予调解结果以官方形式的正式裁决，表达出藏族习惯法向国家法的主动靠拢与对接。官方裁决的场域将官方与民间的渗透与融合体现得淋漓尽致：参加人员有政府代表，亦有宗教领袖（两位活佛）、调解小组成员、群众代表；在裁决的现场，活佛讲话、纠纷双方"吃咒"起誓等藏族部落习惯法文化因素在纠纷解决场域下得到了生动演绎。藉由这一裁决场域的营造，这起长达5年未决的草场纠纷得以成功调解：其以民间调解为实质内容，并最终赋以正式的官方裁决形式。整个调解场域融汇了传统部落习惯法与国家法的全部权威象征（包括官方权威和地方权威），并揭示出习惯法与国家法之间的通融与暗合。

其四，对于因草场械斗而致人伤亡情节的处理，清晰地彰显出国家法与习惯法在纠纷解决过程中的互动脉络。从国家法的视角分析，械斗致人伤亡显然已经不是简单的治安管理行政处罚案，而应当由刑法，通过定罪与量刑予以规约与制裁。然而，在此纠纷的解决中，国家法无疑对习惯法表现出充分的认同。由于村民维护本村集体利益无人指认凶手，国家法一方面认识到习惯法中的部落正义，充分体谅到两个村落之间为了争夺草地资源引发的传统群体性民间纠纷的案情性质及其对藏族民间社会广泛深刻的影响，国家法默许传统民间调解在这一个案中的主导性、实质性运作。同时，县公安局作为基层执法部门，显然熟知藏族习惯性规范知识，且对部落之间因草山争执致人伤亡案中，稽查凶手工作所可能遭遇的阻力有着清晰的认识，因而，依

法进行的侦查活动以"无人指认凶手"告终。此处的执法行为颇有"伪饰执法"①的意蕴。而另一方面，国家法切实考量到传统草山械斗对于当代法治社会秩序所带来的危害性，因而突破习惯法，适时地对部分首要分子给予"劳动教养两年"的行政处罚，以威慑涉事村民。该项行政处罚由于斯哇居间的调解，而得到所涉藏族民众的认同，并与习惯法共同适用于纠纷的解决过程。

综上，在本案调解的完整脉络中，"斯哇"作为本案的民间调解人，正是其充满智慧的调解理念与技巧最大限度地缓冲了国家法与习惯法之间的紧张与矛盾，有效促成了两套知识体系的沟通与对接，从而使得无论是调解活动还是其协调安排的官方裁决现场，都不再是单纯的国家法或者习惯法的独立运作，而是充满了两套知识体系的互相认知与渗透。

本案中为首的斯哇——扎西东珠老人系原霍尔藏部落现清水乡人，其熟知霍尔藏部落的习惯法。值得关注的是，其原工作于藏族聚居区某县公安局，有二十年基层公安干部的经验，这一工作履历使得他不但具有国家法知识体系的背景，而且基层法律实践中积累了大量法律技巧与经验。扎西东珠老人退休后返乡居住期间，通过在政府部门工作的亲友的协助，为村里争取到一笔4万元的项目资金为全村埋设了水管，将村里的泉水引到村民的院落内，全村自此结束了从水源处背水的历史。老人"一心为民谋利"的举措以及在民间调解中表现出的能言善辩和公正热情为其在村里、乡里，甚至整个霍尔藏部落赢得了很高的威望。吉尔茨在论述神异性权威②时说，这种特别

---

① 王新生曾将基层法官运用习惯性规范定量刑的策略称为"伪饰裁判"的法官策略，本书在类似的语境下借用了其"伪饰"这一用语。参见王新生《习惯性规范研究》，中国政法大学出版社，2010，第356页。

② 韦伯为论述传统社会如何向现代社会转变的过程及动因，将权威界定为三类：神异性权威、传统权威与科层式权威。"神异性权威"指的是个人利用创造对众人的福利以获得声望，从而具有一定的支配力量和尊严。由于此种权威不经政府界定和干预，因此韦伯又称其为"自然权威"。传统权威，指的是某种制度在长期的存在中，逐步获得公众的承认，成为具有象征力、道德和行为约束力的存在。科层式权威，其力量来自正式的官府以及工作单位上级的任命，以行政等级为其存在基础，涉及制度的建制，因此是官僚式的。参见王铭铭《民间权威、生活史与群体动力》，载王铭铭、〔英〕王斯福主编《乡土社会的秩序、公正与权威》，中国政法大学出版社，1997，第260页。

权威的形成是因为社会在时代变迁中产生了若干"中心主题"，令一些杰出人物有机会在此种时代把自己塑造成"中心主题"的代言人。^①扎西东珠老人无疑是霍尔藏部落的自然权威，表现为该部落村民发生纠纷时，大家往往通过各种途径请求他做"斯哇"予以调解。本案中的草场纠纷最终得以成功调解，与扎西东珠作为调解人所拥有的民众信任与威望是分不开的。他长达二十年的基层公安干部的执法实务经验、为全村人解决引水入户的集体难题、退休后始终为部落内民间纠纷做"斯哇"，以及他较为广泛的社会关系资源，这些因素都可能成为他将自己塑造成（同时也促使村民将他塑造成）地方自然权威的机会。而扎西东珠这一地方权威的特点是其个人不仅通过创造对村民的福利（引水入户、作为"斯哇"调解纠纷）而获得声望与支配力，而且其权威藉由"斯哇"这一传统藏族部落的调解人所传承的传统威望得以强化。从这一角度看，"斯哇"作为藏族部落社会的调解人，兼具韦伯所称传统权威和自然权威的双重特质，即在具有作为自然权威的"公正""为公"等人格特质的同时，也获得"斯哇"所传承的传统威望的强化。

［案例］老人会的法律培训班

（甘南州玛曲县的）上欧拉和下欧拉共有 10 个村委会，老人会^②共有 50 位老人，年龄在 20 岁至 50 岁之间。尊称其为"老人"，完全是由于其享有较高的威望，与年龄并无必然的联系。老人们往往同时承担着民间调解人、村委会成员、民间宗教活动的组织者等多重角色职能，因而，老人会成为活跃的牧区基层自治组织。自 2010 年开始，由老人会定期组织举办"欧拉法律知识培训班"，培训对象主要包括三类人群：一是老人会的全体成员；二

---

① 转引自王铭铭《民间权威、生活史与群体动力》，载王铭铭、〔英〕王斯福主编《乡土社会的秩序、公正与权威》，中国政法大学出版社，1997，第 281 页。
② 指由富有威望的藏族老人们组织而成的民间组织。

是各生产队队长；[①] 三是各村中因为表现优秀而被公认为较有发展前途的年轻人。培训地点就定在老人会的二层楼上。[②] 培训的时间主要根据牧业生产安排，选择较为清闲的两个时间段：农历六月（半个月）和八月至十二月（五个月）。根据培训对象的文化水平，法律培训班分为两个班，一是法律辅导班，邀请基层司法局、法院的司法工作人员进行法律知识的培训，由全体培训人员共同参加；二是藏文/汉文学习班，由退休老师主讲，专为文化水平较低的培训人群额外开设。培训经费由欧拉的10个行政村的村委会以平均分摊的形式共同负担。（讲述人：扎某，男，49岁，藏族，甘南州玛曲县欧拉秀玛乡人。时间：2012年8月6日。地点：甘南州玛曲县欧拉秀玛乡当庆村。）

扎某是欧拉老人会的负责人，举办老人会的法律知识培训班的创意就是他最先提出并多方协调实现的。他从自身做"斯哇"的切身体会分析举办法律培训班的初衷：

部落老人们最常见的职责是担任民间调解的"斯哇"。现在是法治社会，调解的最终结果不但要公正，要符合藏族的习惯，还不能违法（此处专指违反国家制定法，笔者注）。不懂法律知识显然无法胜任调解工作。所以，我们就考虑对老人会的成员进行法律知识的培训。这样在今后的调解中就能够有主动性了。后来，考虑到生产队还有一些有前途的年轻人也需要这样的培训，就把培训对象扩大了，培训班的规模也就大了。2010年、2011年，我们都已经举办了两年了，效果很不错，这个培训班我们打算坚持做下去。

---

① 拉卜楞牧区的自然村，范围基本上与原部落组织下的"日古尔"，集体化时期的生产队相对应。民间一般不称其为自然村，而是习惯称为"日古尔"或者"生产队"。
② 据老人会的扎某讲，这个"二层楼"的建造资金主要来源于欧拉的老人会在成功调解一起省际草山纠纷的过程中由地方政府拨付的调解费用，还有以老人会名义申请的一些项目经费。

　　这一案例所呈现的是，当代法治语境下作为民间调解人的"斯哇"自我调适的又一面向。从民间秩序的视角看，老人会自发组织举办的法律知识培训班，其重要意义在于老人会这一传统习惯法文化中的权威符号，在当代法治环境下，自主调适于习惯法文化的外部制度环境，主动寻求与国家法的对接。企望通过熟悉两套规范性知识系统，以增加调解结果的"合法性"。从传统习惯法文化的角度看待这一现象，其根本的原因来自传统民间权威自身的需要。民间调解的依据来自习惯性规范，以解决纠纷为其终极目的。就调解的效力而言，主要通过调解人自身的威望和民众对于习惯法文化的信仰，达致公正无偏、合乎情理的效果，这样才能够藉由神意、社会舆论以及调解人的威望等强制当事人无条件执行。而每一次纠纷的成功调解都是对调解人传统威望的进一步强化。而当代法治语境下，当事人解决纠纷的途径不再单一，"打官司""请律师"已经为新时期的藏族民众所熟悉。伴随法律意识的提高，对于具体纠纷，一些懂法的藏民会结合国家法的可能裁判对习惯法的调解结果做对比性利弊分析，这无疑会影响到社区对民间调解人或者对民间调解这一纠纷解决形式的选择与判断。社会变革促使老人们反省自身权威的重塑，而权威再造须以熟悉两套规范性知识为基础。从这一角度出发，欧拉老人会举办法律知识培训班毋宁说是传统民间权威在当代法治语境下的再塑与重构。

　　欧拉乡的老人会成员们显然深谙权威的塑造机制，而最初倡议举办法律知识培训班的扎某则以其智慧的思维和敏锐的眼光为习惯法与国家法的协作与互动搭建了一个平台，他个人的民间威望也因此而得以强化与重塑。

（三）情、理、法：国家法与习惯法交互运作的民间调解场域

[案例] 越界放牧纠纷的调解

　　2011年底，某村的牧民才某被同村的村民告知，相邻草场的旦某多次将其牲畜越界放牧到才某家的草场中。才某很生气，遂叫上一帮亲友赶到旦某

的冬窝子，质问他为什么要越界到自己的牧场中放牧。旦某对此拒不承认。双方争执之间发生打斗，才某愤怒之下，将旦某戳伤，旦某被牧民群众送到医院治疗。旦某因被戳伤，自称身体总有不适，需要仔细检查，因而，住院一个月，进行了全面的体检。后来，其提供的医院诊断书证明仅是皮外伤。纠纷双方都同意乡政府进行调解。乡政府便召集本乡富有威望的18个老人，经老人们商议，产生一个调解小组的名单，通知到当事人。旦某认为，名单中的老人楞某与才某两家关系甚密，遂要求楞某回避，楞某同意并自行回避。调解工作定在县城某宾馆的一标准间内进行，前后共进行了七天。调解过程中，才某承认自己在争执中戳伤旦某，并称两家几年前就有过纠纷，尽管当年的纠纷经过村里的老人调解已解决，但是，旦某总是心存报复，多次越界放牧即是证明。旦某对此矢口否认，且拒不承认越界放牧，对邻居所指认旦某家牛羊越界进入才某家牧场的事实，旦某称自己并不知情。同时指称才某家铁丝网毁坏已有多日，但才某疏于修护，其自身有过失；并要求才某赔偿戳伤自己而产生的全部医药费。经老人们反复说服双方自愿达成调解协议：1.才某全额赔偿旦某住院期间的医药费；2.鉴于两家已经先后两次发生较大矛盾，故不宜再做邻居。经调解，将才某的冬季牧场与旦某的夏季牧场部分互换，才某搬迁至旦某的夏季牧场（旦某的夏季牧场此前一直都出租给其亲戚放牧，因而才某搬迁过去后两家并不相邻），而才某的冬季牧场则交由旦某放牧。调解成功后，双方到拉卜楞寺"吃咒"，表示坚决执行协议的内容，且互不寻仇。（讲述人：卓某，藏族，47岁，夏河县桑科乡人。访谈时间：2011年6月20日。讲述地点：夏河县桑科乡。案例中当事人的姓名经过处理。）

这一起草场纠纷的调处由乡政府组织，乡政府司法所的干部卓某全程参与了按照习惯法进行民间调解的全过程。这位多年从事纠纷调解的藏族基层干部，对整个案情及其调解过程的评述与分析朴实而精辟：

对于越界的事，有好几个证人，但那个旦某死不认账。仅仅一个皮外伤，他住了一个月医院，这也算是习俗吧，一来表明自己受伤严重，可以要求较多的赔偿费；二来本来不占理的，反而可以因为受伤在调解时争取些有利的因素。旦某反复说自己被冤枉还被戳伤，所以调解很不顺利。这个时候我们在现场的乡干部就旁敲侧击地对旦某单独做了些思想工作，拿出国家法律来跟他分析：这事如果上了法庭会怎样对他不利，多半是吓唬吓唬。这样，一面是老人们按民间习惯讲情说理；另一头，我们乡干部板起脸跟他讲如果不调解，有那么多证人，还有倒地的铁丝网，这叫"人证物证俱在"，越界的事，他根本跑不了。他受的伤只是点皮外伤，算不上什么伤害罪。所以，依法处理可能对他更为不利。旦某本来就是想自己越界并不是当场被抓，所以才死不认账，还想拿自己受的伤增加些谈判的砝码，听了乡干部的分析后，态度就不再强硬了。大家都知道起因是旦某的过错，调解中他的态度也不好，所以，最后的调解协议实质上更多地照顾了才某。我们桑科的夏季牧场普遍比较好，冬季牧场的草质不太好。两家互换草场时，以夏季牧场距离县城较远，更偏僻，交通条件不好等为理由，在双方互换同等面积牧场的基础上，给才某多划了几十亩。这样邻里邻居大家看着才觉得公平。民间调解按照习惯，所有调解人都是经双方同意选定的，由于调解期间调解人的吃、住一应费用都由双方共同负担，所以，当事人也希望调解尽快达成协议，以免拖延，加重调解费用的负担。

越界放牧是藏族生活地区最主要的纠纷之一。按照藏族传统部落习惯法，对于越出郭哇划定的草场边界放牧者将予以处罚。显然，传统习惯法判断"越界放牧"的标准，即所谓草场放牧"边界"，是由郭哇和格尔岗吾共同商议划定的、各牧户必须严格遵守的草场放牧分界线。如若违反将招致习惯法的惩罚。对于草场越界者，传统部落习惯法对于越界行为的界定以当场抓住为基准；并且综合考量越界牧民的认错态度、越界行为的性质

等因素，决定相应的处罚措施，处罚是否公正直接影响郭哇在部落的声望和牧区正常的生产秩序。而在草场承包制度实施后的今天，"越界放牧"有了完全不同的涵义。它意味着每户牧民对于自己所拥有的草地使用权的确认和维护，只要未经草地承包人的同意，跨越作为草地四至边界线的铁丝网进入其草地放牧者，就构成"越界"。至于越界行为是否当场被抓到，则并非"越界放牧"这一侵权行为的构成要件。应当关注的是，即使在当代，牧民对于越界放牧者亦采取习惯法的方式，即当场从越界畜群中"抓羊"，以示惩戒。本案中，关于"越界"的判断，其基本依据是"牲畜进入他人所承包的草场"（国家法），但当事人旦某又以"未当场抓住"（习惯法）作为自己辩护的理由，致使主持调解的老人们颇感为难。于是，在这一实践场域中，国家法与习惯法关于行为界定、权利义务的内容等的规定在实践中融汇交织，难以准确厘清国家法或习惯法在本案中的实际运作边界。质言之，牧区草场越界纠纷的实践中，国家法与习惯法交汇贯通，共同实现牧区草场纠纷的解决和民间秩序的调整与维系。

由于国家草原承包制度的实施，传统习惯法中关于"越界放牧"的行为界定、权利义务等内容已然失去规范性效力。然而，当纠纷当事人按照习惯法选择了传统的救济方式，即民间调解来解决纠纷时，考察习惯法的实践场域会看到，习惯法以独特的灵变性，完成其自身的补充与完善。

本案中，才某未能当场抓到越界放牧的证据，导致旦某据此否认自己有越界的故意，而才某自己又确实存在对已经倒地的铁丝网疏于管护的过失，这些都使得依据习惯法进行调解的老人们颇感要在本案中实现公平正义、公序良俗的困难。面对旦某的越界行为和拒不承认的态度，乡干部适时、适度地运用了智慧的法律策略：由调解人和乡干部"一个唱红脸，一个唱白脸"，以求通过正反两方面的压力说服旦某。具体而言，调解人以藏族习俗、伦理观念、民间舆论等为依据晓之以理，动之以情；而乡干部则适时搬出国家法条，以科层权威的身份分析本案若依法审判，可能产生的对于当事人旦某并不利的法律制裁。正反面的利益博弈促使旦某和才某最终接受调解小组的建议，达成合意。这一调解的场域里，乡干部灵活地利用了国家法的权威，并运用旦某并不熟悉的法律话语比如人证物证、故意伤害罪等，站在法律规范和习惯法规范两套知识系统中间，强调打官司可能对旦某产生的不利，这种法律话语在调解停滞的关键时刻，击碎了旦某自以为可以据以争取谈判利益的砝码，敦促其适当妥协，最终实现纠纷的成功调解。

值得关注的是，民间调解中调解人吃、住的一应费用由纠纷双方共同负担，对这一习惯性规范的解读不应当仅限于情理的考量，其背后隐含着更深的制度内涵：调解的时间越长，则此间产生的吃、住费用更多。由于双方共同负担该项费用，因而，为了减少这笔支出，双方当事人都会在多元利益面前适当理性妥协，以尽快达成合意，结束调解。从传统民间调解的机制可以更深刻地看到，习惯法确是经验的积累、智慧的凝结，"有属于它们自己的历史、传统和根据"，是植根于本土文化之上的一种先于国家法律制度而存在，并且"有效地提供了一套使得乡村社会生活得以正常进行的框架"[1]的地方性知识体系。

这一微观场域同样折射出习惯法适应社会变革而缓慢演变的细节：按照藏族传统生态习惯法，互相殴打致伤的责任形式是赔血价。血价的赔偿原则主要有身份等级的原则、男女有别的原则、根据过错大小和伤势轻重分别论处的原则等。[2]本案中才某因戳伤旦某而承担的赔偿责任，体现为对旦某住院期间产生的医药费全额予以赔偿。赔偿金额的确定因为有证据（即医院的缴费清单）的支持，所以显得准确而且公正。这是藏族习惯法在社会变迁中自身所发生的演变，其实质意义在于，习惯法文化不应当被理解为"过去"的、"古老的"、静止的文化形态，习惯法文化的生命力在于其本身总是处于演变之中，总是在不同社会背景下不断地产生，并且不断地得到遵守和适用。

---

① 梁治平：《乡土社会的秩序、公正与权威》，载王铭铭、〔英〕王斯福主编《乡土社会的秩序、公正与权威》，中国政法大学出版社，1997，第449页。

② 张济民主编《寻根理枝——藏族部落习惯法通论》，青海人民出版社，2002，第333~334页。

就这起纠纷调解而言，掌握国家法规范的乡干部用国家法严厉的制裁性来反衬习惯法的情理交融。调解的场域里，说理与诱导，事实与道理，国家法与习惯法，都成为解决纠纷所必需的策略和资源，并且藉由老人和乡干部正反两面的生动演绎，公正与秩序，情、理与法，在民间调解这一习惯法文化运作的场域里交织互动，有机结合。在习惯法成功运作的同时，是国家法的被规避（才某戳伤旦某导致的治安管理责任以及可能的故意伤害罪）。而国家法正是在被规避的过程中，获得了乡村社会对它的认知和适用。

> 在具体场景中的法律运作，恰恰是情、理和法紧密地结合在一起的……法律强制的一面和乡村社会温情脉脉的一面有机地结合在一起。正是由于国家的法律在实际运作中运用了乡村社会固有的习惯、规矩、礼仪、人情面子机制和摆事实讲道理这样的日常权力技术，法律才获得了乡村社会的认可，才在有意无意之间渗透到乡村社会之中。因此，我们可以说，法律是在对人情和道理认可的基础上才触及到乡村社会的，反之，法律在对乡村社会的征服过程中，肯定了传统的人情和道理的合法律性。[①]

（四）解读自然资源纠纷解决习惯法的当代传承与变迁

自然资源纠纷解决习惯法无疑在不断的认知与调适中发生重要的变迁。本节主要以当代藏族聚居区最重要的纠纷解决习惯法——调解习惯法为中心展开论述。

其一，自然资源纠纷民间调解的场域，呈现出国家法与习惯法互动调控的格局。

民间自然资源纠纷发生时，单纯依靠习惯法或者国家法任何一方的独立运作都无法实现其调整藏族聚居区生产生活秩序的功能，唯有多元化权威的良性互动与共同作用，方能将可能的冲突降到最低，进而最高效地解决纠

---

① 强世功：《一项法律实践事件的评论》，载王铭铭、〔英〕王斯福主编《乡土社会的秩序、公正与权威》，中国政法大学出版社，1997，第 510 页。

纷。习惯法与国家法在实现各自视野中的公正与秩序的过程中，通过相互调适，彼此建构，实现社会变迁进程中和谐民间秩序的生成。

其二，在当代全面推进法治化的进程中，习惯法在纠纷解决的过程中主动调适与重塑，以实现与国家法的互动。

习惯法在当代自然资源纠纷调解的过程中，不再是静止的、固守传统的习惯法。习惯法深刻地认识到国家法的最高权威性，进而寻求对国家法的主动认知、谨慎调适，并与之积极互动。值得强调的是，在民间纠纷解决的习惯法文化场域中，"互动"并非习惯法或者国家法单方面的努力，而是习惯法与国家法二者共同的追求，是二者基于共同的价值与宗旨——解决纠纷、维护稳定安全的民间秩序——而共同做出的互相认知、互相调适、互相协作的努力，甚至于在二者发生冲突的场合，为了"解决重大纠纷"这一共同目标，彼此之间可能的包容与妥协。

在二者互动的场域下，合法与违法的判断，罪或非罪的厘定，都是习惯法与国家法在互相认知基础上交汇融合式的灵变适用。资源纠纷解决的进程，实质是国家法与习惯法的交互运作，互有借鉴、互为补充，其间伴随二者之间可能的冲突、妥协与被规避，最终实现资源纠纷的解决以及生产生活秩序的恢复与稳定。

其三，自然资源纠纷解决习惯法的当代变迁，基于其内生机制，以传统文化的保持性与连续性为重要基础。

资源纠纷解决习惯法在当代法治化进程中，在民间解决纠纷的实践过程中，不断实现认知、调适与型塑。而这一变迁的基础则是习惯法作为传统法律文化的内生机制，以及其所具有的文化保持性与连续性。其对于当代法治化进程重要的启迪意义在于：国家法与习惯法相遇，在二者寻求互动与协作的进程中，国家法应当不断探索习惯法的内生机制，高度重视习惯法文化的保持性与连续性，以尽可能避免或减缓对于习惯法的不当干扰，减少冲突，促进良性互动。跨世纪草山纠纷调解案所揭示的，正是习惯法的历史因素应当得到应有的重视与尊重。而在调适过程中，不合理的忽略或者扰动，都将因违背习惯法的内生机制，引发矛盾或冲突。

其四，民间调解人充满智慧的法律实践活动，促成了纠纷解决习惯法的调适、重构与再生。

在当代法治化进程中，调解人无疑应当熟悉国家法与习惯法这两套规范性知识系统，并充分发挥其积极的上通下达的协调功能，方能促成国家法与习惯法之间的沟通、互动及对接。在藏族传统社会中，民间调解人应当拥有崇高的社会威望、娴熟掌握习惯法规范、具备高超的说服能力。而当代藏族聚居区纠纷的解决对民间调解人无疑提出了更高、更广泛的要求。申言之，一方面，当代藏族民间社会的调解人，必须对国家法有充分的认知；另一方面，民间调解人还必须有充满智慧的法律实践能力，以实现纠纷解决中，习惯法与国家法的协作互动。正如前文所分析的，两套规范性知识之间欲实现其沟通与协作，必须具备沟通的平台与协作对话的翻译，而正是民间调解人，于纠纷解决的过程当中，搭建了平台，并充当了翻译。更进一步分析，平台与翻译，只是两套规范性知识体系对话的前提与基础，二者在寻求对话的这一过程当中，可能出现互相认可、互补协作，也会存在磨合、较量与冲突。而面对冲突协调的过程，则早已突破了"认知"这一基础性条件，而要求调解人高超的智慧、胆略与技巧。当代藏族民间社会在法治化的进程中，正确而充分地认知民间调解人重要而独特的法律功能，并引导和促进其有序发展，对于藏族民间纠纷的解决以及社会秩序的稳定意义重大。

其五，资源纠纷解决习惯法的当代变迁还表现为法治化进程中，习惯法呈现出的式微与衰落。

在藏族聚居区多元法律文化格局下，国家法无可置疑地具有最高的法律权威。在这一前提下，习惯法在当代社会变革中呈现出的式微与衰落可以从两个方面进行分析。

一方面，资源纠纷发生时，当事人面对多元的纠纷解决途径，以自身权益最大化作为选择和判断的根本依据。在当代法治化进程中，习惯法作为藏族内心传统信仰以及行为惯性的天然优势正在日趋弱化。

藏族聚居区因自然资源开发利用而产生的纠纷，主要围绕土地资源而展开，既包括部落（村与村）之间的群体性资源纠纷（如草场争斗），亦包括藏族民众个人之间的纠纷（比如越界放牧、土地流转合同等）。个人之间的资源纠纷之解决，呈现出较为复杂的面向。一般而言，个人之间的资源纠纷，当事人首先会寻求习惯法的民间调解加以解决（这里不排除有部分藏民，经充分权衡后，意识到寻求国家法的救济——通常是打官司——将使自身权益最大化，从而直接放弃习惯法而在纠纷产生之初即寻求国家法的救济）。民间调解如圆满解决纠纷则已，否则，当事人可能会在综合考量寻求习惯法或国家法可能导致的权益得失后，放弃习惯法转而寻求国家法的救济。

在中国四十余年的改革开放进程中，西藏与四省涉藏州县的现代性不断推进。教育的普及、科技的渗透、生产生活方式的变革，加之以藏族聚居区法治化进程中深入推行的普法宣传、送法下乡、法治教育等，政治、经济、文化、法律各方面因素交汇互动，这一地区正处于深刻的社会变迁当中。藏族民众的价值观、法律文化观都在发生深刻的变革。藏民，尤其是改革开放后成长起来的中青年藏民，自身作为市场经济下的经济理性人，面对资源纠纷，其解决纠纷的方式选择主要取决于其对于自身权益的理性判断。首先，藏族民众对于作为最高权威的国家法的认知程度日益深化，其对于纠纷解决方式的选择，取决于何种解决方式能够趋利避害，最大限度地获得救济，减免损害。正是从这个意义上，相比传统藏族社会里，民间习惯法作为纠纷当事人无可选择的纠纷解决方式，在当代藏区，习惯法不再是藏族民众解决纠纷的唯一依赖，而成为其中的一种选择。其适用性以及权威性呈现弱化趋势。其次，对于接受过义务教育乃至中、高等教育的中青年藏族民众而言，传统习惯法文化的传承与影响渐趋弱化。同时，由于习惯法的权威性和强制力部分缘于宗教信仰，而受现代科学普及渗透的影响，藏族宗教信仰亦有弱化的趋势；而在现代科技的迅猛发展与广泛普及的时代背景下，藏族民众对行为与神灵惩罚之间因果关系的信仰渐趋弱化。总体上，在经济、科技、文化多方面因素的交互作用下，习惯法文化的权威性和强制性无疑趋于衰落。

另一方面，跨区域的自然资源纠纷，由于超越传统习惯法的效力范围，无法在传统的部落习惯法范畴内获得调解。

群体性的资源纠纷，如上文的部落之间（村与村）的草山纠纷，涉事双方主要寻求传统纠纷调解习惯法来获致解决。然而，传统习惯法所追求的正义，限于其部落内的属民，限于部落地域范围内。历史上，传统的藏族社会中，一旦不同的部落之间为争夺自然资源（土地、草场、水源等）发生纠纷，纠纷双方或者寻求在双方均具有隶属关系的更大的部落联盟内调解，或者诉诸武力械斗以决胜负。这也是历史上藏族聚居区草山纠纷械斗频发的根本原因。再分析前文所述两例跨越本部落的自然资源纠纷案，即跨省草山纠纷的跨世纪调解案和邻村草场争执纠纷的调解案，显然无法在本部落的范畴内获得妥善解决。一旦部落之间为争夺自然资源发生纠纷，由于超越本部落的习惯法管辖范围，双方的械斗在所难免。严重的械斗发生之后，前者是在涉边两省地方政府的积极干预下，成立调解小组。而后者，则是在两个涉事村共同隶属的部落联盟（霍尔藏部落）民间权威的调解下，实现纠纷的解决。由此，传统的部落纠纷解决习惯法面对超越其管辖范围的纠纷时，徒显无力。

综上，面对资源纠纷解决习惯法呈现出的衰落与式微，国家法适时以国家权力进行了介入和干预（积极主动地组织适当的调解小组），从而起到了适度的制度补缺作用，在一定程度上缓冲了习惯法有限的效力范围而可能导致的纠纷与冲突，实现了法律的秩序功能。

二 透视藏族生态习惯法文化传承中的当代变迁

20世纪80年代以来的社会变革对于藏族民众而言，意味着伦理观、价值观、生计方式等多方面的深刻变化。国家正式的法律制度自上而下深入藏族聚居区，影响并改变了基层社会组织以及生产生活方式等诸多方面。伴随国家权力向上回缩，民族自治空间得以拓展。藏区出现了部落组织复苏、宗教仪式兴起等传统文化复兴的局面。藏族习惯法文化对于高原自然生态环境的保护作用被发现和重视，在生态实践领域，国家法与习惯法两套规范性知识并存运作的现实格局基本形成。

社会转型期，综合考察藏族生态伦理观、自然崇拜与自然禁忌、自然资源管理与利用习惯法、风俗中蕴藏的生态习惯法文化以及资源纠纷解决习惯法的当代变迁，可以发现藏族生态习惯法文化传统基于其内生机制，正在"保持"中发生缓慢的"变革"。

（一）生态习惯法的制裁性与权威性弱化

藏族传统生态习惯法的制裁性主要表现为身体制裁（体罚）、经济制裁（财产赔偿）以及心理制裁（社会舆论）。比如，藏族部落习惯法的法谚"偷一赔九"，即是对盗窃牛羊等重要生产资料的行为罚则，即偷一只（头），赔九只（头）。这是最为普遍的经济制裁。甘南州甘加部落习惯法规定，郭哇以及部落头人搬迁帐房，各户属民要派牛派人帮助，如不去则行罚，每次鞭笞 50 下，罚款 2 元。[①] 则该项规定既有身体制裁（鞭笞），又包含经济制裁。而心理制裁则主要体现于违反习惯法的人将由于其不法行为而在生活的共同体中遭受公众谴责、失去面子、丧失信誉等社会心理方面的制裁，因而对于部落共同体的属民而言，心理制裁属于重要而有效的制裁形式。而在当代，习惯法的身体制裁功能消失，最为普遍的是经济制裁，心理制裁仍然起到重要的作用。然而，改革开放以来的各种社会变革如基层社会组织及结构的变化、伦理观、价值观的变迁以及人口流动的日益频繁，使得部落组织松散化，社区的凝聚力有所减弱，心理制裁的效用呈弱化趋势。而在维护法制统一这一前提下，当习惯法与国家法的制裁发生冲突，对不法者的制裁方式则显示出极其复杂的面向。如在越界放牧纠纷案的民间调解中，因草场越界放牧引发的打斗致伤的情形，民间调解中则依照实际发生的医药费用进行赔付，而不是按照习惯法的赔血价予以制裁。此外，高新科技的渗透在一定程

---

① 张济民主编《渊源流近——藏族部落习惯法法规及案例辑录》，青海人民出版社，2002，第 148 页。

度上削弱了宗教神秘力量的权威性。同时，在国家权力自上而下的全面渗透中，科层权威对民间权威亦造成一定的冲击。

（二）生态习惯法的权利义务边界清晰化

就权利义务属性而言，习惯法文化关于自然生态资源开发利用的权利义务的边界渐次清晰。传统习惯法文化的特征之一就是没有严格清晰的权利义务区分。传统上，郭哇在部落共有的季节草场划定各牧户放牧的边界线后，不允许越出边界线放牧，违者必罚。改革开放以来的土地承包制度以国家正式制度的形式确认了藏民合法的土地使用权，藏族民众对于承包给自己的土地所拥有的权利和承担的义务逐渐有了清晰的认知。传统生态习惯法的"越界放牧"也因国家法的土地承包制度而被赋予了崭新的内容。在习惯法围绕土地资源纠纷展开的民间调解过程中，国家法关于土地承包权利义务的规定也成为纠纷当事人判断是非曲直的依据。又如上文所述，草地生态补偿的政策实践，拓展了生态习惯法文化关于生态正义的认知理念，亦增强了藏族民众关于发展权、环境权等方面的权利意识。

（三）生态习惯法内容的局限与重构

一方面，对于社会转型期藏族聚居区出现的新的生态环境问题，生态习惯法显现出其局限性与滞后性。第一，这种局限性突出表现在跨区域性的生态环境问题领域，典型的如流域水源涵养的生态服务效益与开发利用的经济效益在不同主体间的公平分配。生态习惯法效力由于仅局限于部落组织内部，因而，难以调整跨区域的生态资源危机以及环境污染，以协调地区之间的生态公平和可持续发展。第二，与现代性相伴生的生态环境问题无疑需要藏族生态习惯法文化的进一步调适与应对。传统时期藏族聚居区的生态环境问题基本上处于自然生态系统的环境容量之内，没有逾越生态系统自身的生态平衡功能。封闭而自给自足的传统农牧业生产没有引发严重的环境污染问题。因而，传统生态习惯法文化就其内容结构而言，基本上都集中在对于高原自然资源的管理与利用方面，几乎没有应对现代性所引发的资源危机与环境污染的习惯法规范。然而，改革开放以来，技术、权力、资源等因素所引起的草地严重退化、物种减少等资源危机开始出现，同时，各种工业化环境污染问题，如采矿对于草地、河流的污染问题，建设水电站引起的河流污染，游牧民定居化引发的生活、建筑垃圾增多等问题日益显现。这些现代性引致的生态环境问题无疑是植根于高原藏族传统文化土壤中的生态习惯法视野中的"新事物"。尽管传统生态习惯法在这一社会文化变迁过程中，自觉启动其文化适应和文化制衡功能，却仍然出现"滞后"的现象，主要表现为原有的伦理观和行为规范难以调适急剧变迁的整体社会文化环境，从而在保护高原生态与发展地区经济之间无所适从。另一方面，生态习惯法文化在与社会变革相调适的过程中，从内容结构方面自我补充完善，努力实现重构与再生。比如草山纠纷的民间调解，基于尽快解决纠纷，恢复正常生产生活秩序这一根本目的的实现，民间权威与科层权威互为补缺，积极对接，这是生态习惯法文化自我调适的典型表现。前述越界放牧纠纷调解案表明，草原承包制度施行后，生态习惯法在民间调解的实践中及时更新了"越界放牧"的传统规范性知识，并在国家正式制度规定的权利义务范畴内协调平衡情、理、法之间的关系，以寻求新时期民间公正良善秩序的实现。这些即是生态习惯法在当代社会变迁中以重构自身的形式谋求发展的典型例证。

（四）生态习惯法传承体系的演变

其一，就传承形式来看，当代藏族生态习惯法文化的传承主要仍然依赖口耳相传的形式。非文字的口碑文学，比如法谚、寓言、格言、史诗、传说等，最为藏族民众喜闻乐见；而深蕴着人与自然万物和谐共存的生态伦理的各种绘画亦深受藏民喜爱。一些自然器物以及自然物作为传承物承载着藏族生态习惯法文化的深刻内涵，在当代仍然普遍地被认同并代代相传。值得关注的是，当前藏族习惯法的表现形式呈现多样化，如文字形式的习惯法文化逐渐普遍化。较为重大的纠纷在进行民间调解时，大多会选择书面形式的调解协议，双方当事人签字或者按手印，这些显然受到国家法合同制度的影响。当前藏族的村规民约已基本采取了书面形式。

其二，就传承的内容而言，在当代社会转型期，藏族生态伦理观、自然崇拜、自然禁忌、生活方式、自然资源管理与利用习惯法、风俗中蕴藏的生态习惯法文化以及资源纠纷解决习惯法等都不同程度地发生了演变。然则，这种演变本身是在原有生态习惯法文化内容体系"保持"其稳定的连续性的过程中的发展与创新。

正是从这种意义上讲，"传承"与"变迁"绝不是生态习惯法文化相互割裂的两个方面。"传承"本身是生态习惯法这一文化传统的连续性的稳定存在，而"变迁"则是在"传承"中的发展与创新，是在保持的连续性中的变革。藏族生态习惯法文化的传承与变迁，其实质是生态习惯法文化传统在传承中的变迁，是二者的整合与统一，是稳定连续性中的创新与发展。

（五）生态习惯法在与国家法互动中实现其秩序功能

就秩序功能考察，涉藏地区民间秩序的维系，既非传统习惯法一统天下，亦非国家法独领风骚，而是呈现出国家法与习惯法双重调控的复杂图景。在这种双重调控机制之下，国家法无疑对于藏族聚居区的秩序构建起到根本性的重要作用，藏族聚居区发生的重大变革正是在国家权力向下渗透进入民族社区的过程中发生的。然而，在社会变革的背景下，藏族聚居区民间秩序的维系与运作却更多地自动选择了生动而富有活力的习惯法文化。国家法与习惯法之间不是单纯的排斥对立或者密切合作，而是在维系秩序、解决纠纷的具体场域中，于相遇中争取协作，在冲突间寻求妥协。习惯法与国家法并存调控的现实格局中，两套规范性知识往往在冲突与协作、对抗与调适中构建着藏族聚居区民间秩序。从法律文化的视角看，这样的现实图景所揭示的，或许正是法律作为一种文化现象其发生、成长以及变迁的本质所在。在这样一个社会普遍关注生态安全、努力探寻解决生态危机的途径的时代，藏族传统生态习惯法文化受到社会的普遍重视，同时，由于其与国家生态环境法在生态伦理观、秩序功能等方面存在的暗合与共通，生态习惯法与国家法总体上处于并存互动的运作状态。而且，一些生态习惯法规范被国家法认可、吸收、整合，从而进入正式制度的规范体系。如草地生态补偿政策对于习惯法文化中禁牧、休牧、轮牧等地方性知识的吸纳；又如，国家法对于跨行政区草山纠纷的调处，基本上采取的是主动邀请并默许习惯法的民间调解方式。

在当代社会变革的背景下，自上而下进入藏族聚居区的国家法面对与自身理论逻辑迥然不同的本土知识、信仰以及秩序，必须深刻思考如何不被规避、不被架空，思考怎样不再游离于民间秩序之外，怎样在藏族聚居区民间秩序的维系与构建中实现自身的秩序功能。与之相对应，习惯法文化则必须在维护法制统一的前提下，面对深刻的社会变革，在民间秩序的震荡与维系过程中，通过具体实践场域中自身精巧细微的运作，在"保持"与"变革"之间找到与国家法调适的合理路径。

第九章　藏族生态习惯法文化的未来走向

作为文化的法律与其所根植于其中的社会文化环境交织融汇、紧密相关。植根于藏族整体社会文化背景中的生态习惯法文化，深深依赖于自然生态环境和其他的社会文化环境，如经济、政治、宗教等。

"法律"可用不同角度来探究，简单地说，对人类学家而言，法律是个动态的文化现象，无法自外于其文化与传统，不同文化可能产生不同的法律文化。对社会学家而言，法律是个实然，即具体的社会事实，是社会规范的一种，亦非国家所专有，与其所属的社会环境具有不可分割的关系，这与法律释义学家（狭义的法学家）视法律为一套由逻辑严谨的应然命题所组成的体系不同。换句话说，整个文化、社会皆为法律的背景，法律体系与政治、经济、宗教、道德伦理等皆存在一种交互关系。①

生态习惯法文化的发展既调适于其所处的特定的自然生态环境，又须调适于其内生于其中的社会文化环境。即它的发展必然包括双重的调适——对于自然环境问题的调适和对社会文化环境的调适。它自身在调适中发生变革，这种变革又反作用于与其密切相关的政治、经济、宗教等其他文化环境因素。在文化调适过程中，这种文化之间的作用与反馈是反复且连续的、极其复杂的过程。质言之，生态习惯法文化自身在调适，它的调适同样反作用

---

① 林端:《儒家伦理与法律文化》，中国政法大学出版社，2002，第4页。

于其他文化因素，使之发生互动与调适，其他文化因素在互动中的调适反过来又成为生态习惯法文化调适自身的环境因素。

正是在这种意义上，法文化的传承与变迁同样受到不同社会文化因素或深或浅的影响。而种种社会文化因素之间复杂交织的关联作用，决定了要想清晰而准确地界定某种具体的社会文化因素对于法文化传承与变迁的影响作用，无疑是不现实的。在当代全面推进法治化的宏观背景下，生活方式、宗教信仰以及基层组织等这些原扎根于固有的自然生态环境和社会文化中的生产生活要素都因为国家权力的全方位渗透而发生了深刻的变革。从这个意义上讲，国家法律制度环境对于藏族生态习惯法文化的变迁起到主导性的影响作用。因而，本书将以国家法制统一为基本前提，以国家法为根本的制度背景，以国家法与生态习惯法互动、建构的关系为研究框架，阐释生态习惯法与国家法互动关系的实然性与应然性，透视生态习惯法文化的现实功能，检视其发展困境，进而思考其对于当代生态法治的积极贡献以及未来走向。

一 藏族生态习惯法与国家法的互动关系

（一）法律文化多元并存的现实格局

法学家与法人类学家在研究取向上的一个重大的区别在于，法学家强调通过法律原则、概念以及规则体系精心构建出一种国家权力统治下的秩序，而法人类学家则更为注重于社会和文化之中寻找秩序生成的来源与机制，思索具体社会文化背景下的秩序是如何成为可能的。不可否认，无论是何种研究进路，秩序始终是法律研究不能脱离的语境。

当代藏区社会生活中并存着多元法律规则。首先，国家制定法无疑是最重要的权威渊源。其次，藏族习惯法规范在民间生产生活实践中起着举足轻重的秩序功能。而习惯法规范又呈现出纷繁多样的现实图景，有些是基于本教的民间信仰，有些则以藏传佛教为思想基础。此外，习惯法文化在其漫长的历史过程中，无疑受到宗教法规、藏族聚居区历代政权的成文法以及中原法律文化的影响与渗透。

法人类学肇始之初，即试图抛弃西方法理学传统的法律中心主义——法律必是指国家法律，必是指由国家制度所实施的大一统的排他性法律观念①——因而，在法人类学家的视野里，法律多元是社会秩序所呈现的不争的事实。正如前文所引的个案所展示的，藏族聚居区因其特殊的社会、文化历史，现实秩序中法律多元的特征尤为显著。具体到当代生态领域，生态习惯法与国家生态法制是两套不同的规范性知识。与习惯法作为地方性知识，植根于藏族聚居区的社会文化土壤不同，国家生态法制架构于西方法律原则、概念及其逻辑体系基础之上。即使是各藏族自治地方的自治性地方立法，多属对于国家法的简单复制，其立足本土资源的变通与创新明显不足，难以真正体现本土性的利益诉求和秩序功能。在当代藏族聚居区，国家制定法固然是最重要的权威渊源，然而，其民间秩序并非国家法全面调控、独立运作，而呈现出国家法与习惯法相互调适、互动、建构的法律多元格局。

（二）生态习惯法与国家法互动关系的实然性与应然性

思索法律文化多元这一问题的重要意义，在于唯有立足于法律文化多元并存的现实格局，以探索国家法与习惯法之间如何良性互动，方可构建当代民族地区可持续的生态法治。这一问题其实涉及两个重要方面：一是国家法与习惯法之间的并存关系的事实状态，即"现状是什么"，属于二者关系的实然性；二是国家法与习惯法之间未来将如何并存方能促进民族地区生态可持续发展，即"未来是什么"，属于二者关系的应然性。

1. 生态习惯法与国家法互动关系的实然性考察

考察国家法与藏族生态习惯法在民族地区生态秩序建构中的功能及二者互动关系的实然性，究其实质，是以民族地区生态善治建构为背景，探讨针对某一特定的行为模式，国家法与习惯法的规范性知识体系中，是否有调整

---

① 赵旭东：《法律与文化》，北京大学出版社，2011，第111页。

规范？若有规范，调整的方式是肯定还是否定？在规范性调整的过程中，二者呈现出怎样的互动关系？

（1）生态习惯法与国家法实然性互动关系的类型解读

从对某一行为模式的规范性调整这一视角考察，生态习惯法与国家法大致分为四种情形[①]：国家法存在调整规范（表示为1）或不存在调整规范（表示为0）；习惯法存在调整规范（表示为1）或不存在调整规范（表示为0）。对上述四种情形进行组合，则针对某一行为模式，国家法与习惯法对其进行调整的关系类型，可概括为四种情形，见表9-1。

表 9-1　国家法与习惯法的调整规范关系类型（一）

国家法与习惯法的关系	关系代码（国家法，习惯法）	对某一行为的规范性调整
A 型	（1，0）	国家法存在规范，习惯法不存在规范
B 型	（0，1）	国家法不存在规范，习惯法存在规范
C 型	（1，1）	国家法与习惯法都存在规范
D 型	（0，0）	国家法与习惯法都不存在规范

表9-1所概括的四种情形下，D（0，0）型关系（即对某一行为模式，国家法与习惯法均不予以调整）意味着某一行为模式既不属于国家法，也不属于习惯法的调整范围。申言之，该行为模式不属于法人类学视野中的法律（包含国家法与习惯法）所调整规范的范畴，不存在该行为模式下国家法与习惯法的互动关系问题。因而，下文仅论述其他三种关系类型（即A、B、C三种情形）下，国家法与习惯法的互动关系。

而国家法与习惯法对某一行为模式予以调整的方式则包括肯定（+）或

---

① 为方便论述，根据国家法或生态习惯法对某一行为模式是否存在调整规范，分别记为（1）状态（存在调整规范）和（0）状态（不存在调整规范）。则国家法与习惯法规范关于某一行为模式是否存在调整规范，可以用公式"（国家法，习惯法）"来表示。举例如下：（1，0）型关系表示对某一行为，国家法存在调整规范，习惯法不存在调整规范。

者否定（−）二种。[1] 由此，根据排列组合的结果，二者的关系可进一步细化为表 9-2 所示，其中的"典型行为模式"为前文所论及的典型案例，作为示例，对表中各关系类型予以说明。

表 9-2　国家法与习惯法的调整规范关系类型（二）

关系类型（国家法，习惯法）	规范性	典型行为模式
A（1，0）	（+，0）	草地生态补偿 政府主导的水电站建设
	（−，0）	未经行政许可擅自挖虫草
B（0，1）	（0，+）	神山神湖自然崇拜
	（0，−）	自然禁忌[2]
C（1，1）	（+，+）	草场轮牧休牧 水源地的保护
	（+，−）	（经行政许可）神山采矿
	（−，+）	部落之间草场纠纷械斗
	（−，−）	违约 部落内越界放牧

A（1，0）型关系，意即对某一行为模式，国家法存在规范，而习惯法不存在规范。这一状态又可细化为，国家法对某一行为的调整分别持肯定（+，0）或否定（−，0）调整态度的两种情形。其一，A（+，0）关系状

---

[1] 仍然用公式"（国家法，习惯法）"来表示国家法与习惯法调整某一行为模式的关系状态。举例如下：表 9-2 中所示的 A（1，0）型关系表示对某一行为模式，国家法存在调整规范，而习惯法不存在调整规范。此种关系类型下，根据国家法对该行为的调整方式，又可细化为两种情形，一是（+，0）型，表示国家法存在调整规范（肯定性规范），习惯法不存在调整规范；二是（−，0）型，表示国家法存在调整规范（否定性规范），习惯法不存在调整规范。又如，表 9-2 中所示的 C（1，1）型关系类型，依据国家法及习惯法对该行为的调整方式，又可细化为四种不同的情形，即（+，+），（+，−），（−，+），（−，−）。以其中的 C（−，+）型关系为例，其表示针对某一行为模式，国家法存在调整规范（否定性规范），习惯法亦存在调整规范（肯定性规范）。

[2] 此处的自然禁忌是指民间社会中某些开发利用自然资源的行为，国家法不予规制，但因违反藏族传统的自然禁忌而被习惯法所否定。比如，杀害被放生的牛、羊。

态。以草地生态补偿为例，由于生态效益以及相关的经济效益在生态保护者与受益者之间的分配关系，比如上下游流域生态补偿关系，往往突破习惯法的调整范围（部落），因而，需要国家法予以宏观调控。该行为模式显然不属于习惯法的调整范围。其二，A（－，0）的关系状态。典型者如采挖虫草行为。因传统藏族社会未出现大规模挖虫草的行为，故而传统习惯法不予调整。在当代，受市场利益驱动，农牧民大规模无序采挖虫草导致草场植破坏严重。根据我国《野生植物保护条例》的规定，虫草属国家二级保护野生植物，须经行政许可授予采集许可证方可采挖。因而，未经行政许可擅自采挖虫草显属违法。

总体上，A（1，0）型关系，常见于以下情形。一是国家公权力干预、调整超越传统部落习惯法调整范围的行为类型。该情形下，由于习惯法的调整范围仅局限于本部落范围之内，因而，对超越部落边界且无损部落利益的行为模式，习惯法不进行调整规制。二是由当代市场经济催生并受经济利益驱动的行为类型。

由此分析，A（1，0）型关系下，国家法与习惯法常处于互不介入、并行运作的关系状态。然而，值得关注的是，国家法公权力的干预与调整，可能会干扰、影响到部落利益或农牧民的自然资源权益，进而间接引发国家法与习惯法之间的冲突。比如上文所述，政府主导规划、实施的水电站建设，属于国家法所许可的，而习惯法对此类现代社会现象则明显欠缺规范。然而，工程施工引发的河流污染以及神山挖隧道等问题，将间接导致国家法与习惯法（自然崇拜与自然禁忌）出现紧张与冲突。

而B（0，1）型关系，意味着针对某种行为模式，国家法不予调整，而习惯法进行规范的情形。从国家法的视角看，杀害被放生的牛、羊等违反自然禁忌的行为，多由道德、宗教等法律之外的其他社会规范予以调整。然而，习惯法与宗教、道德等社会规范存在天然内在的紧密关系，彼此融汇交织，难以清晰剥离。因而，其属于习惯法的调整范围。

根据习惯法对该类型行为的肯定或否定的态度，可将B（0，1）关系类型细分为 B（0，+）和 B（0，-）。首先，B（0，+）关系类型下，国家法不存在调整规范，习惯法存在肯定性规范。典型的如藏地的神山、神湖崇拜现象。因其属于民间文化的范畴，因而，国家生态法制不予调整。而自然崇拜却无疑是习惯法的重要内容。其次，B（0，-）型关系，即国家法不存在调整规范，习惯法进行否定性调整。此关系类型主要集中于自然禁忌等习惯法规范领域。例如违反神山、神湖崇拜等各种自然禁忌的行为，习惯法明确予以禁止。

总之，B（0，1）型关系下，国家法与习惯法二者之间，多呈现出互不干扰的运作样态。然而，习惯法对不属于国家法调整范围的某一行为进行规范时，如果间接影响到公共政策的实施、公共利益的维护或者公民依国家法所拥有的合法权益，将可能引发国家法与习惯法二者之间出现紧张。正如第七章中，为桑曲让路的桑达公路案例所展示的，甘南州桑（科）-达（久滩）公路实施时，桑科乡牧民认为施工现场距离桑曲（即大夏河）过近，会冒犯鲁神，属神湖崇拜之禁忌，故而集体抗议。后经甘肃交通厅批准，对桑达公路的施工路线进行了改道与绕行。

第三种情形，即 C（1，1）型关系，是国家法与习惯法二者之间最为复杂的关系。即某一行为模式同时受国家法与习惯法的调整。根据二者对某一行为的肯定性或否定性的调整模式，又可细分为四种具体的关系类型。

其一，C（+，+）型，即国家法与习惯法都予以肯定性调整。在生态法治领域，基于相同的生态保护宗旨，国家法与习惯法存在诸多的共通与暗合。例如草地轮牧休牧之规定、水源地保护之规范等，均属该关系类型。在这一领域，国家法与习惯法对于有益于生态恢复与保护的行为，均给予肯定性的调整，二者相互协作、互为补缺。

其二，C（+，-）型，即国家法对某一行为模式持肯定态度，而习惯法对其持否定态度。在该关系类型下，国家法与习惯法对于同一行为持完全不同（肯定/否定）的态度，导致了二者之间的冲突。这一状态多见于国家法对于某一行为，基于现代法律的价值观和正义观予以正面的、肯定性的评价和调整；而习惯法基于其传统的思想基础、价值观以及部落正义观，对该行为存在否定性的评价。典型的如第七章所述的神山采金案所展现的，经行政许可的、在神山上开采金（矿）的纠纷。藏族习惯法禁止在部落神山采矿。经行政许可、依法取得采矿证的采矿主，由于其采矿点正好位于部落神山上，从而招致部落民众的对抗，引发冲突。在这一关系类型下，由于藏族习惯法以宗教文化为其思想基础，因而，一旦出现国家法的调整与习惯法的宗教文化（多属自然崇拜与自然禁忌）相冲突的情形，双方较量的结果是，或者国家法被规避（其法律权威遭遇挑战），或者习惯法被否定（则影响民族关系稳定）。

其三，C（-，+）型，即国家法对某一行为模式持否定态度，而习惯法对其持肯定态度。比如第八章论及的两例草场纠纷案，即跨省草山纠纷的跨世纪调解案和邻村草场争执纠纷案所呈现的藏族部落之间的草地纠纷，双方冲突严重时常因械斗而发生伤亡。国家法与习惯法关于草场纠纷当中的械斗凶手呈现出截然不同的态度：一方面，在国家法的视野里，致人伤亡应当予以惩罚和制裁；另一方面，对于该械斗凶手所在的部落而言，其因维护和保障本部落的草场资源而成为该部落习惯法所肯定的部落英雄。申言之，这一关系类型，多因国家法与习惯法之间不同的正义观而引致。

其四，C（-，-）状态，即国家法和习惯法都对某一行为进行了否定性的评价。正如第七章第八章所分析的法律运作实践中，土地流转合同中的违约行为、部落内部的越界放牧行为等都属此类型。这一情形类同于C（+，+）状态，即国家法与习惯法基于相同的生态正义观，对同一行为均给予了否定性评价。因此，在C（+，+）与C（-，-）的情形下，国家法与习惯法一般都处于协作互动的状态。

综上，C（1，1）关系类型下，C（+，-）与C（-，+）状态，存在国家法与习惯法的紧张与冲突。而C（+，+）及C（-，-）状态下，国家法与习惯法对某一行为模式持相同的肯定或否定的评价，因而，二者一般都会于协作之中互动。

值得说明的是，C（1，1）型关系下，面对同一行为模式，国家法与习惯法都做出调整时，二者除了协作、冲突关系，还可能存在一种较为典型的并行关系。即面对同一行为模式，国家法与习惯法都存在调整性规范。然而，二者在实际调整、运作的过程中，依各自的价值观、正义观以及宗旨进行规范和调整。彼此互不介入、互不干扰，既不协作，亦无冲突。例如，在部分土地流转合同纠纷解决过程中，当事人一方面寻求习惯法的调解，另一方面，也会请律师打官司，寻求国家法的救济。纠纷的解决往往分别依据习惯法与国家法的两种相对独立的程序：民事调解与民事诉讼程序。因而，二者在法律实践过程中，互不干扰，并行运作。

（2）生态习惯法与国家法实然性互动关系的逻辑阐释

综合考察表9-2中所列的国家法与习惯法在生态秩序建构中互动运作的八种关系类型，可以将其归纳为三种互动关系。

第一，协作关系。二者协作互动的前提是面对某一行为模式，彼此存在相同的调整宗旨与正义观，并在秩序、控制的功能方面存在暗合或者共通。就调整对象而言，生态法律规范调整、规范的对象是人与自然之间的关系，以及与生态系统相关的人与人之间的关系，因而，生态习惯法与国家法之间存在很多的契合与共通。比如，共同的宗旨：保护自然生态资源不受不合理的人类活动的干扰与侵害；类同的、尊重自然生态规律的原则。因为二者存在契合，所以产生秩序规范的正面叠加效应，即习惯法与国家法共同协作于生态秩序的调整与构建。与其他领域的习惯法相比较，这是生态习惯法对于当代生态法治建设具有更多积极贡献的根本原因。表9-2中，C（+，+）和C（-，-）即属于协作关系。

第二，冲突关系。根据对生态法治建构的不同作用，冲突可以进一步细分为两种：良性冲突与恶性冲突。[①] 良性冲突即二者以承认冲突的合理性为前提，通过冲突中力量的摩擦、牵制和掣肘，发现对方存在的价值，以达成

---

① 高晋康、何真：《习惯与法制的冲突及整合——以西部地区的调查分析为进路》，法律出版社，2010，第61~62页。

利益的和解，最终达致双方力量的均衡。以前文所论述的部落草场纠纷械斗致人伤亡的情形来分析：习惯法所追求的部落正义（保护部落草场利益）与国家法的法律正义（械斗致人伤亡应受公法规制）相冲突时，习惯法清醒地认识到致人伤亡是违反国家法的，而国家法在深知习惯法解决草场纠纷的价值贡献的同时，也了解械斗凶手正是保护部落草地资源的部落英雄。在纠纷解决的场域下，二者拉锯、磨合的结果，是双方均做出适当妥协：一方面，习惯法在民间调解协议中严正声明械斗致人伤亡是违法行为，并赋以调解协议书习惯法的内容（按照传统习惯法的血价和命价界定双方的赔偿责任）、国家法的形式（要求双方对争斗造成的损害依法赔偿）；另一方面，国家法以解决草场纠纷为宗旨，对凶手进行了"伪饰执法"式的追查，默许习惯法的实际运作。二者彼此调适，互为妥协，呈现出良性冲突的典型特征。

而恶性冲突指双方都否认冲突的合理性，在双方力量的较量中企图挤压、损害和取代对方，结果导致双方受损或者强者取胜。前文所论及的神山采金案即是典型的案例。经国家法许可的采矿主，枉顾习惯法的神山崇拜，欲强行入场作业。而习惯法坚守神山崇拜的宗教文化，拒绝对国家法许可的采矿主采取任何形式的妥协。最终导致双方发生对抗性冲突。

从社会功能的进路分析，国家法与习惯法之间发生恶性冲突，其实质是二者的秩序、控制功能的颉颃、对抗。正是从这一意义上，当代藏区法治进程中，合理、谨慎地应对国家法与习惯法之间的紧张与冲突，避免其演绎为恶性冲突，意义重大。

依冲突的不同表现形式，可将二者的冲突关系分为直接冲突与间接冲突。其一，直接冲突型。多见于国家法与习惯法对某一行为模式均有调整和规范，然而，彼此之间持有完全不同的（肯定／否定）评价。表 9-2 中 C（+，-）和 C（-，+）即属于此类型。其二，间接冲突型。正如上文所分析的，A（1，0）、B（0，1）型关系下亦可能存在国家法与习惯法之间的紧张。即在国家法或习惯法单独对某一行为模式进行调整时，除却二者并行运作、互不干扰的状态，如果国家法的调整限制了部落利益或农牧民的私有权

益，或者习惯法的运作影响到公共政策或社会利益，将可能间接地引发紧张
与冲突，即属于间接冲突型。

第三，并行关系。即，国家法与习惯法在各自的调整领域内互不干扰，
互不介入，并行不悖。

国家法与习惯法之间的并行关系，可以概括为两个层面。一是典型的并
行关系。表现为面对同一行为模式，二者均会进行调整，然而，二者在调
整、规范的过程中，互不介入、互不干扰，既不协作，亦无冲突。并行关系
多见于 C（1，1）型关系。比如，土地流转合同纠纷的解决过程中，当事人
依国家法与习惯法两种相对独立的救济程序（即民事诉讼与民间调解）以解
决纠纷即属典型的并行关系。二是非典型的并行关系。主要包括两种具体的
情形[①]：一是 A（1，0）型关系；二是 B（0，1）型关系。即针对某一行为模
式，当国家法或习惯法独立调整时，二者之间呈现出并行运作、互不干扰、
互不冲突的关系格局。

民间秩序的实际运作中，以上所论述的协作、冲突、并行关系，每一种
关系类型并非孤立地存在，而是呈现出融汇交错的复杂图景。比如为桑曲让
路的桑达公路这一案例所揭示的，生态习惯法（水源地保护）与交通部门的
公路建设规划相冲突，却与国家生态法制存在契合。神山采金案中虽然习惯
法与矿产资源管理制度发生对抗，但是，就草地系统的生态效益保护而言，
又与国家生态法治的基本原则是共通的。

2. 生态习惯法与国家法实然性互动关系的原因剖析

在当代生态法治领域，于国家法与习惯法交错复杂的互动关系中，探寻
二者协作、冲突、并行关系的根源，成为思考二者关系未来走向的前提。

---

① 这两种情形，均不属于严格意义上的并行关系。因为国家法与习惯法二者之间存在并
行关系，应当基于"国家法与习惯法对同一行为模式均有调整"这一前提，且二者在
调整的过程中，互不干扰、并行运作。而 A（1，0）和 B（0，1）两种关系类型属于，
对同一行为模式或者单纯由习惯法，或者单纯由国家法进行调整，并非二者都有调整
规范的情形。因而，A（1，0）和 B（0，1）两种关系类型下，排除国家法与习惯法
间接冲突的情形，即属非典型的并行关系。

（1）生态习惯法与国家生态法之间协作关系的根源

总体而言，协作关系多基于国家法与习惯法之间存在的契合性。这种契合性集中表现为二者基于相同的宗旨及价值（保护区域生态平衡，促进可持续发展），对某一行为模式予以调整与规范。比如，上文所列举的关于土地权属、草场轮牧休牧、水源地保护等生态领域，国家法与习惯法均表现为协作互动的关系。

（2）生态习惯法与国家生态法之间冲突关系的根源

在民族地区复杂的多元化秩序格局中，习惯法与国家法存在的可能冲突，是习惯法文化研究最为关注的焦点。国家法与习惯法之间的冲突关系相对复杂。正如前文所引案例所揭示的，生态习惯法与国家法之间发生冲突，无论是直接冲突，还是间接冲突，其实质是两套不同的规范性知识之间的差异。因而，解决二者冲突关系的必要前提是从法律文化的理论视角出发，对当代法治进程中二者所存在的张力与冲突的根源，即所存在的差异性进行比较全面的剖析。[①]

其一，生态习惯法与国家生态法的思想基础不同。

藏族生态习惯法以"佛本相融"的宗教文化为其精神基础，而国家生态法的思想基础则是人与自然和谐共存的可持续发展的理论。法制与民族宗教信仰之间一旦出现紧张，二者之间经常表现为恶性冲突，且极易由资源管理利用问题演变为民族安全问题，激化矛盾。正如神山采金案所揭示的，即使是依法经行政许可取得采矿许可证的企业，如果其采矿点恰好位于部落神山之上，则往往遭遇当地民众的对抗。

其二，生态习惯法与国家生态法关于自然资源开发管理的价值取向存在差异。

联合国环境规划署（UNEP）关于自然资源的定义是"指在一定时间条件下，能够产生经济价值，提高人类当前和未来福利的自然环境因素的总

---

① 常丽霞、崔明德：《藏族牧区生态习惯法文化的当代变迁与走向——基于拉卜楞地区的个案分析》，《兰州大学学报（社会科学版）》2013 年第 3 期。

称"（1972年）。该定义被世界各国所广泛采用。《中国自然保护纲要》中，有关的解释是"在一定的技术经济条件下，自然界中对人类有用的一切物质和能量都称为自然资源"。显然，以其经济价值为要素，即"对人类有用"来定义自然资源是当前各国普遍的共识。然而这种定义显然忽略了自然资源的生态价值，即该自然资源对于特定生态系统的价值。正是基于这一认知，我国自然资源保护的单行法主要以保护以及开发利用该自然资源的经济价值为主要目的。如我国《矿产资源法》确定的立法目的是"发展矿业，加强矿产资源的勘查、开发利用和保护工作，保障社会主义现代化建设的当前和长远的需要"。又如，《甘肃省甘南藏族自治州矿产资源管理条例》的立法目的确定为"加强矿产资源管理，依法维护矿业秩序，促进自治州矿业发展"。值得关注的是，在我国当前推进生态文明建设的进程中，对于自然资源的开发利用以及生态保护的理念，正在发生变革，即由开发利用自然资源为主，转变为重视自然资源的生态效益与生态系统平衡。以我国自然资源保护法领域的《野生动物保护法》为例，该法修订前的立法目的表述为："为保护、拯救珍贵、濒危野生动物，保护、发展和合理利用野生动物资源，维护生态平衡，制定本法"。2016年将立法目的修订为："为了保护野生动物，拯救珍贵、濒危野生动物，维护生物多样性和生态平衡，推进生态文明建设，制定本法。"其中新增加了"维护生物多样性"和"推进生态文明建设"，删除了"发展和合理利用野生动物资源"。

而藏族生态习惯法保护各种自然资源要素的根本宗旨在于维护神—人—自然这一自然—人文系统的整体和谐与统一，其自然价值观遵循人与自然相互依存的规律，认为自然生态系统对于人类而言不只是工具性的开发利用价值，还具有其内在的价值。质言之，生态习惯法保护的是生态系统的平衡与和谐，其对于自然资源的开发利用仍然普遍遵循着以宗教文化为精神基础的习惯性规范，以生产生活的必要性为限度。

在当前全社会日益重视生态安全，重视可持续发展的社会背景下，国家自然资源保护法的立法目的呈现出一种从"经济利益优先"逐渐向"兼顾生态效益，倡导生态优先"过渡的趋势。与此形成对照的是，藏族生态习惯法却在市场经济和族际文化交流的影响下，呈现出一种相反的趋势，那就是传统的自然价值观、自然禁忌、生态保护习惯因为经济利益的驱动正在发生动摇甚至演变，前文关于藏族民众为了经济利益与不法采矿企业相勾连，容许其擅自进入草场采矿的案例都显示出这一趋势。这一生态价值观的演变趋势应当引起全社会广泛关注和充分的预警。

其三，生态习惯法与国家生态法视阈中的正义观具有差异性。

由于二者在空间效力以及对人的效力范围方面存在差异，生态习惯法所反映的正义必然是部落的正义，部落之外则无规范可言。从这一意义上讲，习惯法的正义是一种地区性的、局部性的生态正义。因而，部落之间为了争夺草地、水源等自然生态资源，争执、械斗均属寻常之事。然而，国家法制视野内的正义反映的则是全国范围内的，包括不同地区之间的生态正义，必然是一种总体的、宏观的正义。因而，习惯法所反映的地区性的、局部性的生态正义与国家法所追求的总体的、宏观的生态正义之间难免发生冲突。上文所述的草场纠纷案例中，国家法与习惯法基于不同的正义观，关于指认械斗中部落凶手这一行为，现实运作中的处理方式具有明显的差异性。

其四，生态习惯法与国家生态法制具有不同的特质。

国家法以正式性、普适性为其独有的特质；而习惯法则以民族性、乡土性、地域性、自发性为特征迥异于国家法，是一种微观的地方性生态知识谱系，是藏族在具体的自然生态环境中世代积累沉淀的生态智慧的凝结。从这个意义上讲，在生态领域，国家法"自上而下"，普遍适用于各行政区域，势必因为不能达致对微观社会地方性生态知识的充分认知而与习惯法发生冲突。仍以神山采金案为例，我国《矿产资源法》确定了探矿、采矿许可证制度，经申请、批准取得许可证是勘查、开采矿产资源的前提条件。这一具有普适性的矿产资源开发行政许可制度，显然无法观照到藏族社会关于神山崇拜的习惯法规范，导致国家法视野中的合法行为因为触犯部落自然禁忌而被习惯法判定为应予惩罚的行为，进而引发国家法与习惯法之间的冲突。

（3）生态习惯法与国家生态法之间并行运作的原因

生态习惯法与国家法之间并行运作的关系状态，是习惯法研究中最常被忽视的领域，然而，却是厘定二者之间关系非常重要的领域。

无论是国家法与习惯法之间的典型并行关系，还是非典型并行关系，二者之间并行运作其实质是国家法及习惯法对某一行为及其相关的权利义务关系进行调整时，不发生协作，亦无冲突出现。在直接并行关系下，尽管二者对某一行为模式均有调整，然而，调整规范互不介入、互不干扰，各自运作。在间接并行关系下，对某一行为模式，或者单纯由国家法进行调整，或者单纯由习惯法进行规范，二者亦呈现出互不介入、互不干扰的状态。由此，在并行关系类型下，国家法与习惯法或者相遇而不相扰（典型并行关系），或者仅由其中一种规范予以调整，二者不相遇，自无扰（非典型并行关系）。

3. 生态习惯法与国家法互动关系的应然性重构

探寻藏族生态习惯法与国家法的应然性关系，其实质在于，藏族生态习惯法未来应当如何与国家法协作互动，以贡献于当代区域的生态法治建构。

基于上文关于二者之间的八种具体关系格局、三种互动关系类型（协作、冲突、并行）的梳理与阐释，在全面推进法治化进程中，促进协作、解决冲突、适度并行是二者之间未来应然性关系的合理进路。

（1）促进习惯法与国家法之间的协作

在生态法治领域，习惯法与国家法因其追求生态和谐的共同宗旨，二者之间存在更多的契合与共通，也决定了双方在区域生态法治领域协作互动的基本态势。

从法律实践的全过程，即法律规范的产生以及运作的整体过程，考察国家法与习惯法之间的协作互动模式：一方面，从法律规范的生成这一阶段，二者应当互相认知、调适，必要时予以认可、吸纳；另一方面，在实践运作中，二者应当相互靠拢、对接与合作。未来二者促进协作互动的具体路径，主要表现为以下方面。

首先，二者在规范生成中，以彼此认知为基础，不断发现、挖掘二者之间存在契合、共通的调整领域，并于必要时，予以认可与吸纳。从习惯法的角度，一则，民间社会对于国家法规范体系的认知与发现，以传统权威、地方权威为主导，于实践运作中不断增进；二则，习惯法通过自身的再生与重构，将国家法规范以村规民约的当代习惯法形式予以吸纳。而从国家法的立场考察，其一，是国家法以开放包容的态度，依赖基层司法工作者在法律实践中持续积累、创新的司法智慧与经验，发现并挖掘民间秩序中与当代生态法治相契合的习惯法规范知识；其二，国家法经过谨慎的甄别，于必要时，以认可、吸纳的方式，将习惯法规范吸纳入国家法体系当中。这种吸纳，可以采取概括性的规范模式，即对于经双方调适证明为正确的行为规则，以"从习惯"的规范形式予以认可。亦可将习惯法规范认可、吸纳为国家法的规范形式，使之成为国家法律制度的一部分。

值得强调的是，国家法对习惯法的认可与吸纳，必须基于一个基本前提，即"必要性"。在二者相契合的领域，国家法与习惯法或并行运作，或认可吸纳。申言之，被国家法认可吸纳并非习惯法的唯一进路。进一步分析，何者为国家法对习惯法认可吸纳的"必要性"？习惯法自有其历史传统，有其独特的内生机理与运作机制，因而，国家法对习惯法认可与吸纳的必要性，应当以认可与吸纳能否促进区域生态善治建构为根本宗旨。理想的生态善治应当是基于法制统一的前提、立足民族地区法律文化多元的现实格局，释放习惯法的现代价值机能，并且经由本土法文化的汲取与重建、信仰重塑、技术理性祛魅、路径拓展，进而达到对现代生态环境法的不断补足与完善。[1] 正是从这一意义上，如果国家法对习惯法的认可吸纳能够促进区域生态善治，则具备"必要性"。否则，若二者并行运作、调适制衡更有益于区域生态善治，则不具备对习惯法认可、吸纳的必要性。保障"必要性"作为国家法对习惯法认可、吸纳的前提，一则强调国家法应当为习惯法进入国

---

① 郭武：《环境习惯法现代价值研究》，新学林出版股份有限公司，2016，第 vi 页。

家制定法体系留有必要的通道；二则能够防止国家法对习惯法可能发生的、自上而下的改造与兼并。

其次，引导和培养民间调解人以及基层法律工作者的法律实践智慧。作为民间秩序的调整器，法律无疑是在不断的实践中获得其生命力。正因如此，引导并培养出具有实践智慧和实践技巧的司法实务者（即代表习惯法的民间调解人和代表国家法的基层法律工作者）成为关键。一方面，从习惯法的角度看，传统权威、地方权威在全面推进法治化的进程中，通过自省与重塑，积极、主动地寻求与国家法协作的路径与方法。比如，前文所述老人会的法律培训班案例所呈现的，当前藏族聚居区部分民间调解人已经深刻意识到培养自身关于国家法的专业素养的重要性和紧迫性，因而，积极举办法律培训班，以增进民间调解人对于国家法的认知、提升其法律素养。该案例所反映的正是习惯法主动靠拢、协同国家法的一种努力。另一方面，从国家法的视角考察，国家法应当充分认识到作为传统权威代表的民间调解人的重要功能，并对其自省、重塑的努力予以政策引导及经济支持；同时，国家法尤应重视并创造条件以培养基层法律实务工作者（如基层法院法官以及县、乡政府干部）的司法实践智慧。

再次，持续创新二者之间高效的协作模式与方法。国家法与习惯法两套规范知识系统之间协作互动的效率取决于二者之间互动模式与互动方法的选择与运用。二者之间关于高效协作模式与方法的探索与创新，主要取决于协作实践过程中，作为两套规范知识体系代表的基层法律工作者与民间调解人之间协作互动的效率。双方于磨合、拉锯、博弈之中，不断深化法律实践、积累协作经验。由此，无论是从习惯法还是国家法的角度，都应当主动靠拢，为基层法律工作者及民间调解人提供更多沟通、协作的平台，以供其在互动中不断积累经验、提升互动效率。

（2）解决习惯法与国家法之间的冲突

从秩序的视角看，冲突及其解决是历久弥新的主题。冲突论者认为：

社会总是处于一种对稀有资源的争夺状态之中。不应当一般性地对冲突持否定态度，社会冲突有其正面的效果，例如，冲突可以成为促进对方紧密团结的力量；通过强迫冲突的双方坐下来谈判并直面他们的问题，冲突也可能导致必要的社会变迁。即使社会能在某种程度上成功地消除冲突，但这也许并非理想的境界。[①]

冲突是社会互动的基本形式之一，正如社会学家波普诺所言，由于冲突对于社会的发展而言，具有重要的正面效应，因而，应对冲突，并不意味着成功地消除冲突。国家法与习惯法之间之所以产生冲突，缘于二者作为两套规范性知识体系，存在明显的差异。应对二者之间的冲突，其实质是应对二者之间所存在的差异。吉尔茨认为："比较法研究得出的任何结论，必须是关于如何处理差异，而非消灭差别。"[②]从这个意义上讲，应对国家法与习惯法之间的冲突，其根本在于如何合理地处理双方之间的差异性，而非消除差异性。故而，全面、正确地理解国家生态法与习惯法二者之间的差异，乃是应对二者冲突的关键。

回顾上文关于国家法与习惯法二者之间的冲突关系类型的分析，根据对建构生态法治的作用，冲突分为良性冲突和恶性冲突；依照冲突的不同表现形式，又可分为直接冲突与间接冲突。沿循解决冲突的关键是合理处理双方的差异这一逻辑进路，冲突解决机制其核心在于解决国家法与习惯法之间因其差异导致的冲突关系对建构生态法治的减损作用，因而，本部分的论证聚焦于良性冲突与恶性冲突的解决机制。

总体上，国家法与习惯法之间恶性冲突的根源主要在于二者之间思想基础不同。比如神山采金案所展现的，当国家法的调整与作为习惯法思想基础

---

①〔美〕戴维·波普诺：《社会学》(第十版)，李强等译，中国人民大学出版社，1999，第110、133页。

②〔美〕克利福德·吉尔兹：《地方性知识：事实与法律的比较透视》，载梁治平编《法律的文化解释》，生活·读书·新知三联书店，1994，第126页。

的民族宗教文化之间出现紧张，经常会引发对抗式的恶性冲突。而良性冲突多由二者在自然资源开发管理的价值取向、正义观以及特质等方面存在的差异而引发。在民间秩序的现实运作中，往往是多因素交织引发冲突。因而，应对国家法与习惯法二者之间冲突关系的合理进路，是在界分何种差异引发何种类型冲突的基础上，区分不同的冲突类型，以探寻冲突的解决路径。

一方面，解决良性冲突，关键是建立有效的沟通机制。[①] 即引导双方通过磨合增加彼此之间关于价值取向、正义观以及双方所具有的不同特质等方面的认知，通过协商、拉锯及妥协，减少二者的差异并缓和乃至减少由之可能产生的隔阂与对立。进而引导双方在认知中调适、在磨合中互动。上文所述部落草场纠纷的解决场域，揭示出基层政府组织即县、乡（镇）政府、基层群众性自治组织如村民委员会以及民间权威等所特有的疏通与协调功能，正是建立有效沟通机制的关键。

在自然资源冲突解决机制中，民族地区的基层政府，尤其是乡（镇）政府，具有重要而独特的功能。乡（镇）政府是国家法"自上而下"和习惯法"自下而上"运作过程中的力量交汇点，既是国家法律、政策的宣传、实施者，又是在民族地区灵活运用习惯法定纷止争的基层政府组织。这样的双重职能决定了乡（镇）政府在国家法和习惯法的双向互动过程中，必须熟悉两套规范知识体系，并藉由其灵活的变通能力以及高超的实践技能实现国家法与习惯法之间的调适与互动。

村民委员会作为村民自治组织，在国家法与习惯法的良性互动中，亦承担着"承上启下"的重要职责。面向国家法，村委会承担宣传、协调的功能；面向习惯法，村委会凭借自身的智慧与权威，协调部落调解人运用习惯法实现民间社区的自治管理。我国《村民委员会组织法》规定，村委会受基层政府的指导。因而，行走于国家法与习惯法之间的村委会必然会

---

① 常丽霞、崔明德：《藏族牧区生态习惯法文化的当代变迁与走向——基于拉卜楞地区的个案分析》，《兰州大学学报（社会科学版）》2013 年第 3 期。

凭借其智慧和社会权威在两套知识系统间探寻调适与互动之路，反复实践的结果是在国家法制统一与法律文化多元之间探索出习惯法的发展机制与未来路径。

在习惯法与国家法"上通下达"的沟通过程中，民间权威起着举足轻重的作用。王铭铭在关于民间权威的分析中深刻地指出，中国民间的权威，不只是一种"自然圣者"，而是离不开官僚体制的，他们或为官之后被承认为民间权威，或成为民间权威后为官方所接受。民间调解人即印证了中国民间权威的这一特点。更重要的是，藏族聚居区很多富有威望的民间调解人，其自身也深刻地认识到当代藏族聚居区的社会文化变迁这一宏观背景，并适时成为这一社会转型期"中心主题"的界说者。[1] 兼具地方权威与科层权威双重身份的民间权威成为沟通习惯法与国家法的最好中介。基层政府和基层自治组织都已经充分认识到这一阶层在传统与现代、保持与变革之间所具有的权威性的影响力，因而，乡（镇）政府和村委会都主动吸纳民间调解人等民间权威成为其组织成员。

另一方面，应对国家法与习惯法之间恶性冲突的合理路径是建立长效的预警机制。[2] 恶性冲突一旦发生，其消极后果主要表现为国家法在民族地区遭遇抵制，矛盾激化时甚至可能引发民族矛盾，危及当地社会稳定。鉴于恶性冲突时双方呈现出对抗性特点，互不调适，故而，应对此类冲突的根本途径在于事前预防，在国家法与习惯法彼此之间充分认知的基础上，对差异性所引发的根本性利益冲突防患于未然。

前文所述的神山采金案中，从立法的视角看，关于民族地区自然资源的开发与管理，国家法应当赋予可能受到重大影响的民族地区充分的话语权和参与权，如在核发矿产资源勘查证、开采证的制度安排中，规定听证会、符

---

① 王铭铭：《民间权威、生活史与群体动力》，载王铭铭、〔英〕王斯福主编《乡土社会的权威、公正与权威》，中国政法大学出版社，1997，第 281~282 页。
② 常丽霞、崔明德：《藏族牧区生态习惯法文化的当代变迁与走向——基于拉卜楞地区的个案分析》，《兰州大学学报（社会科学版）》2013 年第 3 期。

合民族区域特点的公示等前置程序，最大程度地实现公众参与，那么将最大可能地减少纠纷与冲突。从执法的角度考察，如果矿产部门在核发采矿许可证之前能够熟悉习惯法文化，并给予充分的考量和预警，或者通过听证会等方式广泛征询当地民众的意见，则将最大可能地避免冲突。

生态习惯法与国家法之间的冲突，揭示出法治化进程中两套规范知识之间存在的差异而导致的紧张与对立，亦促使二者在冲突中寻求妥协与合作，这对于构建区域生态法治无疑具有重要的意义。

（3）保障习惯法与国家法之间的适度并行

在当代民族地区，国家法与习惯法的并行状态，表现为在坚持国家法制统一的基本前提下，二者在各自的调整领域内，互不介入、互不干扰，实现各自独特的秩序功能。

一方面，从国家法的角度，习惯法基于民间秩序调整的需要及其自身的特质（与道德、宗教等其他社会规范难以清晰剥离），自发地进行应对。在这种情形下，只要不违反国家法的禁止性规定，国家法无须介入，生态习惯法可以自主实践运作，于反复的文化调适中实现自身的扬弃，并在保持与创造之间维持其作为文化传统的发展活力。

另一方面，从习惯法的角度看，习惯法应当以坚持国家法制统一为前提，在对国家法充分认知的基础上，发挥自身作为地方性知识的独特调控功能，以规范藏族民众合理开发利用自然资源。

应当强调的是，在二者并行的领域，应当保障彼此在充分认知的基础上保持合理的距离，以建构区域生态善治。所谓"合理"的距离，一则防止二者之间距离的"过密化"，即不必强求二者的统一协同（常见的是国家法自上而下地对习惯法进行改造与吸纳），国家法应当赋予习惯法一个自主运作的空间，以强化社会的自治化程度；二则避免二者之间"过疏化"，常表现为国家法与习惯法之间欠缺应有的认知，而导致不能对二者的互动关系进行全面考量、合理应对，进而引发紧张与冲突。

总之，国家法与习惯法之间合理的距离，不仅是二者并行运作的必要条件，而且关涉到并行关系可能导向的后续的协作或冲突①，由此，保障二者之间的适度并行，对于促进二者之间良性互动、避免可能的冲突具有重要的现实意义。

二 藏族生态习惯法文化的功能考察与困境检视

在当代民族地区的生态领域，习惯法文化以其所具有的独特而重要的社会功能，与国家法协作、制衡、互动，贡献于当代生态法治构建。另一方面，在社会转型期，当代法治化进程中，生态习惯法文化亦呈现出其固有的局限性与不足。

（一）当代藏族生态习惯法文化的功能考察

1.协调区域经济发展与生态保护，疏通自下而上的通道以构建良好的双轨制治理结构

一方面，在经济全球化、环境问题全球性的今天，经济发展与生态保护的矛盾无疑成为社会发展中的根本性矛盾。由于雪域高原所具有的重要的生态功能区位，经济增长与生态保护的矛盾显得格外突出。

另一方面，我国现行生态法制起步于 20 世纪 70 年代，是年轻的新兴部门法，其对于当前生态环境问题的应对力还较弱，尚存在很多缺陷。②

一则，长期以来，"经济优先""人类优先"为特征的人本主义的传统法律伦理观仍在我国生态环境立法者的头脑中占据统治地位，且生态环境立法在立法者的理念里只是作为促进传统的经济发展模式的一种方法，③因而，在生态法制的视野里，生态效益经常让位于经济效益。与此相对应，我国的经

---

① 比如上文分析的非典型并行关系 A（1，0）、B（0，1）型关系格局，既可能导向国家法与习惯法后续可能的协作，也可能演变为二者的间接冲突。

② 很多学者对此都有充分的论述，比如汪劲《环境法律的解释：问题与方法》，人民法院出版社，2006，第 245~258 页；吕忠梅《环境法新视野》，中国政法大学出版社，2000，第 249~251 页。

③ 金瑞林、汪劲：《20 世纪环境法学研究综述》，北京大学出版社，2003，第 125 页。

济发展基本上沿用着以大量消耗资源和粗放经营为特征的传统发展模式，重经济效益，轻环境效益和社会效益；重发展的速度和数量，轻发展的效益和质量……对自然资源重开发、轻保护，重利用、轻补偿。这种发展模式对环境与生态造成了极为不良的影响，在经济社会发展的综合决策中，很少甚至没有兼顾环境保护的要求。①

二则，与发达国家环境立法动议于民众需求，先解决环境侵害权益纠纷，后行政规制企业行为的自下而上方式相反，我国环境立法的动议主要来源于党中央、国务院自上而下地对人民利益的关怀。这种抽象动议方式的优点自不待言，但由于在实际操作中我国公众参与途径的局限，容易使立法的具体动议权只停留和掌握在行政主管部门手中，因此，便会造成环境立法很少体现和保障公民环境权益的现象，使环境立法失去党中央、国务院做出环境立法动议的本意。②

上述经济发展与生态保护的矛盾以及国家生态法制的困境正是费孝通先生所言的"双轨制"治理结构中"自下而上"这一通道被淤塞所致。生态习惯法来源并植根于区域特定的社会文化环境当中，能够疏通社会结构中"自下而上"的通道，从而使社会治理达到"上通下达"的效果。政府自上而下推进的相关经济增长规划无疑会对区域的生态环境造成较大的干扰。而生态习惯法文化与国家法之间存在的紧张与冲突，能够对市场经济的冲击起到必要的牵制以及纠偏的作用。前文所引的神山采金、桑曲水源地保护（桑达公路）等案例都是最生动的诠释。

2. 与国家法相互协作、补缺以建构区域生态善治

在当代民族地区，国家法与习惯法呈现出双重调控机制的格局。政府主导的法制建设更多借鉴与移植西方发达的法律制度体系，却忽视了本土生态法文化资源。同时，作为国家制定法，其规范的宏观性、原则性等特点决定了不能细致精微地照顾到民族地区具体的社会文化环境，凸显出当代生态法

① 吕忠梅：《环境法新视野》，中国政法大学出版社，2000，第249~251页。
② 汪劲：《环境法律的解释：问题与方法》，人民法院出版社，2006，第245~258页。

制"不接地气"之弊端。而生态习惯法则能够在民间秩序的实践运行中，用自身灵变的调适力软化国家法的刚性规则，使得制定法在向下运作的过程中，与特定民族文化的背景有机结合起来，情、理、法在水乳交融的运作场景下，强化彼此的认知与协作，缓和可能存在的紧张与矛盾。同时，生态习惯法在国家法所不触及的民间微观生态领域有序运作，以实现对国家法的补缺功能。吉尔茨将法律定义为：

> 一种地方性知识（local knowledge），这种地方性不仅与地域、时间、阶级及问题的多样性相关，并且与"特征"有关——是那种同"能够怎样"的本地想象相联系的"实际怎样"的本地特征。[①]

文化适应理论认为，民族文化与所处的自然生态系统的接轨建构起了特定的民族生境，在这一建构过程中同时造成了民族生境运行的极其复杂性。[②]生态习惯法孕育、成长于民族文化的土壤之中，因而，它是特定民族共同体在与特定生态环境长期相互适应、制衡的过程中，面对特定的自然生态环境，经过反复实践、试错，总结出的一致确认的生态伦理观和生态行为规则体系。从这一意义上讲，生态习惯法是对吉尔茨所界定的作为地方性知识的"法律"的最好诠释。因为它能够以地方性知识的微观与精细充分关照到实践运作中的地方性特征，它的灵变性正在于它内生于其中的特定民族文化本身。由此，生态习惯法能够通过自身微观的实践运作智慧衔接并缓冲国家法与民间秩序之间的落差，从而对国家制定法起到补充、协调作用。上述案例都反映出当代民间秩序中，在区域自然生态环境的保护、自然资源管理与利用、自然资源纠纷解决等领域，生态习惯法通过自身的自我调适、再生与重构，国家法通过自身的默许、妥协、伪饰执法等形式，形成总体上协作、补

---

① See Clifford Geertz, *Local Knowledge*, NewYork：Basic Books，1983，p. 215.
② 罗康隆：《文化适应与文化制衡——基于人类文化生态的思考》，民族出版社，2007，第78页。

缺以及冲突、并行等互动关系。

3. 缓解社会转型期国家法对地方性知识的冲击，维系地方性知识的稳态延续

当代由政府主导推进的政治、经济改革以及法治建设，无疑深刻地影响了藏族传统的社会结构、生活方式以及伦理观念等各个方面，并对藏族固有的地方性知识造成干扰与冲击。诸如近年来对于矿产资源的开采管理经常与藏族民众的神山崇拜相冲突，水电站开发建设与神湖崇拜相抵牾，市场经济追逐经济利益的观念对于藏族民众传统的节制俭朴，崇尚神、人、自然和谐一体的伦理观的冲击等。这种扰动与冲击积累到一定程度则可能引起民族生态文化的扭曲，引发不利于自然生态和谐的民族生态行为。

面对社会变革所带来的各种干扰与冲击，生态习惯法文化能够发挥重要的调适与制衡的现实功能。罗康隆基于文化适应的理论指出：

> 各民族文化中长期形成的传统观念在利益的调整上具有很强的持续能力，其在生态资源维护上的价值绝不能低估……生态资源维护需要的是可持续的力量，而不是立竿见影的短期对策……通过各民族文化的观念自我调整，至少可以将该民族生境中的生态资源监控超长期地稳定下去。这对于当代的资源危机缓解同样具有无法替代的重大价值。因此，仅从短期的直接利益考虑冲击此类能长期延续的各民族资源管理模式，尽管可以在短期内收到实效，但从长远来看，对地区性的资源安全肯定是有害无利的。因为任何行政部门和专家的深思熟虑，都无法直接监控每一个人的行为和思想……只有各民族的文化才有可能在总体上规约民族成员的行为和思想的大致规范，即使这种规范在生态维护上出现了偏差，也容易被发现和加以矫正[①]。

面对当代种种社会变革对民族生境的扰动和冲击，生态习惯法文化通过

---

① 罗康隆：《文化适应与文化制衡——基于人类文化生态的思考》，民族出版社，2007，第 78 页。

自身的重构与调适实现文化适应与制衡功能，从而有效维系地方性知识的稳态延续运行，继而重新建构起民族文化与自然生态环境的和谐共存，避免在国家法的冲击下，区域的生态和谐秩序因为缺乏有效的抵御能力而发生剧烈的失衡，引发生态灾变。

比如前文所述的桑曲水源地保护、神山采金等案例分别展示出生态习惯法以自主调适、竞争对抗等形式对社会转型期国家法的冲击与干扰构成必要的牵制，以因应市场经济的可能冲击。正是在这一意义上，对于社会转型期的民族地区而言，生态习惯法文化的保存与生态环境的保护相辅相成，不可剥离。

4. 生态习惯法文化在调适互动中实现传承与再生，促进国家生态环境法制的开放性生成

首先，生态习惯法作为传统民族文化的重要组成部分，并非静止不变的一套地方性知识，而是处于时间的流变中的一个连续性的文化过程。它与整体的社会文化背景相互交织融合，旧的规则失去运作的社会文化条件时渐次消失或者经调适赋予新的内容得以再生；全新的社会文化条件下新的规则不断地经实践、积累、总结而产生。正是在这样一个不断实践的连续性的时间过程中，生态习惯法文化传统得以传承与再生。其次，民间秩序的运作其实质是在坚持国家法制统一的基本前提下，国家法与习惯法两套知识系统互相的认知与调适。国家生态法制在自上而下深入，并与习惯法相互调适的实践过程之中，发现习惯法的价值，检视自身的不足，思考制度的安排，进而实现其自身体系的建构。唯此，国家法在民族地区运作中存在的"水土不服""不接地气"等问题才能够在上通下达中得到缓解，生态法制的开放性构建才成为可能。①

5. 生态习惯法文化的调适与建构能够强化基层社会自治组织，提高民间社区的自治能力，增强社区凝聚力

社会转型期，生态习惯法文化的调适、建构过程其实质是一个从有序到

---

① 马晓琴、杨德亮：《地方性知识与区域生态环境保护——以青海藏区习惯法为例》，《青海社会科学》2006 年第 2 期。

无序再到有序的交互连续的复杂过程。这一过程中藏族的社会结构、社会权威都在发生缓慢的变迁。其传统的社会基层组织"措哇"(部落)演变为现在的乡或者行政村,"日古尔"演变为现在的自然村。而且伴随国家向市场和社会放权,藏族的自我管理、自我组织的空间逐渐获得释放,基层自治组织村委会大都由享有较高威望的老人组成。正如前文甘南州欧拉老人会举办法律知识培训班的个案所展示的,在当代国家与社会之间关系的重塑过程中藏族的老人作为民间权威扮演着非常重要的角色。他们熟悉习惯法与国家法两套规范知识,并凭借自身的权威力量行走于二者之间,增进二者之间的认知与调适,减少民间秩序可能受到的冲击,维系藏族聚居区的生态平衡与和谐秩序。藉由他们的实践努力,乡村的公共事业和公共文化不至于在急剧的社会变革中衰落。基层社会自治组织能够逐步得以健全与强化,其自治能力得以改善和提高。

赵旭东论及当代乡村建设时指出,伴随承包到户制度而普遍出现"私"的观念逐渐抬头,公家的事情不再有人愿意过问,以至于出现村落公共事业和公共文化的衰落。[①]而由老人们组织的各种自然崇拜和民间习俗活动,比如,集体煨桑、插箭、放生节等,无疑能够强化共同体对于生态习惯法文化的认同与社区凝聚力。

(二)当代藏族生态习惯法文化的困境检视

藏族生态习惯法文化具有上述独特的现实功能,并不意味着它已然是一个完善的规则体系。当代藏族聚居区社会文化的急剧变迁,尤显出生态习惯法在调适的过程中自身的不足与困惑。

1. 囿于空间效力的局限性,生态习惯法面对跨区域的生态环境问题欠缺应对力

如前文所述,生态习惯法是部落的习惯法,其空间效力仅限于部落之

---

① 赵旭东:《法律与文化》,北京大学出版社,2011,第111页。

内，所体现的是局限于"部落"的生态正义。而当代跨区域生态环境问题频频发生，生态习惯法空间效力的局限性，导致其无力调整该类跨越区域（部落之外）的生态环境问题。典型的如前文所述，流域上、中、下游之间急需生态补偿制度来纠正生态效益及其相关的经济效益在生态保护者与生态效益占有使用者之间的不公平分配，而这种跨区域的生态正义唯有国家法能够藉由宏观调控予以实现。

2. **在社会转型期，生态习惯法面临现实中的衰落以及面向未来的困惑**

藏族生态习惯法文化以宗教文化为其思想基础，宗教文化与生态习惯法文化之间存在密不可分的联系。然则，伴随科学技术的逐渐推广与渗透，藏族民众关于违背生态习惯法的行为与遭受神灵惩罚之间的虚假因果关系的信任感逐渐趋于弱化，使得藏族民众的自然崇拜、禁忌等神灵信仰呈现出弱化的趋势，以至于在生态习惯法文化的调适过程中，藏族聚居区生态领域不同程度地出现"失范""无序"等现象。正是在这一意义上，"今天的乡土社会只有在现代国家及其规划的社会变迁的背景之下才是可以理解的"[①]。生态习惯法文化如何应对并缓解经济、社会、文化急剧变革所带来的冲击？如何对待并协调因生态伦理观及价值观所引发的资源纠纷与冲突？在社会转型期如何释放生态习惯法文化的价值功能，使之贡献于当代生态善治？这些都需要生态习惯法与国家法于民间秩序的互动运作中反复实践和深刻思考。

三 藏族生态习惯法文化的发展走向

（一）藏族生态习惯法文化的发展背景

藏族生态习惯法文化，作为一种地方性的文化传统，其运作、变迁以及未来发展，从来都不是由生态习惯法自身完全决定的。正如前文所述，藏族生态习惯法植根于整体社会文化背景之中，深深依赖于自然生态环境和其他

---

① 梁治平:《乡土社会中的法律与秩序》，载王铭铭、〔英〕王斯福主编《乡土社会的秩序、公正与权威》，中国政法大学出版社，1997，第431页。

的文化部门，如经济、政治、宗教等。从这个意义上，当代生态习惯法文化的运作、变迁以及发展方向，其实是深深地嵌入某一特定地区整体的政治、经济、文化及社会过程之中的。因而，藏族生态习惯法运作、变迁以及未来的发展，不仅依赖其内生机制，依赖于其所处的自然环境、社会环境以及制度环境，还须考量不同的主体在诸多因素交织互动的背景之下，会做出怎样的反应、采取怎样的行为模式。其间，政治、经济、文化、社会因素相互交织、国家法与习惯法交互运作、科层制权威与民间权威博弈互动、中央与地方权力协同、公权力与私权利互动制衡、私权利之间竞争冲突……而上述影响藏族生态习惯法的运作与变迁的诸多内在以及外在的因素，在其自身变动的同时，还受到其他因素变动的影响，外因与内因交织其中，互为作用和影响。由此，欲对上述复杂图景下藏族生态习惯法的变迁及未来发展路径进行全面而准确的描摹，不符合藏族生态习惯法文化作为地方性知识的实质与规律。因而，本书关于藏族生态习惯法文化传承与变迁的考察，不是要对其变迁与发展进行全过程的准确厘定与解构，而是尽可能通过对其运作场域的"深描"与透视，还原其在当代社会转型期，如何在民间秩序中不断生成并得到遵守与适用，如何与国家法在调适、协作、对抗以及妥协中不断获致自身的再生与重塑。而本书关于藏族生态习惯法文化未来发展的探索，则立基于对其植根并成长发展于其中的多重外在环境因素的考量，反思其自身应有的功能定位与发展立场。正是从这个意义上，藏族生态习惯法文化的未来发展，无法脱离自然背景、社会文化背景以及国家法律制度背景这三个重要的背景因素。

1. 自然背景：区域自然生态环境的变迁

生态习惯法文化是共同体成员面对共同的民族生境，在漫长的文化适应过程中，通过反复实践和共同确信而建构起来的稳态延续的地方性知识。当代自然生态环境的变迁，无疑成为生态习惯法文化调适、发展的自然环境基础。

就自然背景而言，即当代藏族聚居区的自然生态环境变迁，既包括自然生态系统基于自然规律发生的自身演变（对人类有害的演变，可称之为第一类生态环境问题），又包括不合理的人类活动导致的自然环境不利演变（此即第二类生态环境问题），比如，市场经济下过牧导致的草场退化；再如，化肥、塑料地膜的不合理使用引发的土壤退化和污染；水电站开发建设、矿产开采等不合理的资源开发利用行为导致的草地破坏、河流污染等。在历史上，由于藏族民众的资源开发利用行为基本局限于自然系统的环境容量范围之内，因而，传统的生态习惯法文化经过漫长的调适与发展，与其所处的自然生态环境和谐共生是其显著特征。而在社会转型期，第二类生态环境问题无疑构成生态习惯法文化变迁最重要的自然背景。生态习惯法文化对于第二类生态环境问题的调适，就其实质而言，一是对于当代生态环境问题的调适；二是对引发种种第二类生态环境问题的人类行为的应对。生态习惯法文化的这种调适，主要通过生态习惯法文化的重构、再生等来应对历史传统上所没有的种种现代化污染与生态破坏。前文在藏族生态习惯法文化的当代变迁章节所论及的各种案例均呈现出生态习惯法文化当代调适的不同面向。

2. 文化背景：特定民族地区的整体社会文化环境

藏族生态习惯法文化在调适中发生变革，这种变革又反作用于与其密切相关的政治、经济、宗教等其他文化环境因素。在文化调适过程中，这种文化之间的作用与反馈是反复且连续的极其复杂的过程。质言之，生态习惯法文化自身在调适于其他文化因素之变迁的同时，它的调适同样反作用于其他文化因素，使之发生互动与调适，其他文化因素在互动中的调适反过来又成为生态习惯法文化调适自身的环境因素。由此，生态习惯法文化的调适与发展，既以其他文化因素为背景，又成为其他文化因素调适、变迁的背景。总而言之，特定民族地区的社会文化环境无疑成为生态习惯法文化调适与发展的总体文化背景。正因如此，须以建构民族地区生态善治为根本宗旨，将特定民族地区的总体社会文化背景下多重文化因素与生态习惯法之间的相互作用与相互影响纳入生态习惯法文化的发展过程之中，以期助益于推进、矫正生态习惯法的未来变迁与走向。

3. 制度背景：国家生态法治环境

在当代法治语境下，坚持国家法制统一是基本的前提。国家法由此成为生态习惯法文化调适与发展的最为重要的制度背景。毋庸置疑，藏族生态习惯法作为重要的本土法治资源，其未来的发展将深嵌于区域生态法治的建构进程之中，并在其与国家法互相建构的过程中，实现自身的调适与成长。因而，欲前瞻藏族生态习惯法的未来走向，须得合理定位国家法对习惯法的态度与影响。

习惯法将永远是法学家或立法者在分析设计制定法之运作和效果时不能忘记的一个基本背景。[①] 从国家法的角度，应当以促进协作、解决冲突、保障适度并行为宗旨，与生态习惯法互为背景、互为过程，以建构当代民族地区生态善治。

（1）从国家立法的角度，应当坚持完善立法、保障二者良性互动的理念，"有所为，有所不为"，从而为生态习惯法的调适与再生构建良好的制度环境。

一方面，所谓从国家立法的角度，面对生态习惯法须"有所不为"，是指基于藏族聚居区多元法律文化的现实格局，国家立法对生态习惯法不能简单地予以吸纳兼并或直接予以排除否定，而是在国家立法的过程中，应当给予生态习惯法必要的尊重与保护，给予其在民间秩序中自主生成、运作发展必要的空间，以保障二者之间适当的距离，进而保障二者在藏族聚居区的生态秩序中互相建构、互相补缺。诚然，"一个过分强调将习惯成文化的制定法体系也完全可能使得习惯失去其活力"[②]。

另一方面，所谓国家立法面对生态习惯法须"有所为"，主要包括以下三个层面。

---

① 苏力：《当代中国法律中的习惯——一个制定法的透视》，《法学评论》2001 年第 3 期。
② 苏力：《当代中国法律中的习惯——一个制定法的透视》，《法学评论》2001 年第 3 期。

第一，促进生态环境法律渊源体系的开放性。

制定法作为理性建构的制度体系，无疑具有结构严谨、逻辑缜密、体系完整、普遍适用等明显的优势。然而，从秩序建构的视角，"社会秩序内部规则是人之行动而非人之设计的结果"①，"一切法律均缘起于行为方式……法律首先产生于习俗和人民的信仰，其次乃假手于法学——职是之故，法律完全是由沉潜于内、默无言声而孜孜的伟力，而非法律制定者的意志所孕就的"②。依据人类学的文化理论，地方性知识所具有的文化适应和文化制衡功能，将极大地助益于具有显著地方性特征的生态环境问题的应对。

习惯法一直是我国非制定法的法律渊源。我国宪法明确规定"各民族都有保持或者改革自己的风俗习惯的自由"，这是宪法对于民族习惯的明确认可。而现行法律对于习惯的认可，更多表现为调整私法关系的民商事法律对于习惯的明确规定。比如，我国《民法典》（2020 年 5 月 28 日第十三届全国人民代表大会第三次会议通过）的总则③、物权编④、合同编⑤、人格权编⑥，以及《海商法》⑦的相关条款均明确规定了习惯及惯例的法源地位。此外，在《消费者权益保护法》《刑法》《非物质文化遗产法》《戒严法》《人民武装

---

① 〔英〕弗里德利希·冯·哈耶克：《法律、立法与自由》，邓正来、张守东、李静冰译，中国大百科全书出版社，2000，第 39 页。

② 〔德〕萨维尼：《论立法与当代法学的使命》，许章润译，中国法制出版社，2001，第 15 页。

③ 参见《民法典》第十条规定："处理民事纠纷，应当依照法律；法律没有规定的，可以适用习惯，但是不得违背公序良俗。"

④ 参见《民法典》物权编第二百八十九条规定："法律、法规对处理相邻关系有规定的，依照其规定；法律、法规没有规定的，可以按照当地习惯。"第三百二十一条第二款规定："法定孳息，当事人有约定的，按照约定取得；没有约定或者约定不明确的，按照交易习惯取得。"

⑤ 参见《民法典》合同编，其一是通则中关于习惯的规定，如第四百八十条关于承诺作出的方式、第四百八十四条关于承诺的生效时间、第五百零九条关于合同附随义务的规定；第五百一十条关于合同生效后，当事人就质量、价款或者报酬、履行地点等内容不能达成补充协议时的确定；第五百一十五条关于标的有多项而债务人只需履行其中一项的，债务人选择权的规定等。其二是各种典型合同（买卖合同、借款合同、客运合同、保管合同）中关于习惯的规定。

⑥ 参见《民法典》人格权编第一千零一十五条第二款关于少数民族自然人姓氏的规定。

⑦ 参见《海商法》第四十九条的规定：承运人应当按照约定的或者习惯的或者地理上的航线将货物运往卸货港。

警察法》《驻外外交人员法》《人民航空法》等法律中，也明确对习惯予以立法认可。显而易见，就我国当前立法趋向而言，对于习惯，尤其是民商事习惯，显示出更多的尊重和认可。①

遗憾的是，我国生态环境立法中尚未充分体现出对习惯法的认可。以我国现行生态环境法律制度文本为分析样本，除《土壤污染防治法》②在第五十三条规定安全利用类农用地地块制定并实施安全利用方案时应当结合"种植习惯"，包括作为生态环境基本法的《环境保护法》、主要的污染防治单行法、自然资源保护单行法中均没有关于习惯法的认可规定。③

保持法律渊源体系的开放性，能够对国家制定法起到必要的补缺空白、缓冲刚性、契合社会等协同治理效能。因此，国家生态环境立法实践，应当立足于各地自然生态以及社会文化环境的地方性差异，以法律运作的实效性为宗旨，根据生态环境治理的地方性差异，合理保护并谨慎吸收作为地方性知识的生态习惯法，给予生态习惯法适当的法源地位。

第二，坚持生态优先、生态公平的理念，确定民族地区生态环境法治的基本原则。

法的基本原则是法的灵魂，贯穿于法的具体规范之中，体现法的基本价值观念。民族地区生态环境法治作为我国生态环境法治的下位概念，其基本原则的确立须首先遵循国家生态法治的基本原则，如《环境保护法》确立的基本原则：保护优先、预防为主、综合治理、公众参与、损害担责等。其次，应当根据民族地区生态法治的区域性特色，确立在区域生态环境法治中

---

① 高其才等：《当代中国法律对习惯的认可研究》，法律出版社，2013，第15~16页。

② 参见《土壤污染防治法》第五十三条："对安全利用类农用地地块，地方人民政府农业农村、林业草原主管部门，应当结合主要作物品种和种植习惯等情况，制定并实施安全利用方案。"

③ 部分法律条文中虽然使用了"习惯"这一术语，然而，并非本书所论证的作为地方性知识的"习惯"，故不予统计。比如，《固体废物污染环境防治法》第四十三条第三款规定："各级人民政府及其有关部门应当组织开展生活垃圾分类宣传，教育引导公众养成生活垃圾分类习惯，督促和指导生活垃圾分类工作。"又如《大气污染防治计划》第十条规定，应当倡导文明、节约、绿色的消费方式和生活习惯。

应当遵循的基本原则，以指导区域生态环境法治的实践。

青藏高原重要而脆弱的生态区位，决定了社会转型期，西藏与四省涉藏州县生态法治的首要目标是合理限制由政府主导的各种经济、科技政策对民族生境可能产生的冲击与扭曲。因而，从国家生态立法的角度，应当坚持生态优先、生态公平以及尊重和保护本土生态地方性知识的理念，并以此为引导，确立区域生态法治的基本原则体系。

①尊重自然生态规律的基本原则。该项基本原则可以为生态习惯法文化在微观秩序的运作提供效力依据。国家法显然无法达致对于微观地方性知识充分细致的认知，因而，当国家法出现空白或者与习惯法发生冲突时，应当以"尊重自然生态规律"的基本原则予以判断与取舍。生态习惯法具有典型的地方性知识的特征，能够体现藏族聚居区自然生态规律并高度调适于自然生态环境。确立尊重自然生态规律的基本原则能够避免社会变迁过程中对于藏族地方性知识的扭曲性冲击与不合理的扰动。

②尊重、保护与生态环境可持续发展相关的地方性知识的基本原则。生态恶化、环境污染等问题的发生，不仅与普同性知识有关，还与各民族的本土知识直接关联。甚至有些是因普同性知识与本土知识不相兼容而酿成的祸患。正因如此，人类不仅要学习和了解普同性知识，还得认识和了解各民族的本土知识。长期以来忽视甚至歪曲各民族本土知识的惯例，已经到了非改弦更张不可的时候了。当前相关的生态环境国际公约中明确规定了应当尊重、保护地方性知识。如《生物多样性公约》（CBD）第 8（j）条指出"尊重、保存和维持土著和地方社区体现传统生活方式而与生物多样性的保护和持久使用相关的知识、创新和做法并促进其广泛应用"。《联合国防治荒漠化公约》（UNCCD）第 17、18 条强调"保护、综合、增进和验证传统的和当地的知识、诀窍和做法"及"保护、促进和利用特别是有关的传统和当地技术、知识、诀窍和做法"。[①] 在区域生态法治建构中，要保障作为本土生态知

---

① 杨庭硕、田红：《本土生态知识引论》，民族出版社，2010，第 3，255~256 页。

识重要组成部分的生态习惯法与国家法二者之间的良性互动，就应当确立尊重、保护与生态环境可持续发展相关的地方性知识的基本原则，并藉此指导具体的生态环境法律制度安排，从而防止藏族生态习惯法遭遇不合理的扰动与扭曲。

③重要生态功能区生态优先的基本原则。国家法应当通过具体的制度安排减少因市场经济的冲击以及现代科技的渗透可能引发的生态灾变。青藏高原重要的生态区位决定了在重要生态功能区、生态脆弱区应当坚持生态优先的基本原则，比如将政绩考核指标 GDP 转变为能够体现可持续发展目标的考核指标（如绿色 GDP、GNH 等），以尽可能减少市场经济对于该地区生态习惯法文化的不当冲击，从而防止地方性知识的扭曲，预防第二生态环境问题，以保障特定区域重要的生态屏障功能，维护雪域高原乃至全国的生态安全。

④受益者负担的基本原则。①雪域高原重要的生态区位，决定了该地区应当坚持生态保护优先的基本原则，进而决定了在社会、经济发展过程中，为严格保护青藏高原的生态环境，只能牺牲本区域的经济发展权益。这种为保护国家及社会公众的生态环境权益而牺牲本区域发展权益的要求和做法（经济学称之为生态保护的"外部经济性"），将导致生态保护者得不到应有的经济激励、生态效益的受益者无偿占有生态效益，从而产生生态环境这一特殊公共物品消费的"搭便车"现象。这种生态保护与经济利益关系的扭

---

① 受益者负担原则，是指只要从环境或资源的开发、利用过程中获得实际利益者，都应当就环境与自然资源价值的减少付出应有的补偿费用，而不局限于开发者和污染者。该原则是伴随环境保护的概念从污染防治扩大到自然保护和物质消费领域，而对污染者负担原则的科学发展。污染者负担原则是对污染的"外部不经济性"进行的矫正，而受益者负担原则不仅涵盖了污染者负担原则，而且，拓展到生态保护领域，能够对生态保护行为的"外部经济性"问题进行补偿，以达至生态保护领域的实质正义。我国《环境保护法》未明确规定该项基本原则，鉴于雪域高原重要的生态区位，应当将受益者负担原则确定为区域生态法治的基本原则，以补偿该地区为生态保护而牺牲的发展权，衡平生态保护者与生态效益受益者之间的生态利益和经济利益。参见汪劲《环境法律的解释：问题与方法》，人民法院出版社，2006，第309~310页；常丽霞《西部生态保护视野下的受益者负担原则实证研究》，《商业时代》2008年第10期。

曲，无疑与生态法治所追求的生态正义相背离。为保障生态环境这种公共物品的足额提供，应当通过制度安排矫正生态保护的"外部经济性"，由生态效益的受益者对生态保护者予以补偿，以调整生态效益及相关的经济效益在保护者、受益者之间的分配关系以促进区域之间、群体之间的权益公平与协调发展。

正因如此，坚持受益者负担的基本原则尤显重要。应当由生态效益的受益地区、受益者对实施生态保护的特定地区进行合理的生态补偿，从而对生态保护的外部经济性问题予以矫正，以达至平衡区域间社会经济利益、实现社会经济发展与环境保护相协调的目的。

第三，切实贯彻基本原则的价值理念，完善藏族自治区域的地方生态环境法律制度安排，充分释放藏族生态习惯法文化的价值功能。

民族区域立法作为国家法律体系重要的组成部分，是民族自治地方自治权的重要体现。我国《立法法》《民族区域自治法》都明确规定，民族自治地方的人民代表大会有权依照当地民族的政治、经济和文化的特点，制定自治条例和单行条例。遗憾的是，当前各藏族自治区域的自治立法水平较低，未能真正体现藏族政治、经济、文化的特点，未能实现对藏族习惯法文化的协调与整合。因而，应当立足于藏族聚居区独特的生态环境系统和生态文化传统，充分发挥藏族自治区域地方生态立法的重要功能，切实贯彻区域生态法治的基本原则，完善生态立法中的制度安排，以保障和促进国家法与习惯法之间的高效互动。

例如，公众参与作为国家生态法治的基本原则，在民族自治地方自治立法中，不是简单地照搬，而是应当将该项基本原则贯彻落实到民族地区具体的生态环境法律制度安排当中。比如在具体的自然资源保护自治立法中设置听证会等程序以最大程度地实现公众参与（包括可能受相关决策影响的藏族民众、社区富有威望的老人以及宗教上层人士等），从而增进国家法与生态习惯法文化之间的认知与沟通，预防不当决策可能引发的恶性冲突。再如，为切实落实受益者负担的基本原则，应当完善生态效益补偿机制，进一步健全政府财政转移支付的草地、森林、矿产资源等领域的生态效益补偿模式，同时不断完善流域生态补偿等领域的市场化生态效益补偿制度，以强化藏族民众生态和谐的生态伦理观以及各种生态保护习惯。

（2）从法律实践的角度，在二者互动运作的应然关系的未来构建过程中，国家法应当高度重视民族地区地方性知识的保护和重构，"有所为，有所不为"。

法律的生命力在于实践。基于前文关于国家法与习惯法二者应然性关系的论述，在二者未来的互动关系中，国家法应当充分认识到生态习惯法作为地方性知识的重要价值及其局限性与困境，并以此为基础，"有所为，有所不为"。所谓"有所为"，是指在二者交叉、重合的调整领域，国家法应当促进协作、解决冲突。而所谓"有所不为"，则指在二者并行的关系格局下，国家法应当为二者达致良性互动留有必要且适度的空间，保持必要且适度的距离，这是供双方认知、磨合、竞争乃至对抗的空间和距离。生态习惯法强大的生命力正在于其灵变的生态秩序功能，正是从这种意义上，民间秩序中，二者之间"适度"的距离应当是，两套规范性知识在充分认知基础上，在不交叉、不重合的领域互不介入、互不干扰，各自运作，以保障生态习惯法作为地方性知识的灵动性和生命力。

（二）藏族生态习惯法文化的未来路径

生态习惯法文化不是静止不动的，它是动态的文化现象，是藏族世代相传而形成的传统，表现为不断产生、调适、重构以获得成长的文化过程。"传统的正确意义，应该是在保持稳定的连续性中的变革和创新的文化时间过程"①，认定"传统"只是指称静止的、固定不变的"过去"，或者将"传统"与"现代"相对立，都将导致对于传统文化的偏颇性认知。

思考生态习惯法文化未来发展走向的基点是处于社会变迁中的文化"适应过程具有两个特征：创造与保持，前者是一种结构和模式的进化，这种特

---

① 李鹏程：《当代文化哲学沉思》，人民出版社，1994，第380页。

定的结构与模式能使一种文化或一种有机体实现必要的调整以适应环境。后者为一种稳定化趋势，即保持已实现的适合的结构和模式"①。因而，社会变迁中的藏族生态习惯法文化传统是在连续性的时间流程中，整合"保持"与"创造"的统一。这意味着，生态习惯法文化的未来亦属于该文化传统连续性的文化实践过程，这是思考藏族生态习惯法文化未来走向的基本立场。正因如此，生态习惯法文化未来发展的连续性文化时间过程，亦是该文化传统不断实践的调适过程，其内在属性——权威、权利义务、制裁、普遍适用性——都将不同程度地在保持中产生变革。这种调适是生态习惯法文化在适应社会文化转型的过程中自身结构和模式在保持中发生的变革，在运作中实现的发展。

生态习惯法文化有属于自己的历史与传统，其权威与效力来源于共同体长期的历史沉淀与文化认同，其在民间秩序的不断适用中传承、变革，并获得成长。在现代国家法自上而下进入藏族聚居区之前，生态习惯法已然内生并存在于藏族的民间秩序之中。显然，生态习惯法的生命力在于其自身，并不在于其是否为国家法所认可或吸纳。因而，生态习惯法文化的未来走向，不是简单地获得国家法的认可而进入制定法规范体系，亦非经国家法简单替代或摒弃而退出民间秩序的运作。

法人类学的视野里，法律是一个过程。藏族生态习惯法文化的传承、变迁以及未来发展，都是该文化传统在文化实践的连续过程中具有不同时间属性的文化过程。生态习惯法自身重塑、再生的过程亦构成了社会文化变迁的一部分，并且成为国家法成长发展的部分环境因素。在当代社会转型期，于民间秩序的现实运作中发生变迁的不只是生态习惯法，国家法治也在实践的过程中不断建构。由此观之，生态习惯法与国家法互相构成对方变迁的"过程"与"反过程"。从这个意义上讲，生态习惯法与国家法两套知识系统在民间秩序中或协作或冲突或并行的互动实践，不仅提供了基于国家法制统一

---

① 〔美〕托马斯·哈定等：《文化与进化》，韩建军、商戈令译，浙江人民出版社，1987，第 37 页。

基本前提和法律文化多元基本格局的区域生态善治的建构路径，而且为深刻思考"藏族生态习惯法文化的未来走向"这一没有完全精准答案的问题，开放出某种可能性：藏族生态习惯法以其历史经验、文化记忆以及实践理性与国家法在必要且适度的空间与距离之内，互为背景、互为过程、互相建构，完成其扬弃、优化的文化过程，获致其调适、重构与再生，在"未来"的文化时间领域与国家法协同建构区域生态善治，实现其作为文化传统的连续性文化实践。

参考文献

一 中文论著

1.《辞海》，上海辞书出版社，1989。

2. 蔡枢衡：《中国刑法史》，广西人民出版社，1983。

3. 曹建军：《青藏高原地区草地管理利用研究》，兰州大学出版社，2010。

4. 曹明德：《生态法原理》，人民出版社，2002。

5. 陈庆英主编《藏族部落制度研究》，中国藏学出版社，2002。

6. 邓正来：《中国法学向何处去——建构"中国法律理想图景"时代的论纲》（第二版），商务印书馆，2011。

7. 丹珠昂奔：《藏族文化发展史》，甘肃教育出版社，2001。

8. 冯天瑜：《中华文化史》，上海人民出版社，1990。

9. 高其才：《中国习惯法论》，中国法制出版社，2008。

10. 高其才等：《当代中国法律对习惯的认可研究》，法律出版社，2013。

11. 高晋康、何真：《习惯与法制的冲突及整合——以西部地区的调查分析为进路》，法律出版社，2010。

12. 甘南州政协文史资料委员会编《甘南简史（甘南文史资料第 5 辑）》，内部印行，1986。

13. 甘南州政协文史资料委员会编《甘南文史资料选辑（第 11 辑）》，内部印行，1994。

14. 甘南藏族自治州志编纂委员会编《甘南藏族自治州志》，民族出版社，1999。

15. 郭武：《环境习惯法现代价值研究》，新学林出版股份有限公司，2016。

16. 郭武：《环境习惯法现代价值研究——以西部民族地区为主要"场景"的展开》，中国社会科学出版社，2016。

17. 黄明信：《西藏的天文历算》，青海人民出版社，2002。

18. 华锐·东智：《拉卜楞民俗风情》，甘肃民族出版社，2010。

19. 胡卫东：《黔东南苗族山林保护习惯法研究》，西南交通大学出版社，2012。

20. 金瑞林、汪劲：《20世纪环境法学研究综述》，北京大学出版社，2003。

21. 黎宗华、李延恺：《安多藏族史略》，青海民族出版社，1992。

22. 李鹏程：《当代文化哲学沉思》，人民出版社，1994。

23. 林端：《儒家伦理与法律文化》，中国政法大学出版社，2002。

24. 罗康隆：《文化适应与文化制衡——基于人类文化生态的思考》，民族出版社，2007。

25. 刘源：《文化生存与生态保护——以长江源头唐乡为例》，中央民族大学出版社，2004。

26. 刘作翔：《法律文化论》，陕西人民出版社，1992。

27. 梁治平：《法辨——中国法的过去现在与未来》，中国政法大学出版社，2002。

28. 梁治平编《法律的文化解释》，生活·读书·新知三联书店，1994。

29. 梁治平：《清代习惯法：社会与国家》，中国政法大学出版社，1996。

30. 吕忠梅：《环境法新视野》，中国政法大学出版社，2000。

31. 马鹤天：《甘青藏边区考察记》，甘肃人民出版社，2003。

32. 玛曲县志编纂委员会编《玛曲县志》，甘肃人民出版社，2001。

33. 南文渊：《高原藏族生态文化》，甘肃民族出版社，2002。

34. 南文渊：《藏族生态伦理》，民族出版社，2007。

35. 瞿同祖：《中国法律与中国社会》，中华书局，2003。

36. 青海民间文学研究会编《格萨尔王全传·征服大食之部》，青海民族出版社，1983。

37. 青海省地方志编纂委员会编《青海省志·农业志、渔业志》，青海人民出版社，1993。

38.《桑科乡工作报告（1954年）》，甘肃省甘南藏族自治州夏河县档案馆藏（内部资料），1954。

39. 师蒂：《神话与法制——西南民族法文化研究》，云南教育出版社，1992。

40. 石硕：《吐蕃政教关系史》，四川人民出版社，2000。

41. 苏力：《法治及其本土资源》，中国政法大学出版社，1996。

42. 宋蜀华、陈克进《中国民族概论》，中央民族大学出版社，2001。

43. 沈宗灵：《法理学》，北京大学出版社，2001。

44. 田信桥等：《环境习惯法研究》，法律出版社，2016。

45. 乌丙安：《中国民俗学》，辽宁大学出版社，1985。

46. 汪劲：《环境法律的解释：问题与方法》，人民法院出版社，2006。

47. 王树义：《可持续发展与中国环境法治   生态安全及其立法问题专题研究》，科学出版社，2007。

48. 王铭铭、〔英〕王斯福主编《乡土社会的秩序、公正与权威》，中国政法大学出版社，1997。

49. 王新生：《习惯性规范研究》，中国政法大学出版社，2010。

50. 许崇灏：《青海志略》，商务印书馆，1943。

51. 许慎：《说文解字》，中华书局，1963。

52. 徐晓光：《藏族法制史研究》，法律出版社，2001。

53. 夏河县志编纂委员会编《夏河县志》，甘肃文化出版社，1999。

54. 谢启晃、李双剑、丹珠昂奔主编《藏族传统文化辞典》，甘肃人民出版社，1993。

55. 谢晖：《法律信仰的理念与基础》，山东人民出版社，1997。

56. 尹绍亭：《人与森林——生态人类学视野中的刀耕火种》，云南教育出版社，2000。

57. 尹绍亭、〔日〕秋道智弥：《人类学生态环境史研究》，中国社会科学出版社，2006。

58. 杨庭硕：《生态人类学导论》，民族出版社，2007。

59. 杨士宏：《藏族传统法律文化研究》，甘肃人民出版社，2004。

60. 袁翔珠：《石缝中的生态法文明：中国西南亚热带岩溶地区少数民族生态保护习惯研究》，中国法制出版社，2010。

61.《中国大百科全书》总编辑委员会编《中国大百科全书·法学》，中国大百科全书出版社，1984。

62. 中国生态补偿机制与政策研究课题组编著《中国生态补偿机制与政策研究》，科学出版社，2007。

63. 宗喀·漾正冈布：《卓尼生态文化》，甘肃民族出版社，2007。

64. 张冠梓：《论法的成长——来自中国南方山地法律民族志的诠释》，社会科学文献出版社，2000。

65. 张冠梓：《中国少数民族传统法律文献汇编（第一册）》，中国社会科学出版社，2014。

66. 张冠梓主编《多向度的法——与当代法律人类学家对话》，法律出版社，2012。

67. 张济民主编《青海藏区部落习惯法资料集》，青海人民出版社，1993。

68. 张济民主编《寻根理枝——藏族部落习惯法通论》，青海人民出版社，2002。

69. 张济民主编《渊源流近——藏族部落习惯法法规及案例辑录》，青海人民出版社，2002。

70. 张其昀编《甘肃省夏河县志》，成文出版社有限公司，1970。

71. 张亮采：《中国风俗史》，上海三联书店，1988。

72. 张紫晨编《中外民俗学词典》，浙江人民出版社，1991。

73. 赵旭东：《法律与文化》，北京大学出版社，2011。

74. 洲塔：《甘肃藏族部落的社会与历史研究》，甘肃民族出版社，1996。

75. 洲塔：《甘肃藏族通史》，民族出版社，2009。

二 中文论文

1. 蔡守秋、吴贤静：《从环境法到生态法：修改〈环境保护法〉的新视角——综合生态系统方法的考虑》，武汉大学环境法研究所网，2009 年 10 月 23 日，http：//www. riel. whu. edu. cn/article. asp？ id=29748。

2. 楚名善：《清代之治边制度与政策》，《边政公论》第 1 卷第 2 期，1941 年 9 月。

3. 崔莲：《中国少数民族研究在日本》，《西南民族大学学报（人文社会科学版）》2003 年第 8 期。

4. 才让太：《古老象雄文明》，《西藏研究》1985 年第 2 期。

5. 常丽霞：《藏族生态习惯法与国家法互动关系的实然性与应然性》，《中国藏学》2020 年第 2 期。

6. 常丽霞、崔明德：《藏族牧区生态习惯法文化的当代变迁与走向——基于拉卜楞地区的个案分析》，《兰州大学学报（社会科学版）》2013 年第 3 期。

7. 次旺俊美：《西藏〈格萨尔〉抢救工作及其研究前瞻概述》，《西藏研究》2002 年第 4 期。

8. 淡乐蓉：《藏族神山圣湖崇拜的法人类学考察》，《青藏高原论坛》2016 年第 4 期。

9. 杜琪：《少数民族环境保护习惯法与刑法的冲突及协调——以破坏森林资源犯罪为视角》，《贵州民族研究》2013 第 3 期。

10. 段超：《中华优秀传统文化当代传承体系建构研究》，《中南民族大学学报（人文社会科学版）》2012年第2期。

11. 丹珠昂奔：《吐蕃王朝兴盛时期的藏族伦理思想》，《青海社会科学》1985年第4期。

12. 封贵平：《侗族习惯法对侗族地区生态环境的影响与启示——以贵州黔东南为例》，《贵州社会科学》2013年第9期。

13. 方印、燕海飞、刘琼：《少数民族环境习惯法研究综评——基于近十年来期刊文献的观察与思考》，《贵州民族研究》2017年第10期。

14. 耿静：《从惠特曼学院馆藏资料看葛维汉的人类学研究》，《中华文化论坛》2004年第3期。

15. 郭武：《论环境习惯法在环境纠纷解决中的功能》，《海峡法学》2015年第2期。

16. 郭武：《文化、信仰和理性：民族环境习惯法重生的三个基点》，《甘肃政法学院学报》2010年第3期。

17. 华锐·东智：《藏族的鲁文化探析》，《中国藏学》2009年第4期。

18. 霍巍：《西藏天葬风俗起源辨析》，《民族研究》1990年第5期。

19. 何前斌、袁翔珠、阳燕平、陈伯良：《南方少数民族保护森林资源习惯法初探》，《法制与经济》2009年第8期。

20. 何勤华：《日本法律文化研究的历史与现状》，《中外法学》1989年第5期。

21. 靳凤林：《死亡与中国的丧葬文化》，《北方论丛》1996年第5期。

22. 姜又春：《民俗传承论》，《青海民族研究》2012年第7期。

23. 梁治平：《乡土社会中的法律与秩序》，载王铭铭、〔英〕王斯福主编《乡土社会的秩序、公正与权威》，中国政法大学出版社，1997。

24. 罗康隆：《侗族传统社会习惯法对森林资源的保护》，《原生态民族文化学刊》2010年第1期。

25. 李明华、陈真亮：《生态习惯法现代化的价值基础及合理进路》，《浙江学刊》2009 年第 1 期。

26. 李延恺：《再论藏族寺院教育》，《中国藏学》1992 年第 4 期。

27. 李爱年、彭丽娟：《生态补偿机制及其立法思考》，《时代法学》2005 年第 3 期。

28. 廖喜生：《论西南石灰岩地区少数民族保护土地资源习惯法》，《贵州民族研究》2016 年第 9 期。

29. 刘雁翎：《清水江文书中的苗族、侗族环境生态习惯法》，《贵州民族研究》2017 年第 5 期。

30. 刘雁翎：《西南少数民族环境习惯法的生态文明价值》，《贵州民族研究》2015 年第 5 期。

31. 刘雁翎：《藏族与侗族环境习惯法比较研究》，《中共贵州省委党校学报》2012 年第 6 期。

32. 刘作翔：《从文化概念到法律文化概念——"法律文化"一个新文化概念的取得及其合法性》，《法律科学》1998 年第 2 期。

33. 刘作翔：《作为对象化的法律文化——法律文化的释义之一》，《法商研究》1998 年第 4 期。

34. 刘作翔：《作为方法论意义的法律文化——关于"法律文化"的一个释义》，《法学》1998 年第 6 期。

35. 刘铁梁：《村落——民俗传承的生活空间》，《北京师范大学学报（社会科学版）》1996 年第 6 期。

36. 刘振恒、武高林、杨林平、班马才让：《黄河上游首曲湿地保护区退牧还草效益分析》，《草原与草坪》2009 第 3 期。

37. 马晓琴、杨德亮：《地方性知识与区域生态环境保护——以青海藏区习惯法为例》，《青海社会科学》2006 年第 2 期。

38. 谬成忠：《中国乡村都市化中的民间法与国家法冲突》，《新疆社会科学》2006 年第 1 期。

39. 牛绿花：《回眸 30 年：当代中国少数民族习惯法研究综述》，《云南大学学报（法学版）》2012年第2期。

40. 秦国文：《少数民族生态伦理观对于生态检察的借鉴》，《湖北师范大学学报（哲学社会科学版）》2017年第6期。

41. 切排、陈海燕：《藏族传统生态观的体系架构》，《吉首大学学报（社会科学版）》2014年第3期。

42. 祁庆富：《论非物质文化遗产保护中的传承及传承人》，《西北民族研究》2006年第3期。

43. 强世功：《一项法律实践事件的评论》，载王铭铭、〔英〕王斯福主编《乡土社会的秩序、公正与权威》，中国政法大学出版社，1997。

44. 石硕：《西藏石器时代的考古发现对认识西藏远古文明的价值》，《中国藏学》1992年第1期。

45. 苏力：《当代中国法律中的习惯——一个制定法的透视》，《法学评论》2001年第3期。

46. 田信桥、吴昌东：《环境习惯法与国家法互动机制探析》，《长春理工大学学报（社会科学版）》2010年第2期。

47. 唐潇、石静、余文：《浅谈贵州苗族习惯法对我国环境纠纷解决机制构建的启示》，《福建教育学院学报》2011年第3期。

48. 王飞、吴大华：《国外研究中国少数民族习惯综述》，《贵州民族大学学报（哲学社会科学版）》2014年第1期。

49. 王思策、刘昊、刘航：《论石漠化治理中引入少数民族习惯法的意义与策略——以贵州兴仁淹过路布依习惯法为例》，《凯里学院学报》2014年第2期。

50. 王丽娟、丁鹏：《传承、更新与借助：对藏族"戎尢"的解读——以甘肃省甘南藏族自治州夏河县麻当乡为例》，《民族研究》2018年第6期。

51. 王铭铭：《民间权威、生活史与群体动力》，载王铭铭、〔英〕王斯福主编《乡土社会的秩序、公正与权威》，中国政法大学出版社，1997。

52. 吴均：《论本教文化在江河源地区的影响》，《中国藏学》1994年第

3 期。

53. 韦志明：《民族习惯法对西部生态环境保护的可能贡献》，《内蒙古社会科学（汉文版）》2007 年第 6 期。

54. 萧放：《中国传统风俗观的历史研究与当代思考》，《北京师范大学学报（社会科学版）》2004 年第 6 期。

55. 徐晓光：《日本法人类学及民族法学研究的历史与现状》，《中南民族大学学报（人文社会科学版）》2006 年第 3 期。

56. 谢晖：《不能忽视民间法的理论提升》，《检察日报》2014 年 9 月 23 日，第 3 版。

57. 熊坤新、陶晓辉：《天葬起源之探索》，《西藏研究》1988 年第 3 期。

58. 余贵忠：《少数民族习惯法在森林环境保护中的作用——以贵州苗族侗族风俗习惯为例》，《贵州大学学报（社会科学版）》2006 年第 5 期。

59. 余仕麟：《藏族传统社会天葬习俗的缘由剖析》，《民族文化》2010 年第 10 期。

60. 余浩然：《习惯法生态价值的发展人类学研究——以建始县白云村土家族习惯法为例》，《原生态民族文化学刊》2017 年第 4 期。

61. 英加布：《域拉奚达与隆雪措哇：藏传山神信仰与地域社会研究》，兰州大学博士学位论文，2013。

62. 阳燕平、袁翔珠、陈伯良、何前斌：《论西南山地少数民族保护水资源习惯法》，《生态经济》2010 年第 5 期。

63. 杨恩洪：《格萨尔口头传承与民族文化保护》，《青海社会科学》，2012 年第 1 期。

64. 张军辉：《论少数民族环境习惯法的作用机制》，《中国政法大学学报》2012 年第 4 期。

65. 张文显：《法律文化释义》，《法学研究》1992 年第 5 期。

66. 张福三：《论民间文化传承场》，《民族艺术研究》2004 年第 2 期。

67. 张剑源：《近二十年来中国少数民族习惯法研究综述》，载高其才主编《当代中国少数民族习惯法》，法律出版社，2011。

68. 张宗峦：《论藏区民族风俗对生态环境的保护》，《中国政法大学学报》2012 年第 4 期。

69. 赵翔：《规范与现实：贵州少数民族环境权保护》，《贵州民族研究》2013 年第 2 期。

70. 赵世林：《民族文化的传承场》，《云南民族学院学报》1994 年第 1 期。

71. 郑晓云：《云南少数民族的水文化与当代水环境保护》，《云南社会科学》2016 年第 6 期。

72. 洲塔：《论天葬产生的思想渊源及对藏族社会的影响》，《青海民族学院学报》2009 年第 4 期。

三 中译论著、论文

1. 〔英〕安东尼·吉登斯：《民族—国家与暴力》，胡宗泽、赵力涛译，生活·读书·新知三联书店，1998。

2. 阿旺·罗桑嘉措：《西藏王臣记》，刘立千译注，西藏人民出版社，1992。

3. 〔美〕H. W. 埃尔曼：《比较法律文化》，贺卫方、高鸿钧译，清华大学出版社，2002。

4. 〔美〕伯尔曼：《法律与宗教》，梁治平译，生活·读书·新知三联书店，1991。

5. 〔美〕唐纳德·L. 哈迪斯蒂：《生态人类学》，郭凡、邹和译，文物出版社，2002。

6. 〔日〕池田大作、〔英〕阿·汤因比：《展望 21 世纪——汤因比与池田大作对话录》，荀春生等译，国际文化出版公司，1999。

7. 〔英〕戴维·M. 沃克：《牛津法律大辞典》，北京社会与科技发展研究所翻译，光明日报出版社，1988。

8.〔美〕戴维·波普诺:《社会学》(第十版),李强等译,中国人民大学出版社,1999。

9.〔美〕E. A. 罗斯:《社会控制》,秦志勇、毛永政译,华夏出版社,1989。

10.〔德〕恩斯特·卡西尔:《人论》,甘阳译,上海译文出版社,1985。

11.〔美〕范思深:《苏联的法律文化观点》,郭宝平译,《中外法学》1989 年第 2 期。

12.〔英〕弗里德利希·冯·哈耶克:《法律、立法与自由》,邓正来、张守东、李静冰译,中国大百科全书出版社,2000。

13.〔英〕哈特:《法律的概念》,许家馨、李冠宜译,法律出版社,2011。

14.〔奥地利〕勒内·德·内贝斯基·沃杰科维茨:《西藏的神灵和鬼怪》,谢继胜译,西藏人民出版社,1993。

15.〔法〕孟德斯鸠:《论法的精神》,许明龙译,商务印书馆,2009。

16.〔法〕R. A. 石泰安:《西藏的文明》,耿升、王尧校译,西藏社会科学院西藏学汉文文献编辑室,1985。

17.〔德〕萨维尼:《历史法学派的基本思想(1814~1840)》,郑永流译,法律出版社,2009。

18.〔德〕萨维尼:《论立法与当代法学的使命》,许章润译,中国法制出版社,2001。

19.〔美〕Susan Finder:《美国的法律文化观点》,郭宝平译,《中外法学》1989 年第 1 期。

20. 土观·罗桑却季尼玛:《土观宗派源流》,刘立千译注,西藏人民出版社,1984。

21.〔美〕托马斯·哈定等:《文化与进化》,韩建军、商戈令译,浙江人民出版社,1987。

22.〔德〕约阿姆·拉德卡:《自然与权力——世界环境史》,王国豫译,河北大学出版社，2004。

四　英文文献

1. Clifford Geertz, *Agricultural Involution*, Berkeley: University of California Press, 1963.

2. Comaroff, John & Simon Roberts, *Rules and Processes: The Logic of Dispute in an African Context*, Chicago: University of Chicago Press, 1981.

3. Clifford Geertz, *Local Knowledge*, NewYork: Basic Books, 1983.

4. F. A. Hayek, *The Constitution of Liberty*, Chicago: University of Chicago Press, 1960.

5. Roy A. Rappaport, *Pigs for the Ancestors, Ritual in the Ecology of a New Guinea People*, New Haven: Yale University Press, 1984.

6. Susan D. Blum, "Margins and Centers: A decade of Publishing on China's Ethnic Minorities," *The Journal of Asian Studies 4*, 2002.

附录　藏族生态习惯法文化传承与变迁的调查问卷

　　您好！首先感谢您在百忙之中填写这份问卷，为深入了解藏族农（牧）民生产、生活中与生态环境有关的习惯法文化的历史与现状，征询您对恢复并改善生态环境的意见与建议，我们特此设计这份问卷并真诚期待您的积极支持和合理建议！此次调查您是被随机抽取的，您的个人信息将不会记录在问卷上，所有资料我们将完全保密，未经您本人同意，不会向任何单位和个人泄露。

　　衷心感谢您的理解与支持！

藏族生态习惯法文化变迁调查组

答题方法：

　　1. 封闭式问题您可以直接在一组答案的选项上划"√"，除非特别说明，封闭式问题是单选题。如果选项中你选择"其他"项，则您需要将您的认识直接写在横线上。

　　2. 开放式问题请您直接在题中的横线上作答。

一、您的基本资料

　　1. 您的年龄：A. 18 岁以下（含 18 岁）　　B. 19~40 岁　　C. 41~60 岁 D. 61 岁以上（含 61 岁）

　　2. 您的性别：A. 男　　B. 女

　　3. 您的职业：A. 农民　　B. 牧民　　C. 经商　　D. 学生　　E. 教师 F. 出家人　　G. 公务员　　H. 企事业单位员工　　I. 无职业　　J. 其他

（请写明_____）

4.您的文化程度：A.不识字　　B.小学　　C.初中　　D.高中（职高、中专）　　E.大学（大专）　　F.大学以上

5.您生活在　　A.农区　　B.牧区　　C.半农半牧区　　D.其他（请写明_____）

6.您的家庭是　　A.一代同堂　　B.二代同堂　　C.三代同堂　　D.四代同堂　　E.其他（请写明_____）

7.您的家中是否有人出家作阿克或者尼姑　　A.没有人　　B.1人　　C.2人　　D.3人及以上

8.他（她）们出家作阿克或者尼姑，是因为　　A.自愿　　B.家庭经济困难　　C.长辈的意愿　　D.其他（请写明_____）

二、您对于藏族传统文化的认识

9.您信仰藏传佛教吗　　A.信仰　　B.说不清　　C.不信仰

10.您是否信仰佛教的教义　　A.很完美，应当虔诚信仰　　B.经常相信　　C.说不清　　D.有一定迷信，较少相信　　E.是迷信，根本不相信

11.您认为藏族传统文化精华的代表是（可多选）　　A.唐卡　　B.藏戏　　C.藏传佛教　　D.本教　　E.游牧文化（如赛马等）　　F.藏文字　　G.堆绣　　H.其他（请写明_____）　　I.藏族传统文化没有精华

12.您更喜欢穿着（可多选）　　A.藏族传统服饰　　B.汉族服饰　　C.流行服饰　　D.其他（请写明_____）

13.每年的藏族传统节日习俗，比如正月法会、娘乃节、插箭节，您　　A.无论如何都会参加　　B.经常参加　　C.很少参加　　D.不参加

14.您或者家人生病了您首先会选择　　A.医院就医　　B.请阿克念经　　C.找熟悉的藏医　　D.其他（请写明_____）

15.您掌握藏文字吗　　A.非常熟练　　B.比较熟练　　C.一般　　D.不

够熟练　　E. 不认识

16. 您听懂汉语吗　　A. 非常熟悉　　B. 比较熟悉　　C. 一般　　D. 不够熟悉　　E. 不懂

17. 您掌握汉字吗　　A. 非常熟练　　B. 比较熟练　　C. 一般　　D. 不够熟练　　D. 不认识

18. 您最熟悉的《格萨尔王传》的故事是　　A. 不了解　　B. 霍岭大战　　C. 北方降魔　　D. 门岭大战　　E. 其他（请写明_____）

19. 您看藏戏吗　　A. 经常　　B. 偶尔　　C. 从不

20. 您在外就餐时，会拒绝的食物有（可多选）：A. 狗肉　　B. 鱼肉　　C. 牛肉　　D. 其他（请写明_____）　　E. 没有拒绝的食物

21. 您不吃上述食物，是因为　　A. 个人的口味偏好　　B. 宗教信仰　　C. 藏族传统饮食文化的要求

22. 如果您未婚，选择对象时您是否介意对方不是藏族　　A. 必须是藏族才交往　　B. 会介意，但也会综合考虑感情等其他因素　　C. 不介意是否是藏族

23. 您希望自己最高的学历在　　A. 高中以下　　B. 高中　　C. 大学　　D. 大学以上　　E. 其他（请写明_____）　　F. 无所谓

因为_____

24. 您最希望自己选择职业在　　A. 县境内　　B. 州境内　　C. 省（自治区）境内　　D. 省（自治区）境外　　E. 出国　　F. 其他（请写明_____）　　G. 无所谓

因为_____

25. 如果您已为人父母，您希望自己孩子的学历　　A. 高中以下　　B. 高中　　C. 大学　　D. 大学以上　　E. 其他（请写明_____）　　F. 无所谓

因为_____

26. 如果您已为人父母，您希望自己的孩子选择职业在　　A. 县境内　　B. 州境内　　C. 省（自治区）境内　　D. 省（自治区）境外　　E. 出国

F. 其他（请写明_____）　　G. 无所谓

　　因为_____

三、您关于生态环境习惯法文化相关问题的认识

27. 您认为您生活的农地（草地）生态环境最为良好是在哪个历史时期（可多选）：A. 1949 年以前　　B. 1949 年~1958 年　　C. 1959 年~1965 年　D. 1966 年~1977 年　　E. 1978 年~农地（草地）承包前　　F. 农地（草地）承包后至今　　G. 其他（请写明_____）

28. 您认为近年来您的生活环境的生态环境状况：A. 逐渐好转　　B. 没有明显变化　　C. 日趋恶化　　D. 其他（请写明_____）

29. 您认为您生活环境中的生态环境问题主要表现为（可多选）：A. 水污染　　B. 空气污染　　C. 植被破坏或减少　　D. 土地退化　　E. 野生动物减少　　F. 野生植物减少　　G. 生活垃圾增多　　H. 建筑垃圾增多　　I. 畜禽粪便污染　　J. 河道采砂　　K. 挖山取石　　L. 其他（请写明_____）

30. 您认为发生这种生态环境问题的根本原因在于：A. 牧民环保意识弱化　　B. 政府措施不力　　C. 纯属自然环境退化，是天灾　　D. 气候变化　E. 过度放牧　　F. 人口增长　　G. 草地承包　　H. 定居工程　　I. 农地过多使用化肥　　J. 农地大量使用地膜　　K. 其他（请写明_____）

31. 如果有人在神山采矿，您会

A. 保护神山，即使是合法勘探开采，即使矿厂能够合理予以经济补偿，也明确反对矿厂进山

B. 如果矿厂是合法勘探、开采，虽然因为保护神山而心里反对，但会默许

C. 不管是否是合法勘探、开采，只要矿厂能够合理地给予乡里和相关农（牧）民经济补偿，就同意

D. 无所谓

32.关于政府在黄河上建设水电站，您　　A.支持　　B.反对　　C.无所谓

因为（请您写明原因）_____

33.虫草属于Ⅱ级国家重点保护野生植物，您或者家人挖虫草吗　　A.每年挖　　B.有时挖但不是每年挖　　C.从来不挖

34.如果您生活在农区或半农区，请回答：关于化肥，您家的农地：

A.使用较多　　B.使用较少　　C.从来不用

35.如果您生活在农区或半农区，请回答：关于塑料地膜，您家的农地：

A.使用较多　　B.使用较少　　C.从来不用

36.如果您生活在牧区或半牧区，请回答：与以前部落公有草场放牧相比，您认为草地承包更加合理的方面有_____

_____

37.如果您生活在牧区或半牧区，请回答：您认为草地承包与以前部落公有草场放牧相比不合理的方面有_____

_____

38.您更喜欢　　A.游牧　　B.定居　　C.其他（请写明_____）

因为（请您写明原因）_____

39.您愿意生活在定居工程点吗？　　A.是　　B.否　　C.说不清

因为（请您写明原因）_____

40.请写出您对于保护您生活环境的生态状况的宝贵建议和意见_____

_____

四、您对于政策、制度的认识

41.您了解国家政策的途径有（可多选）　　A.基层干部上门宣传

B.电视　　C.报纸　　D.互联网　　E.亲戚朋友　　F.其他（请写明_____）

42.关于政府主导实施的退耕还林、黄河补水工程、退牧还草、休牧、禁牧等生态保护政策工程，您　　A.非常了解　　B.有一定了解　　C.不了解

43. 关于党的十八届四中全会的主题是：A. 全面推进依法治国　　B. 生态文明建设　　C. 科学发展观　　D. 构建和谐社会

44. 关于党的十八届四中全会，您　　A. 不关注，不了解　　B. 关注，但没有宣传了解的途径　　C. 乡村有干部宣传，但我不关注　　D. 关注，也了解主要内容

45. 关于民族地区实施的国家政策，您认为　　A. 政府广泛深入地宣讲，我了解　　B. 政府未能广泛深入地宣讲，我不太了解　　C. 政府未能深入地宣讲，我根本不了解　　D. 其他（请写明_____）

46. 为了保障国家政策在民族地区扎实有效地实施，同时保障民族地区的和谐与稳定，请提出您的宝贵建议和意见：

政策制定方面：_____

政策宣讲方面：_____

政策实施方面：_____

其他方面：_____

47. 如果遇有纠纷，您更愿意寻求哪种解决纠纷的方式_____（请列出您选择的方式的先后次序，比如 E→C→B）

A. 打官司　　B. 政府上访　　C. 活佛　　C. 阿克　　D. 部落有威望的老人　　E. 村干部　　F. 乡干部　　G. 其他（请写明_____）

请写明您这样选择的原因_____

48. 您对国家法律　　A. 非常了解　　B. 有一定了解　　C. 不大了解　　D. 根本不了解

您了解宪法吗　　A 不了解　　B. 只知道是国家的根本大法，不了解主要内容　　C. 了解宪法的主要内容

49. 请列举几部您知道的国家法律的名称：

_____

50. 请列举 1~2 部您了解主要内容的国家法律的名称，并将其主要内容简要写在下面

_____

_____

51. 您了解您所在自治区（州）《×××自治条例》么　　A.不了解　　B.只知道名称，不了解主要内容　　C.了解主要内容

52. 您了解国家法律的途径有（可多选）　　A.基层干部上门宣传　　B.乡里张贴的藏文法律文本　　C.电视　　C.报纸　　D.互联网　　E.亲戚朋友　　F.其他（请写明_____）

53. 您对藏族部落习惯　　A.非常了解　　B.有一定了解　　C.不大了解　　D.根本不了解

54. 您了解部落习惯的途径有　　A.长辈　　B.部落中有威望的老人　　C.朋友　　D.其他（请写明_____）　　E.没有途径

55. 关于盟誓和吃咒，您　　A.深信不疑　　B.半信半疑　　C.不相信

56. 甲因与乙意见不合发生争执，斗殴中甲将乙打伤，使其流血过多致死，您认为对甲应当　　A.由司法部门依法审判　　B.赔命价　　C.由司法部门依法审判，还得赔命价　　E.其他（请写明_____）

57. 某男强奸了某女，您认为：A.这算不上犯罪　　B.该女是否品质有问题　　C.应当由司法部门依法审判　　D.请活佛调解　　E.其他（请写明_____）

58. 部落甲与部落乙因为草场纠纷发生械斗，双方均有伤亡，您认为

A.按部落习惯，双方协商互赔命价、血价

B.应当将械斗中的凶手交由司法部门依法审判

C.由司法机关将凶手依法审判，还要赔命价、血价

D.其他（请写明_____）

59. 在藏族民间生活中，您认为更权威、更有效的是　　A.国家法　　B.藏族习惯法　　C.国家法和习惯法各有优势

60. 上题中，如果您选择 C，您认为

什么情况下国家法更权威更有效？ _____

什么情况下习惯法更权威更有效？ _____

61. 您认为藏族习惯法的发展趋势是

A. 仍将长期在藏族民间生活中发挥重要作用

B. 习惯法将逐渐淡出藏族民间生活，民间只运行国家法律

C. 说不清

D. 其他（请写明_____）

62. 您认为在农区、牧区以及半农半牧区的生产生活实践中，有利于保护自然生态环境的部落禁忌和习惯有哪些？

_____

_____

_____

63. 为了保障藏族习惯法在民间生活秩序中的权威性和实效性，您认为藏族习惯法应当在哪些方面做出改善？

_____

_____

_____

64. 为了保障国家法律在民间生活秩序中的权威性和实效性，您认为国家法律应当在哪些方面做出改善？

_____

_____

_____

五、您关于技术、经济的认识

65. 您和家人经常使用的交通工具有　　A. 马　　B. 摩托车　　C. 自行车　　D. 私家小汽车　　E. 其他（请写明_____）

66. 您了解"互联网"吗　A.非常熟悉　B.有一定了解　B.没用过，不了解

67. 您上网的时间是　A.经常　B.很少　C.从不

68. 您与家人或朋友联系时使用　A.微信　B.QQ　C.固定电话　D.手机　C.上门拜访　D.捎口信　G.其他（请写明_____）

69. 您获取最新生产技术知识的途径有　A.政府培训班　B.自学　C.电视等媒体　D.互联网　E.亲戚朋友　F.其他（请写明_____）

70. 您的家庭收入来源有：A.农业　B.畜牧业收入　C.经商　D.打工　E.藏民乐　F.挖虫草　G.其他（请写明_____）

71. 您家中的主要支出项目是　A.生活消费　B.农业（畜牧业）生产消费　C.教育投资　D.非农业或非牧业生产性投资　E.其他（请写明_____）

六、您关于幸福的认识：

72. 与以前相比，您认为现在邻里关系比以前　A.更密切　B.更疏远　C.更和谐　D.没有明显变化　E.说不清

因为_____

73. 您感觉您现在的生活　A.非常幸福　B.比较幸福　C.一般　D.比较不幸福　E.根本不幸福

因为_____

74. 您认为您的生活中最不满意的方面有_____

75. 您认为您的生活中最满意的方面有_____

76. 您认为您的生活中比较不满意的方面有_____

77. 您认为您的生活中比较满意的方面有_____

78. 您认为幸福是_____

以下为可能影响个人幸福感的因素，请在其右边的（　）中填上1~12中的一个数字，对这些因素对个人幸福感影响的重要程度进行排序。

最重要的影响因素用 1 表示，第二重要的用 2 表示，依此类推，对幸福影响程度最不重要的用 12 表示，除了选项中的因素，您也可以将您认为可能影响幸福感的其他因素写在横线上。

财富（　　）社会地位（　　）职业（　　）性别（　　）知识（　　）

爱情（　　）亲情（　　）友情（　　）生态环境（　　）信仰（　　）

事业（　　）家庭（　　）

其他影响个人幸福感的因素（请写明因素及影响程度序号）（　　）_____

（　　）_____（　　）_____

再次感谢您的理解与支持！

扎西德勒！

后　记

这部书稿是在我主持的国家社会科学基金项目结项成果的基础上优化而成。回望自己在生态习惯法领域的蹒跚求索之路，已整整十年。我国生态环境法治建构正逢其时，吸引诸多学者聚焦于理论与实践的前沿热点问题。与之相对照，生态习惯法文化领域的研究近年多少有些萧索的况味。藏族的社会与文化都在经历转型期的踟蹰与演变。"社会秩序内部规则是人之行动而非人之设计的结果"，学术界或热闹或萧索，藏族习惯法兀自在植根于其中的民间秩序里不断生成与成长。

在当代民族地区，秩序与规则、事实与规范，诸多事象融汇交织，时而背离、时而暗合、时而协同、时而冲突，见证着国家法与习惯法之间互为过程、互相建构的复杂图景。在当代民族地区，生态环境保护得最好的地方，往往是长期被藏族民众所祭祀供奉的神山、神湖。国家法律在送法下乡的过程中，以汉、藏文的文本被印刷、张贴。很多藏民不识藏文，亦不懂汉字，却将各种生产生活习惯规则的格言、谚语倒背如流并践行之。遇有纠纷的藏民，一面赶着请部落老人居中调解，为自己主持公道；一面私下里向律师咨询打官司的可能裁判。草山纠纷的调解场域里，地方政府邀约民间调解人共同成立调解小组；调解协议书用国家法的语言，述说着习惯法的规则……

书稿缘于我作为一个环境法学者的思考：藏族生态习惯法文化如何贡献于当代生态善治？这一问题又逻辑展开为一个问题束：什么是藏族生态习惯法文化？其在当代如何传承与变迁？其如何贡献于当代生态善治？本书以法人类学关于法律的理解为逻辑起点，尝试做出自己的学术努力。对这部书稿的撰写，自己从书斋到田野，再从田野到书斋，于不经意间走出了兼顾文

化研究与规则分析、统筹静态描摹与动态考察的研究进路。然则，随着研究的推进，愈是走近习惯法文化，愈是深刻地意识到：囿于自身理论建构及方法运用的能力，真的无法在书稿中给出一个完备圆满的答案，作为结论，也仅仅为生态习惯法文化的未来提供了一个建设性的方向。在这个意义上，本书关于藏族生态习惯法文化传承与当代变迁的研究，毋宁是对其当代传承与变迁的呈现。书稿即将付梓，当自己以一种批判的眼光审视它，忽然怎忑。我知道书中实有不足，甚或错误。然则，小书凡二十余万言，字里行间，凝结着自己十年埋首苦读的辛酸与苦痛、自得与喜悦。我愿以之分享于关注民族地区生态环境问题、关注民族生态法文化的学者。

回想书稿撰写过程中，自己曾试图放空头脑中的制定法概念、原则与体系，只身深入藏族聚居区做田野调查，尝试在藏族社会文化场域中，在自生自发的民间秩序里，解读当地民众的行为与规则；亦曾于高远辽阔的天地间，于熙攘喧哗的人流中，探寻雪域高原的传统生态法文化。那是一场学术的修炼，更是一场人生的修行。

当我破帽遮颜奔走于藏地踏访神山圣水，当我与藏族老人席地而坐听他们讲很早以前部落的那些事儿，当我躺在草原辽阔沉寂的怀抱里，任暖暖的阳光抚摸我疲累的身躯……我的内心一片澄净与欢喜。

由衷感谢我的博士研究生导师崔明德先生。我本愚钝，有缘投于恩师门下，实是今生之幸。高山仰止，景行行止。崔老师是真正的大家，其做人之耿直豁达、治学之严谨勤勉，都令我深深折服。毕业后，老师仍时常关注我的国家社会科学基金项目的进展情况，并时时给予我引导与督促。书稿撰写过程中，慈父离世，我哀恸莫名，项目研究几乎中断。崔老师以师者、长者的睿智与温暖，鼓励我走出暗沉的日子。书稿付梓之际，因为标题设计字斟句酌，取舍不下，求教于恩师，老师都一一耐心阐明，令我颇有豁然开朗之悟。铭记师恩，一生守护。

感谢挚友马永强、岳应恩！他们多年来坚定而真诚的鼓励，令我于犹疑与困顿中有前行的勇气！感谢甘肃省佛学院的才让东珠教授！书稿中的藏文，由他最后于繁忙的事务中拨冗校对。感谢玛曲县草原站的刘振恒教授、夏河县工会的完玛加、玛曲县公安局的普华杰、舟曲的潘斌！感谢西北民族大学赴西藏、青海、四川协助我开展访问式问卷调查的藏族大学生！感谢多年来田野调查中遇见的每一位善良淳朴的朋友！我要特别感谢兰州大学西北少数民族研究中心的切排教授，在通读全书之后，慨然允诺出具专家审读意见。感谢社会科学文献出版社的宋月华老师！蒙她关心与支持，书稿方能如期付梓。

最后，我深深感恩于我的父亲常顺祥、母亲党月颖！父母亲对于我这个小女儿的爱宠与宽容，令我浑然不觉世间沧桑，只是笨拙固执地读自己喜欢的书，做自己喜欢的事。书稿统稿阶段，父亲猝然离世，我哀恸难禁，统稿一度中断……谨以此小书，致敬我仁爱淳厚的父亲、母亲！

我的爱人孙永江、女儿孙一茗一直都给予我温暖的爱，让我于艰辛和挣扎中能够有勇气做我自己。

还要感谢我的硕士研究生孟凡杰、唐佳敏为小书的清样所做的细致的校对工作。

常丽霞

庚子年夏至

记于金城甲子坪

图书在版编目（CIP）数据

藏族生态习惯法文化的传承与当代变迁／常丽霞著
. -- 北京：社会科学文献出版社，2023.8
ISBN 978 - 7 - 5228 - 2173 - 3

Ⅰ.①藏…　Ⅱ.①常…　Ⅲ.①藏族 -习惯法 -研究 -
中国　Ⅳ.①D922.154

中国国家版本馆 CIP 数据核字（2023）第 141057 号

藏族生态习惯法文化的传承与当代变迁

著　　者／常丽霞

出 版 人／王利民
组稿编辑／宋月华
责任编辑／胡百涛
责任印制／王京美

出　　版／社会科学文献出版社·人文分社（010）59367215
　　　　　　地址：北京市北三环中路甲 29 号院华龙大厦　邮编：100029
　　　　　　网址：www.ssap.com.cn
发　　行／社会科学文献出版社（010）59367028
印　　装／三河市尚艺印装有限公司

规　　格／开　本：787mm×1092mm　1/16
　　　　　　印　张：20　字　数：294 千字
版　　次／2023 年 8 月第 1 版　2023 年 8 月第 1 次印刷
书　　号／ISBN 978 - 7 - 5228 - 2173 - 3
定　　价／168.00 元

读者服务电话：4008918866